Alexandra de Hek, Christine Kampmann,
Marianne Kosmann, Harald Rüßler

Fußball und der die das Andere

Gender and Diversity

Herausgegeben von Prof. Dr. Marianne Kosmann, Prof. Dr. Katja Nowacki und Prof. Dr. Ahmet Toprak, alle Fachhochschule Dortmund

Band 1

Alexandra de Hek, Christine Kampmann,
Marianne Kosmann, Harald Rüßler

Fußball und der die das Andere

Ergebnisse aus einem Lehrforschungsprojekt

Centaurus Verlag & Media UG

Bibliografische Informationen der Deutschen Nationalbibliothek
Die Deutsche Nationalbibliothek verzeichnet diese Publikation in der
Deutschen Nationalbibliografie; detaillierte bibliografische Daten sind
im Internet über http://dnb.d-nb.de abrufbar.

ISBN 978-3-86226-050-8   ISBN 978-3-86226-949-5 (eBook)
DOI 10.1007/978-3-86226-949-5

ISSN 2192-2713

© CENTAURUS Verlag & Media KG, Freiburg 2011

Umschlaggestaltung: Jasmin Morgenthaler

Umschlagabbildung: 463640 RKB by Rainer Sturm, www. pixelio.de

Satz: Vorlage des Autoren

Inhalt

Einleitung

In seinem Vortrag über Rechtsextremismus im Fußball, den der Fanforscher Gunter Pilz 2009 an der Fachhochschule Dortmund hielt, erinnerte er an die Szene in einem der Derbyspiele zwischen Dortmund und Schalke, in der Torwart Weidenfeller vom BVB den Schalker Stürmer Asamoah als schwarze Sau tituliert haben soll. Daraufhin angezeigt, gab Weidenfeller an, statt schwarze Sau, du schwule Sau gesagt zu haben. Dafür bekam er einige Spielsperren als Strafe.

Nach den Regeln des DFB wäre die Beleidigung als schwarze Sau stärker sanktioniert worden.

Was zeigt dieses Beispiel?

Rassismus und Homophobie sind dem Fußball genauso wenig fremd wie anderen Teilen der Gesellschaft. Die im letzten Jahr massenmedial aufbereitete Debatte um scheinbar fehlgelaufene ‚Multikultikonzepte‘, durchaus in Absetzung zum so euphorisch aufgenommenen Auftreten der bunten, multikulturellen Fußballnationalmannschaft, die im Sommer 2010 mit schönen Bildern beworben wurde, zeigt, dass die Auseinandersetzungen um Integration in einer Einwanderungsgesellschaft wieder einmal fortgesetzt werden.

Das Beispiel der inkriminierten Äußerung zeigt ferner, dass es Abstufungen dazu gibt, was als verpönter gilt und was als weniger schlimm. Doch in der Wertigkeit scheint eine Akzeptanz der Insultation auf, wie Lützenkirchen (2009: 4) völlig zu Recht konstatiert: „Wenn aber die eine Beleidigung weniger schlimm sein soll als die andere, dann ist diese schon halb gerechtfertigt.“

Solche und andere Denkweisen und Beleidigungen gehören zum Fußball; ob sie sein Wesen konstituieren, kann hier nicht entschieden werden. Ihre Basis sind Ungleichwertigkeitsvorstellungen; diese werden in nicht wenigen sozialwissenschaftlichen Begriffsbestimmungen als ein Bestandteil des Rechtsextremismus benannt.

Fußball ist für uns, Lehrende und Absolventinnen an einer Fachhochschule für Soziale Arbeit, auch deshalb ein wichtiges Untersuchungsfeld, weil er zu einem sehr bedeutsamen Erscheinungsort rechtsextremer Gruppen geworden ist. Seit den 70ern des vergangenen Jahrhunderts nutzen rechtsextreme Gruppen und Fanclubs die Spiele der Bundesligavereine für rassistische und rechtsextreme Pöbeleien und Angriffe. Neorechte und nationalistische Gruppierungen wollten und wollen weiterhin die enorme gesellschaftliche Bedeutung des Fußballs für ihre Zwecke nutzen. Das konnte relativ erfolgreich durch sehr unterschiedliche Initiativen eingedämmt werden, wobei sowohl die institutionelle Sicherheit als auch die finanzielle Förderung dieser Initiativen und Projekte immer in Frage steht.

So bleibt das Thema Fußball und Rechtsextremismus ein drängendes gesellschaftliches Problem.

Die herausragende gesellschaftliche Bedeutung des Fußballs trägt zu dieser Konstellation bei, Fußball- und Fanforscher wie Gunter Pilz, Almut Sülze und andere fragen jedoch auch danach, inwieweit fußballimmanente Faktoren zu dieser zweifelhaften Attraktivität beitragen. Gibt es Mechanismen im Fußballsport, die eine besondere Affinität oder Begünstigung des Rechtsextremismus befördern- oder verhindern? Dazu könnte insbesondere das Thema der Zugehörigkeiten zählen.

Denn in der Tat, ob massenmedial inszeniert oder auf dem kleinen holprigen Dorfacker, Fußball ermöglicht immer die Inszenierungen von Zugehörigkeiten (Görling/Trinkaus 2008:9). Ob diese enger oder weiter sind, wie stark sie inszeniert werden, ist hier nicht so sehr von Belang wie die Frage, wer denn über Zugehörigkeiten entscheidet, nicht nur zu der jeweiligen Mannschaft oder dem Team, sondern wer zum Fußball gehört. Das geht einher mit der altbekannten Behauptung, dass Fußball ein Männersport sei, also scheinbar eine Männerenklave, ein Männerreservat ist, einhergehend mit der im- oder auch expliziten Festlegung, dass mit Männern die weißen, nichtbehinderten, heterosexuellen Männer gemeint sind, wobei weiß (in Deutschland) immer noch für deutsch bzw. assimiliert im Sinne einer an Homogenität orientierten Leitkultur steht.

Der deutsche Fußballsport ist männlich, ungeachtet der größeren Erfolge des Frauennationalteams und ungeachtet einer durchaus erklecklichen und stetig wachsenden Anzahl von Fußballerinnen, Zuschauerinnen, weiblichen Fans sowie von Trainerinnen und Schiedsrichterinnen. Woher also diese immer wieder vorgetragene Ausschlussbehauptung, Fußball sei ein Männersport, der eben auch ganze Männer (was immer das auch sei) erfordert?

Diese Fragestellungen werden in den folgenden Aufsätzen aufgegriffen:

Im ersten Aufsatz von *Christine Kampmann* geht es um verschiedene Generationen im Frauenfußball. Wie haben Frauen vor 50 Jahren ihren seinerzeitigen Ausschluss aus dem Spielbetrieb erlebt, wie haben jüngere Fußballerinnen an den im Zuge der Modernisierung von Gesellschaft realisierten oder erkämpften Veränderungen partizipiert, und wo zeigen sich Beharrungstendenzen, die Frauenfußball stets als (Frauen-)Fußball sehen lassen? Es ist der andere Fussball, nicht etwa der Fußball der Nationalelf oder der Bundesliga-Fußball, die beide grundsätzlich männlich konnotiert sind. Wie sind jüngere Frauen damit umgegangen oder gehen damit um? Kampmann interviewte Frauen aus drei Fußballgenerationen, um diesen Fragen an Einzelfällen nachgehen zu können. Die Deutung dieser Aussagen geschieht vor der Folie der komprimiert referierten Positionen der Geschlechterforschung, die sich u.a. intensiv mit der Konstruktion von Geschlecht befasst. Kampmann untersucht den Sport als ein besonderes Feld für diese Konstruktionen, da es im Unterschied zu den mittlerweile aufgelösten geschlechtergetrennten Bereichen Schule, Freizeit sowie großen Teilen der Berufswelt in den meisten Sportarten eine Geschlechtertrennung gibt, mit einem im Vergleich zum Frauensport höher angesiedelten Männersport.

Kampmann verfolgt die Fragestellung, ob und inwieweit Frauen in dem immer wieder noch als Männersport ausgegebenen Fußball einen Freiraum für Geschlechterrollen erleben können. Zum einen kann sie das in ihren Fallbeispielen aufzeigen; zum anderen aber, so in ihrem Schlusswort, zeigen die Erfahrungen, die den Interviews zugrunde liegen, dass geschlechtliche Zuschreibungen größtenteils gesellschaftlich konstruiert sind.

Im Beitrag von *Alexandra Martine de Hek* geht es um den faktischen oder gedanklichen Ausschluss einer anderen Gruppe. De Hek befasst sich mit den ‚anderen Männern‘, mit der untergeordneten Männlichkeit (Connell 1999) im Fußballsport, unter dem Thema der Homophobie im Fußball. Sie untersucht, wie die Homophobie im (Männer-) Fußball erklärt werden kann und vor allem, wie homosexuelle Fußballer damit umgehen. Dabei referiert sie das Konzept der hegemonialen Männlichkeit von Connell und überträgt seine Männlichkeitstypen gewissermaßen auf das Fußballfeld. Anhand von Einzelfällen und Untersuchungsergebnissen gibt sie einen Überblick zur Lage homosexueller Fußballspieler. In einer Umfrage erhob sie die Umgangsweisen der Fußballbundesligavereine und fragte nach möglichen Gegenstrategien angesichts der weit verbreiteten Homophobie auf den Rängen und in den Kabinen. Die Frage, ob das Thema im Frauenfußball wesentlich anders gehandhabt wird, bezieht sie in ihre Ausführungen ein. Mit Blick auf die von ihr präsentierten, teilweise ermutigenden Gegenstrategien, teilweise erschreckenden Erfahrungen homosexueller Männer folgert sie ein erforderliches Umdenken sowohl bezogen auf die weiterhin herrschenden Vorstellungen von Männlichkeit als auch auf die starke Verankerung der „kulturellen Logik des Fußballs", ähnlich wie beim durchaus aufgenommen Kampf gegen den Rassismus im Fußball.

Den Zusammenhang zwischen dem Rechtsextremismus, dem Fußball und Ausgrenzungs- oder Ausschließungsstrategien durch die Konstruktion des Anderen untersuchte ein *Lehrforschungsprojekt*, das über zwei Jahre an der Fachhochschule Dortmund durchgeführt wurde. Mit Spielbeobachtungen und Experteninterviews wurde die zunächst verfolgte Forschungsfrage nach rechtsextremistischen Phänomen im Amateurfußball ausgeweitet auf die Frage nach solchen Ausschlüssen, Ab- und Ausgrenzungen, die in das Vorfeld rechtsextremer Einstellungen gehören. Vereinsvorsitzende, Trainer, Spieler und andere geben Einblicke in Denkweisen, die zwischen traditionsverhaftet und reaktionär changieren, mit durchaus vorfindbarer latenter schleichender Ausländer- oder Fremdenfeindlichkeit, bisweilen einhergehend mit deutlichem Sexismus, bei gleichzeitig beeindruckendem Einsatz für den Sport, für die Jugendarbeit und auch für ihre jeweiligen Gemeinden.

Folie für diese Haltungen scheinen uns die Konstruktionen zu sein, mit denen „die Türken", „die Russen", „die Frauen" usw. als die anderen konstruiert werden, es werden Bilder erzeugt oder ausgetauscht, die es erlauben, sich auf dem Feld als selbstverständlich gesetzt zu betrachten. Diesen Mechanismen wollten wir in dem

Forschungsprojekt nachgehen.

Aus den drei Beiträgen ergibt sich der Titel unseres Sammelbandes in der Reihe Gender und Diversity:

1. Fußball und der Andere, hauptsächlich als anders erlebte und/oder konstruierte Männer, im Kontext von Ethnizität und sexueller Präferenz.
2. Fußball und die Andere, Frauen und ihre Bilder im Männerfußball, Frauen als Fußballerinnen, auf einem zunehmend weniger abgeschlossenen Territorium.
3. Fußball und das Andere, das scheinbar nicht eigene, das als anders, das als fremd Erlebte.

Marianne Kosmann
Harald Rüßler

Dortmund, im Januar 2011

Literatur

Görling, Reinhold/Trinkaus, Stephan (2008) Milieu, Zugehörigkeit und kulturelles Vermögen, Vortragsmanuskript zur Veranstaltung Kulturelle Vielfalt: erforschen, erleben, verstehen, Düsseldorf, Landtag NRW, 30.6.2008, http://www.interkulturpro.de/ik_pdf/goerling_trinkaus.pdf [21.01.11]

Lützenkirchen, H.-Georg (2009) Rassistische Erscheinungsformen im Fußball und Gegenstrategien, Neuwied, http://www.mynetcologne.de/~nc-luetzeh/Neuwied-vortrag-2009.pdf [21.01.11]

Christine Kampmann

Fußballerinnen – Frauen in einer Männerdomäne

Inhalt

1   Einleitung

„Bei den Frauen musst du hinterher und die Gegnerin notfalls umhauen. Wenn die andere mich nervt, gebe ich ihr einen Tritt, keinen bösartigen oder verletzenden, einfach nur Beinchen stellen. Im Frauenfußball zeigt man mit einem harten Zweikampf: Hier nicht, heute nicht, nicht mit mir!" (Simone Laudehr[1], 11 Freunde, Januar 2010)

Frauenfußball boomt. Die Spiele der Frauen-Nationalmannschaft werden mit wachsender Begeisterung gesehen und immer mehr Mädchen und Frauen spielen Fußball oder interessieren sich dafür.

Trotzdem wird Frauenfußball in den Augen der Öffentlichkeit kaum anerkannt. Sucht man bei Google nach den Stichworten „Frauenfußball Männerfußball", taucht eine Vielzahl von Seiten auf, die dies bestätigen. Dort ist die Rede davon, dass Männer „härter, besser und schneller als die Frauen" spielen (Yahoo o.J.), oder sogar, dass „das Gekicke [der Frauen] nicht viel [mit Fußball] zu tun hat" (Dreis 2009). Zu Beginn der Saison 2010/2011 erschien in der Dortmunder Lokalzeitung „Ruhr Nachrichten" eine Beilage zum lokalen Amateurfußball, die „alles zu den Amateur-Klubs aus Dortmund" verspricht. Dort sind ausführliche Berichte zu den einzelnen Mannschaften zu finden. Mit keinem einzigen Wort wurde jedoch über die Frauenmannschaften berichtet, obwohl einige davon höherklassig spielen.

Von Gleichberechtigung kann im Bereich des Fußballsports nicht die Rede sein. Fußball benötigt – wenn er von Frauen gespielt wird – immer noch die geschlechtliche Beschreibung. Niemand würde auf die Idee kommen, von Männerfußball zu sprechen.[2]

Gerade in den Anfängen dieses Jahrhunderts befasste sich die sozialwissenschaftliche Forschung stärker mit dem Thema Fußball als noch vor einigen Jahrzehnten. Es erschienen zahlreiche Veröffentlichungen zur Soziologie des Fußballs, zum Rechtsextremismus im Fußballsport, zum Verhältnis von Fußball und Politik, und wenngleich weniger, zur Homophobie auf den Zuschauerrängen. Auch das Verhältnis von Fußball und Geschlecht wird in einigen Publikationen zum Thema gemacht (z. B. Kreisky 2006, Brändle/Koller 2002). Doch hier geht es hauptsächlich um männliche Fußballspieler und das Fan-Geschehen im Fußball. Frauen, die Fußball spielen, sind hingegen weitgehend unsichtbar. Dies liegt wahrscheinlich daran, dass die Gender Studies immer noch weniger von Wissenschaftlern als von Wissenschaftlerinnen betrieben werden und sich deren „Erkenntnisinteresse eher

---

1 Fußballspielerin, Mitglied der Nationalmannschaft
2 In diesem Aufsatz werden, der üblichen Diktion folgend, die Begriffe Fußball (für Männerfußball) und Frauenfußball verwendet.

an weiblichen Lebenszusammenhängen ausrichtet", zu denen der Fußball bisher nicht gehört (Kreisky 2006: 15). Bislang erschienen nur wenige Studien, die die Fußball spielenden Frauen zum Motiv hatten. Dazu zählt zum Beispiel: „Frauenfußball und Maskulinität" von Mathias Marschik (2003), der eine qualitative Studie in Österreich durchgeführt hat oder eine Veröffentlichung zu „Sport im Lebenszusammenhang von Frauen" von Gertrud Pfister (1999), die Fußballerinnen aus verschiedenen Ländern befragt hat. Zudem wurden einige Diplomarbeiten zum Thema Frauenfußball verfasst.

Dieser Aufsatz befasst sich mit den Akteurinnen, den Fußballspielerinnen. In sportlicher Hinsicht sind Frauen im Fußball entweder unsichtbar oder eher suspekt, sie werden nicht als Frauen angesehen[3]. Mich interessiert nun, wie sich die Frauen selber sehen. Wie bewegen sich Frauen in der Männerdomäne Fußball und stoßen sie auf Schwierigkeiten? Wie gestalten sich diese Schwierigkeiten und wie gehen sie damit um?

Die Hypothese, der ich in dieser Arbeit[4] nachgehen will, ist die, dass Frauen im Fußball einen Freiraum für Geschlechterrollen erleben können. Hierzu bedarf es der Recherche in unterschiedlichen Bereichen, die eine Relevanz für die Thematik darstellen. Einführend richte ich den Blick allgemein auf Sozialisation und Geschlecht, bevor das Verhältnis von Fußball und Männlichkeit aufgegriffen wird. Nach einem Überblick über die Geschichte des Frauenfußballs sowie der Exklusion der Frauen aus dem Sport, folgt der empirische Teil dieser Arbeit. Dieser besteht aus von mir ausgewerteten Interviews von Fußball spielenden Frauen aus verschiedenen Generationen.

Abschließend fasse ich in einem Fazit die gewonnenen Erkenntnisse zusammen und nehme Bezug auf die von mir aufgestellte Hypothese.

2   Sozialisation und Geschlecht

Bei der Frage, inwiefern Fußball als Freiraum für Geschlechterrollen dienen kann, muss zunächst untersucht werden, was Geschlecht überhaupt bedeutet. Dazu muss geklärt werden, ob es sich bei Geschlecht um eine feststehende Kategorie handelt, oder ob es möglicherweise von dem Menschen konstruiert ist. Im Anschluss daran wird schließlich auf die Bedeutung von Geschlecht im Sport Bezug genommen.

---

3   Vgl. hierzu die Ergebnisse des Lehrforschungsprojektes „Fußballsport, Rechtsextremismus und die Konstruktion des Anderen" (de Hek u.a. in diesem Band).

4   Bei diesem Aufsatz handelt es sich um die überarbeitete Fassung meiner gleichnamigen Diplomarbeit an der Fachhochschule Dortmund im Sommersemester 2010.

2.1 Sozialisation

Um auf die geschlechtsspezifische[5] Sozialisation einzugehen, muss zunächst fest-gestellt werden, was überhaupt unter dem Begriff „Sozialisation" verstanden wird: Eine Definition des Begriffes findet sich bei Hurrelmann (2008: 25). Nach ihm ist

„Sozialisation (...) ein Prozess, durch den in wechselseitiger Interdependenz zwischen der biopsychischen Grundstruktur individueller Akteure und ihrer sozialen und physischen Umwelt relativ dauerhafte Wahrnehmungs-, Bewertungs- und Handlungsdispositionen auf persönlicher ebenso wie auf kollektiver Ebene entstehen."

Die Definition beinhaltet, dass nicht nur die Erziehung der Eltern die Sozialisation des Individuums bestimmt, sondern die gesamte Umwelt, sowohl die soziale, als

Abb. 1: Lebensphasen in der Sozialisation

Phase	Alter	Übergänge
Säugling	0-1	
Frühe Kindheit	2-4	Eintritt in den Kindergarten
Kindheit	5-12	Schuleintritt
Jugend	13-?	Geschlechtsreife, Schulentlassung; evtl. Eintritt in Berufsausbildung
Erwachsenenalter	?-65	Eintritt in Berufstätigkeit, Gründung eines eigenen Haushalts (evtl. eigene Familie), evtl. Auszug der eigenen Kinder
Alter	65-?	Pensionierung

Quelle: Tillmann 2007: 21

auch die physische, ihren Teil dazu beiträgt. Zudem trägt das Individuum nicht nur den passiven Part, lässt also nicht nur die Umwelt auf sich einwirken, sondern nimmt auch aktiv Anteil an der eigenen Sozialisation und der Gesellschaft.

---

5 Der Begriff „geschlechtsspezifisch" ist umstritten, weil dieser bereits impliziert, dass die Sozialisation für die Geschlechter unterschiedlich verläuft (Faulstich-Wieland 2008).

Nach Tillmann (2007:11) steht „im Zentrum des Sozialisationsprozesses (…) die Entwicklung und Veränderung der menschlichen Persönlichkeit." Diese Persönlichkeit setzt sich zusammen aus einem „Gefüge von Merkmalen, Eigenschaften, Einstellungen und Handlungskompetenzen".

Die Sozialisation des Individuums lässt sich in verschiedene Phasen aufteilen. Eine Aufteilung, die in der Sozialisationsforschung verwendet wird, ist die Unterscheidung in „primäre" und „sekundäre" Sozialisation. Die primäre Sozialisation stellt dabei die Phase der frühen Sozialisation dar, in denen das Individuum nur in der Familie geprägt wird. In der sekundären Sozialisation spielen dann auch die Familie sowie Altersgruppen oder Institutionen wie Kindergarten, Schule, Beruf etc. eine Rolle. Teilweise wird auch von der „tertiären" Sozialisation gesprochen, mit der das (Erwachsenen-)Alter gemeint ist (Tillmann 2007).

Diese Unterscheidung ist jedoch relativ grob. Ein anderes Modell liefert die Entwicklungspsychologie. Diese unterteilt Altersabschnitte in bestimmte Phasen, in denen das Individuum neuen gesellschaftlichen Konstellationen ausgesetzt wird. Diese Lebensphasen werden wie oben in Abbildung 1 eingeteilt:

An diesem Modell lässt sich erkennen, dass Sozialisation in verschiedene Phasen eingeteilt werden kann, aber auch ein lebenslanger Prozess ist. Dennoch wird der Sozialisation in der Kindheit der größte Anteil an der Entwicklung des Individuums zugeschrieben. Dies ist auch im Hinblick auf die Fußballsozialisation der befragten Frauen wichtig. Die Frage ist, wodurch Mädchen zum Fußball kommen und inwiefern sie sich von anderen Mädchen unterscheiden.

2.2   Geschlechtsspezifische Sozialisation

Die Einflüsse der Umwelt bestimmen das Leben des Kindes – automatisch oder durch „gezielte Lernprozesse" (Faulstich-Wieland 2008: 241). Die Zuordnung zu einem Geschlecht ist in unserer Gesellschaft dabei von großer Bedeutung. Nach Tillmann (2007: 241) hat „keine andere Zuordnung so grundsätzliche Auswirkungen auf Erleben und Verhalten, auf gesellschaftliche Chancen und soziale Erwartungen" wie das Geschlecht. Dies liegt vor allem daran, dass im Gegensatz zu Schicht, Nationalität etc. das Geschlecht nicht ohne große Komplikationen verändert werden kann. Direkt nach der Geburt beginnt der Prozess der Vergeschlechtlichung, indem das Kind einen erkennbar weiblichen oder männlichen Namen erhält. Anschließend wird die „Geschlechtszugehörigkeit mithilfe weiterer Aspekte sichtbar gemacht: solche sind Kleidung, Frisur und Schmuck" (Faulstich-Wieland 2008: 242). Früh gelingt es dem Kleinkind, zwischen den beiden Geschlechtern zu unterscheiden und sich selbst als Mädchen oder Junge einzuordnen. Dies ist auch nötig, um sich „richtig" zu verhalten und damit keine negativen Sanktionen zu erleben.

Die Frage ist, wie Geschlecht entsteht. Ist Geschlecht eine biologische Tatsache oder gesellschaftlich konstruiert? Entwickelt sich das Kind entsprechend seiner biologischen Voraussetzungen zu Mann oder Frau oder wird Geschlecht durch die Erziehung und die Gesellschaft beeinflusst? Diese Fragen können nicht mit „ja" oder „nein" beantwortet werden, da die Meinungen und Forschungen zu dem Thema auseinander gehen. Neben der Biologie beschäftigen sich auch Psychologie oder Soziologie mit der Antwort auf diese Frage. Im Nachfolgenden wird Geschlecht aus Sicht der Geschlechter- und Frauenforschung dargestellt.

2.3   Ansätze der Geschlechter- und Frauenforschung

Die geschlechtsspezifische Sozialisation bezieht sich auf die Entwicklungen, durch die Neugeborene zu männlichen oder weiblichen Menschen werden.

In den letzten Jahrzehnten hat sich die gesellschaftliche Situation von Frauen grundlegend geändert. Dies liegt unter anderem daran, dass Frauen stärker an Bildung und Beruf beteiligt sind, aber insgesamt an den Differenzierungs- und Individualisierungsprozessen der Moderne. Durch die starke gesellschaftliche Veränderung – und damit auch Veränderung der Sozialisation des Individuums – hat sich die Geschlechterforschung über die Jahre hinweg oft verändert und andere Richtungen eingeschlagen. Übereinstimmung herrscht darüber, dass die Individuen die Sozialisation teilweise selbst bestimmen: sie übernehmen „soziale Erwartungen an die Geschlechterrolle" (Bührmann u.a. 2007: 136), doch nicht nur dies, sie können diese auch umformen und verfremden. Dadurch ergibt sich, dass Sozialisation nicht nur das Individuum einseitig prägt, sondern dass ein Interaktionsprozess zwischen dem Individuum und sozialem Umfeld stattfindet. Die Forschung zur geschlechtsspezifischen Sozialisation muss sich also zur Aufgabe machen, herauszufinden, wie das Individuum beeinflusst wird und selber beeinflusst wie es zu einem weiblichen oder männlichen Menschen heranwächst.

Fragestellungen der geschlechterorientierten Sozialisationstheorie lassen sich auf der sozialstrukturellen und der auf der erkenntnistheoretischen Ebene ansiedeln. Von Interesse ist also zum einen, ob sich Verhaltensunterschiede zwischen männlichen und weiblichen Individuen beobachten lassen und wie diese im Hinblick auf Hierarchien und Differenzierungen zueinander stehen und zum anderen, wie Geschlecht und die Interaktion zwischen Individuum und Gesellschaft in der Forschung erdacht werden und inwiefern die Forschung davon beeinflusst wird.

Vom Defizit zur Differenz
Der angesprochene Wandel der Geschlechter- und Frauenforschung hat mehrere Prozesse durchlaufen: vom „Defizit zur Differenz", von „Differenz zu Differenzierung",

von dieser zur „Konstruktion" und zur „Dekonstruktion". Die Stationen sollen hier kurz vorgestellt werden.

Bis in die 80er Jahre des zwanzigsten Jahrhunderts wird davon ausgegangen, dass die Sozialisation von Männern und Frauen ungleich verläuft, und den jeweiligen Geschlechtern werden bestimmte Eigenschaften als gegeben zugeschrieben. Diese divergenten Eigenschaften sind jedoch nicht als einfache Unterschiede zu sehen, sondern werden hierarchisch benutzt. Somit gelten weibliche Charakterzüge als nicht-männlich und damit defizitär. Die Frauenforschung der siebziger Jahre beginnt damit, sich auf die Frauen zu konzentrieren und die Defizite als bloße Differenz wahrzunehmen. Schon Anfang der 80er Jahre gibt es Veröffentlichungen (z.B. Hagemann-White 1984), die empirische Untersuchungen im Hinblick auf Geschlechtsunterschiede auswerten und zu dem Schluss kommen, dass Differenzen zwischen Männern und Frauen kaum zu finden sind. Hagemann-White bezieht sich auf die Definition des Begriffes „geschlechtstypisch" von Degenhardt:

> „Er bezeichnet Merkmale, die zwischen den Geschlechtern nach Auftretenshäufigkeit oder Intensität differieren, d.h. zwischen den Geschlechtern deutlich stärker variieren als innerhalb eines Geschlechts" (Degenhard/Trautner 1979, zitiert nach Hagemann-White 1984: 12).

Hagemann-White erkennt jedoch, dass diese Definition kaum anwendbar ist, da die Merkmale und Verhaltensweisen innerhalb eines Geschlechts meist deutlicher variieren als zwischen den Geschlechtern (Hagemann-White 1984:13). Nimmt man als Exempel FußballspielerInnen und vergleicht Michael Ballack und Birgit Prinz, ist der Leistungsunterschied zwischen den beiden deutlich geringer, als der Unterschied zwischen Michael Ballack und einem unsportlichen Mann. Dies kann auf alle Verhaltensweisen von Männern und Frauen angewandt werden, und auch anatomische Unterschiede, wie beispielsweise die Körpergröße, sind innerhalb der Geschlechter weitaus größer als zwischen den Geschlechtern.

Fähigkeiten oder Kompetenzen, die aufgrund gesellschaftlicher Zuschreibungen eher auf Jungen oder Männer attestiert werden, wie zum Beispiel räumliches Vorstellungsvermögen oder technisches Verständnis, bzw. auf weiblicher Seite soziale Kompetenzen oder Feinmotorik, sind den Ergebnissen entsprechender Untersuchungen zufolge weitaus weniger ausgeprägt, als die Vorannahmen über solche Unterschiede (Hagemann- White 1984/Bilden 2006). Trotzdem konzentrierte sich ein Teil der feministischen Forschung lange Zeit darauf, Unterschiede zwischen Frauen und Männern zu suchen und die „weiblichen Fähigkeiten" positiv zu deuten (etwa die Diskussionen um die Friedfertigkeit von Frauen, ihre höhere soziale Kompetenz usw.). Ein Ziel der Differenztheoretikerinnen liegt darin, Frauen zu größerer Wertschätzung und Macht zu verhelfen.

Das Differenz-Denken wurde jedoch zum Teil vehement kritisiert, denn damit hingen Denkmuster zusammen, die denen ähnlich sind, aus denen eine natürliche Unterlegenheit der Frauen gefolgert wird (Pfister 1999).

Differenzierungen und Zweigeschlechtlichkeit
Werden in den Anfängen der Frauenforschung alle Frauen gleich gedacht, so werden nun auch die Unterschiede innerhalb der Geschlechter betrachtet.

Hagemann-White (1984) spricht von einem vorherrschenden Modell der Zweigeschlechtlichkeit als Grundlage der männlichen und weiblichen Sozialisation. Das Vorhandensein von zwei Geschlechtern ist in unserer Gesellschaft eine biologische Tatsache. Die öffentliche Meinung besteht darin, dass Geschlecht nicht veränderbar, sondern seit der Geburt festgelegt ist und ein „eindeutig bestimmbarer Tatbestand ist" (Wetterer 2008: 126). Jedoch gab es durchaus so genannte Naturvölker, die nicht nur zwei Geschlechter kannten. Es existierten teilweise drei Geschlechter oder es war den Mitgliedern möglich, die Geschlechtszugehörigkeit zu wechseln (Hagemann-White 1984.79ff).

Ausgegangen wird in unserer Gesellschaft jedoch von einem zweigeschlechtlichen System, in dem das männliche Geschlecht auf der höheren Stufe der Hierarchie steht. Dieses System der Zweigeschlechtlichkeit schließt alle Abweichungen vom dualen Geschlechtersystem aus und verlangt von den Individuen, sich als entweder männlich oder weiblich zu definieren, um nicht von der Gesellschaft als anders gesehen zu werden. Menschen, die nicht auf den ersten Blick als weiblich oder männlich definiert werden können, lösen, so die Theorie, wahrscheinlich Unbehagen und Gesprächsbedarf beim Beobachtenden aus. Auch die Sexualität ist „eingebettet im Sinnsystem der Zweigeschlechtlichkeit" (Hagemann-White 1984: 79).

Das System der Zweigeschlechtlichkeit „als umfassendes, hegemoniales Ordnungs- und Klassifikationssystem" (Meyer 2001: 35) wird als gesellschaftlich konstruiert und damit als auflösbar betrachtet. Forschungen unter dieser Prämisse zeigen beispielsweise geringe Verhaltensunterschiede zwischen Mädchen und Jungen auf, sondern Zuschreibungs- und Aneignungsprozesse, die mit den Unterscheidungslinien, die Menschen in Frauen und Männer unterteilt, einhergehen.

Geschlecht als soziale Konstruktion
Die soziale Konstruktion von Geschlecht ist in der Geschlechterforschung mit dem Konzept des „doing gender" gleichzusetzen.

„‚Doing gender‘ zielt darauf ab, Geschlecht bzw. Geschlechtszugehörigkeit nicht als Eigenschaft oder Merkmal von Individuen zu betrachten, sondern jene sozialen Prozesse in den Blick zu nehmen, in denen

‚Geschlecht' als sozial folgenreiche Unterscheidung hervorgebracht und reproduziert wird." (Gildemeister 2008: 167)

Mit „gender" ist das soziale Geschlecht gemeint, im Gegensatz zu „sex", dem biologischen Geschlecht. Nach Helga Bilden (2006: 50) besteht die Geschlechtsidentität sogar aus drei Komponenten, die sich gegenseitig bedingen:

1. *„(Selbst-)Zuordnung zu einer der beiden Geschlechterkategorien, in der Regel lebenslang gemäß der Geschlechtszuweisung bei der Geburt (sex);*
2. *Identifikation mit Geschlechternormen und -idealen, d.h. mit bestimmten Formen von Männlichkeit oder Weiblichkeit (gender);*
3. *sexuelle Präferenz, im Rahmen der ‚heterosexuellen Matrix' (Butler 1991) (Begehren)."*

Die Geschlechterforschung geht heute mehrheitlich davon aus, dass das soziale Geschlecht konstruiert ist. Geschlecht wird sowohl von der Gesellschaft produziert als auch vom Individuum selber beeinflusst (s. o.). Die Geschlechtszugehörigkeit ist also veränderbar. Dabei scheint es z.B. für Mädchen einfacher zu sein als für Jungen, andere Geschlechterrollen anzunehmen. Mädchen eignen sich im Kindesalter oft verschiedene Jungen zugeschriebene Merkmale an und wären gerne wie Jungen. Im Gegensatz dazu ist es für die meisten Jungen nicht vorstellbar, wie ein Mädchen zu sein (Becker -Schmidt 1995), ganz im Einklang mit der hierarchisierten Geschlechterordnung, wie Krüger (2002) befand. Die Eindeutigkeit von Geschlechterrollen nimmt ab, die Grenzen zwischen „weiblichem" und „männlichem" Verhalten verschwimmen immer mehr, was Kindern einen größeren Spielraum gibt.

Hagemann-White (1988: 30) geht einige Jahre nach der Theorie der Zweigeschlechtlichkeit von einer „Null-Hypothese" aus, nämlich „dass es keine notwendige, naturhaft vorgeschriebene Zweigeschlechtlichkeit gibt, sondern nur verschiedene kulturelle Konstruktionen von Geschlecht". Mit diesem Ansatz werden nicht mehr die zwischen Männern und Frauen bestehenden Unterschiede betrachtet, sondern es wird vielmehr darauf das Augenmerk gelegt, was Männer zu Männern und Frauen zu Frauen macht (so auch Wetterer 2008).

Dekonstruktion von Geschlecht
Die Unterscheidung zwischen „sex" und „gender" ist zum Teil umstritten, da sie voraussetzt, dass „sex" eine biologische Tatsache ist und damit die Zweigeschlechtlichkeit nicht in Frage stellt. Differenztheoretische Annahmen der Geschlechterforschung werden ergänzt oder eher abgelöst von der Position, soziales und biologisches Geschlecht nicht unabhängig voneinander zu betrachten (Bührmann u.a. 2000:108).

Mit einer weiteren theoretischen Position wird die Konstruktion von Geschlecht konsequent weitergedacht: Die dekonstruktivistische Forschung wurde in Deutschland durch Soziologinnen wie Wetter (2008) und Gildemeister (2008) vorangetrieben; noch weitergehend und in ihrer Radikalität umstritten ist die Position von Judith Butler. Wie Bührmann u.a. zusammenfassen, löst: (…) die Idee der Dekonstruktion die Geschlechtsidentität ganz von einer bestimmten Körperlichkeit" (Bührmann u. a. 2000: 110). Butler bringt diese Diskussion auf eine diskurstheoretische Ebene, die teilweise stark umstritten war und ist, stellt sie doch zentrale Kategorien der feministischen Diskussion selbst in Frage, wie Subjekt, Körper, Identität (Villa 2004:142).

Nicht zuletzt mit Verweis auf Transsexuelle, die sich nicht in das Schema weiblich oder männlich einsortieren, gerät die Geschlechterdualität ins Wanken. Diese Personen, die sich nicht als eindeutig männlich oder weiblich einordnen und damit nicht in das gängige Muster pressen lassen, werden mit dem Begriff „queer" bedacht. Hier ist, nach Bührmann u.a. (2000: 110), die

> *„Geschlechterdualität kein universelles Klassifikationssystem mehr, vielmehr ein ‚gewaltsames' und vereinfachtes Schema, das alle Zwischentöne und Zwischenformen übersieht".*

Nicht nur das soziale Geschlecht ist konstruiert, sondern ebenso das biologische. Geschlecht ist nach Butler keine „unveränderbare Realität, sondern ein Prozess der Inszenierung von Körperstilen" (Butler 1990 nach Pfister 1999: 40).

Zusammenfassung

Verändert hat sich seit den Anfängen der Geschlechter- und Frauenforschung viel: zwar ist Geschlecht immer noch als „soziales Unterscheidungsmerkmal" vorhanden, doch wird es nicht singulär betrachtet. Weitere soziale Faktoren wie die soziale Herkunft, der ethnische Hintergrund spielen eine Rolle (Bührmann u.a. 2007: 143).

Um Differenzen und Übereinstimmungen zwischen den Geschlechtern zu erfassen, wäre es am besten,

> *„eine Situation [zu haben, die] geschlechtlich (noch) nicht einseitig aufgeladen sei oder sich in einem Auseinandersetzungsprozess austariert, bei dem neue (oder alte) Grenzlinien zwischen den Geschlechtern eingeführt werden" (Bührmann u.a. 2007: 143).*

Da diese Voraussetzungen aber größtenteils nicht vorhanden sind, finden bezogen auf die Geschlechterforschung mit wechselnder Intensität Auseinandersetzungen zwischen „Nature or Nurture" statt oder es werden konstruktivistische bzw. dekonstruktivistische Diskurse geführt. Nicht unerwähnt bleiben soll die strukturtheoretische Position, die von der weiterhin empirisch belegbaren Benachteiligung von Frauen ausgeht. In der weiter oben beschriebenen hierarchischen Geschlechterordnung werden Frauen benachteiligt, obwohl für diese Geschlechterdifferenzen keine in den Individuen liegenden Begründungen zu finden sind. Dieser Widerspruch

> *„wird in der sozialstrukturellen Perspektive der Frauenforschung zugunsten der Strukturrelevanz beantwortet. Demnach ist zwischen dem Geschlechterverhältnis, das Männer und Frauen gesellschaftlich in ein (meist) hierarchisches Verhältnis setzt, den inneren Repräsentanzen dieser Verhältnisse in den Personen sowie den interpersonellen Beziehungen, die sie als einzelne Personen miteinander eingehen, zu unterscheiden."* (Bührmann u.a. 2007: 138)

2.4 Soziale Konstruktion von Geschlecht im Sport

Im Vorhergehenden wurden die verschiedenen Strömungen der Frauen- und Geschlechterforschung aufgezeigt. Für die weiteren Erörterungen ist nun der Ausgangspunkt der, dass Geschlecht eine soziale Konstruktion ist. Nicht nur gender (das soziale Geschlecht), sondern auch sex (das biologische Geschlecht) ist – zumindest teilweise – konstruiert. Denn beide verändern sich, bzw. lassen sich verändern. Beispiele für diese Veränderungen sind Schönheitsoperationen oder auch Geschlechtsumwandlungen. Auch historisch wandelt sich der Körper. So setzt z.B. die Geschlechtsreife bei Mädchen und Jungen heute eher ein als früher, und Frauen können mittlerweile noch erheblich später Kinder bekommen, als vor einigen Jahren.

Damit ist Geschlecht ein lebenslanger Prozess und zumindest in gewissem Maße veränderbar. Das soll aber nicht heißen, dass man ohne Mühe einfach zwischen den Geschlechteridentitäten hin und her wechseln kann.

> *„Geschlechtszugehörigkeit ist ein entscheidendes Kriterium für die Integration des Individuums in die Gesellschaft, die nach dem Prinzip der Zweigeschlechtlichkeit konstruiert ist."* (Pfister 1999: 44)

Geschlecht strukturiert nach Pfister die soziale Ordnung ebenso wie andere Merkmale (soziale Herkunft, Schicht, Alter etc.). Durch Geschlecht wird eine gesellschaftliche Hierarchie hergestellt, in der Männer häufig vor oder über Frauen stehen. Zwar hat sich die Gesellschaft in den letzten Jahrzehnten stark gewandelt, dennoch existiert noch eine Zweiteilung in „unbezahlte Reproduktionsarbeit" der Frauen und „bezahlte Produktionsarbeit" der Männer (Pfister 1999: 45). Zwar werden durch die gesetzliche Gleichberechtigung und den sozialen Wandel Frauen seit geraumer Zeit nicht auf ein Leben als Hausfrau und Mutter festgelegt, doch noch immer übernehmen Frauen den Großteil der häuslichen Arbeit und Kindererziehung. Ohne diese unbezahlte Arbeit könnte Gesellschaft nicht funktionieren; die äußeren Bedingungen lassen auch gar nicht zu, dass sich diese Strukturen grundlegend ändern (zum Beispiel durch die anhaltende Unterversorgung mit Kita-Plätzen, so dass die Kinderbetreuung außerhalb der Familie nicht gesichert, sondern so wie die familiär gestaltete privat zu regeln ist). Frauen gelten aufgrund ihrer Gebärfähigkeit als „instabile Arbeitskräfte", weshalb sie in der Arbeitswelt häufig unterbezahlt sind und nicht in Machtpositionen vordringen können[6] (Pfister 1999: 46). Durch solche Fakten wird die Geschlechterhierarchie verstärkt.

„Begründet und legitimiert werden Arbeitsteilung, Geschlechterhierarchie und insgesamt die Geschlechterordnung wiederum mit den Vorstellungen der Zweigeschlechtlichkeit, die alle Lebensbereiche, Denkmuster und Wirklichkeitskonstruktionen durchdringt." (Pfister 1999: 46)

Nach dem Konzept des „doing gender" ist Geschlecht nicht nur einfach vorhanden, sondern auch etwas, das vom Individuum hergestellt wird. Die Konstruktion von Geschlecht ist zwar nicht immer sichtbar und läuft unbewusst ab, ist aber trotzdem immer im Hintergrund gegenwärtig. Damit werden die Verhältnisse zwischen den Geschlechtern als etwas Natürliches betrachtet und nicht hinterfragt.

„‚Doing gender' basiert zum einen auf der Selbstinszenierung, wobei wir kulturell tradierte Bilder von Männlichkeit und Weiblichkeit darstellen und verkörpern." (Pfister 1999: 47)

Zudem müssen diese Bilder und das entsprechende Verhalten auch von der Gesellschaft als entweder weiblich oder männlich anerkannt werden (Pfister 1999: 47). Gilt es zum Beispiel in unserer Gesellschaft als unmännlich und schwul, wenn sich zwei Männer zur Begrüßung küssen, ist dies in anderen Kulturen durchaus üblich. Dieses Verhalten ist demnach kulturell konstruiert.

Vor dem Hintergrund der bisherigen Ausführungen in diesem Kapitel stellt sich der Sport als ein besonderes Feld dar, denn im Unterschied zu den mittlerweile aufgelösten geschlechtergetrennten Bereichen Schule, Freizeit, in großen Teilen der Berufswelt usw. gibt es in den meisten Sportarten eine Geschlechtertrennung. Dabei ist Männersport in der Hierarchie deutlich höher angesiedelt als Frauensport. Es gibt immer noch Sportarten, die – zumindest auf Leistungssportebene und in der Öffentlichkeit – ent-

---

6 Nach dem Institut für Arbeits- und Berufsforschung 2010 liegt in Deutschland der durchschnittliche Bruttostundenlohn von Frauen 23 Prozent unter dem der Männer.

weder nur von Männern oder nur von Frauen ausgetragen werden. Dabei überwiegen die Sportarten, die Frauen verwehrt werden. So sind Frauen im Motorsport so gut wie nicht zu finden, andere Sportarten werden zum Beispiel bei den olympischen Spielen nicht für Frauen zugelassen (z.b. Zehnkampf) oder für Frauen verändert (Eishockey). Umgekehrt ist es dort Männern untersagt, am Synchronschwimmen teilzunehmen.

Grundsätzlich wurden Mädchen und Frauen aber bis in die 80er Jahre der Zugang zum Sport erschwert, da

> *„sportliche Aktivitäten, die verbunden sind mit Raumnahme, selbstbestimmtem Tun, Anstrengung, Kraft, Wettkampf und Konkurrenz, (...) vielfach nicht mit den an Mädchen und Frauen gerichteten sozialen Erwartungen überein[stimmten]"* (Hartmann-Tews 2003: 15).

Diese sozialen Erwartungen im Sport sind zwar teilweise überholt, und Frauen finden einen leichteren Zugang zum Sport als vor einigen Jahrzehnten, dennoch sind die von Hartmann-Tews genannten Eigenschaften, die im Sport benötigt werden, immer noch eher „männlich" kodiert.

Der Körper spielt im Sport eine sehr große Rolle und scheint die Zweigeschlechtlichkeit zu beweisen, doch auch hier sind die „geschlechtertypischen" Sportarten geformt. Brändle und Koller (2002: 424) erklären sogar, dass Sport eine „klare Struktur" der Zweigeschlechtlichkeit" benötigt, in Zeiten, in denen „Geschlechtergrenzen zunehmend in Frage gestellt" werden. So gilt beispielsweise Fußball als typische Männersportart, es dominieren Eigenschaften wie Kraft, Härte, Kampfgeist etc. Die rhythmische Sportgymnastik, bei der Anmut und Ästhetik gefragt ist, hingegen scheint besonders frauentypisch zu sein.

Diese Zuschreibungen werden von den Menschen innerhalb der Sozialisation internalisiert. So sind in den Augen der Öffentlichkeit Fußballerinnen besonders kräftig und haben kurze Haare, Turnerinnen dagegen sind besonders schlank, klein und sehr weiblich. Werden diese Stereotype nicht bedient, „erscheint dies als Widerspruch" (Pfister 1999: 49). Die Teilnehmenden an den jeweiligen Sportarten inszenieren sich selber so, im Sport werden Geschlechtsunterschiede hergestellt und sichtbar gemacht. „Doing sport ist deshalb auch immer doing gender" (Pfister/Fasting 2005: 139). Aber auch Medien und Gesellschaft spielen eine wichtige Rolle. Nach Lorber konstruiert der Sport den Körper der Männer als besonders kraftvoll, den Körper der Frau dagegen als sexuell (Lorber 1994 nach Pfister 1999: 49). Aus diesem Grund inszenieren sich viele Frauen abseits ihres Sportes als besonders weiblich, um nicht als männlich zu gelten[7].

---

7 Gerade in den als besonders männlich konnotierten Sportarten, inszenieren sich viele Frauen als sehr weiblich. So ist zum Beispiel Susi Kentikian, eine deutsche Boxerin, in einer „Milchschnitte"-Werbung zu sehen, in der sie mit Stöckelschuhen und Schminke „kämpft".

Exkurs: Sportlerinnen in den Medien

Die Medienberichterstattung im Sport läuft auf eine bestimmte Weise ab. Der Hauptfokus bei Frauen wird dabei nicht – wie bei Männern – auf die sportliche Leistung gelegt, sondern auf die Reize der Sportlerinnen. Die Berichterstattung wird auf weiblicher Seite hauptsächlich von Tennisspielerinnen dominiert. Dies liegt daran, dass gerade beim Tennis die Akteurinnen durch ihre kurzen Röcke und knappen Oberteile relativ aufreizend gekleidet sind. Von vielen Zeitungen (z.b. Bild) werden Fotos der Tennisspielerinnen nach dem Motto „Sex sells" gerne gezeigt. Beim Fußball dagegen sind „sexuell konnotierte Körperpartien" (Tillmann 2008: 98) weitgehend verdeckt. Doch auch hier wird immer wieder darüber nachgedacht, den Frauenfußball durch andere Kleidungsvorschriften attraktiver zu machen. 2004 setzte sich Fifa-Präsident Joseph Blatter in einem Interview dafür ein, dass die Frauen andere Sportkleidung als die Männer tragen sollten, damit sie für die Werbewirtschaft ertragreicher werden (Spiegel.de 2004). Großes mediales Interesse besteht auch zum Beispiel an Fatmire Bajramaj, die sich außerhalb des Spielfeldes betont weiblich und reizvoll präsentiert. Andere Spielerinnen, die ebenso gut spielen wie sie, sind in den Medien nicht in dem Maß von Interesse.

Möglicherweise ist es aber gerade dadurch, dass Frauen sich in Männersportarten behaupten, denkbar, dass bestehende Geschlechtergrenzen aufgehoben werden und geschlechtstypische Zuschreibungen im Sport nach und nach verschwinden. Weil so genannte „Männersportarten" Eigenschaften wie Durchsetzungsfähigkeit, Kraft, Raumgewinn etc. beinhalten und „typische Frauensportarten" eher mit Ästhetik verknüpft werden, ist es für Frauen allerdings lohnender, „typisch männliche" Sportarten zu ergreifen als für umgekehrt für Jungen und Männer „weibliche Sportarten" , da sie eher an Status verlieren würden (Hartmann-Tews 2003: 25).

Gerade Fußball gilt in Deutschland als besonders „männliche" Sportart. Betrachtet man aber, dass in den USA Football und Baseball zu den „männlichen" Sportarten zählen und Fußball dagegen eher ein typischer Mädchensport ist, fällt auf, dass es demnach nicht auf die Struktur des Spiels ankommt, sondern auf die „gesellschaftlichen Konventionen". Fußball ist also „in hohem Maße ‚gendered'" (Brändle/Koller 2002: 208).

Über die Jahrzehnte betrachtet, hat der Fußballsport große Entwicklungen hinter sich gebracht. Darin enthalten sind auch unterschiedliche Männlichkeitskonzepte. Zunächst als „Gentleman-Sport" praktiziert, wandelt sich der Fußball zum Arbeiterklassensport und später zum Massenphänomen. Aber alle verschiedenen Männlichkeitskonzepte sind „mit dem Fußball kompatibel, während die Konzepte von Weiblichkeit stets außen vor blieben" (Brändle/Koller 2002: 231). Frauen, die es wagen, diesem „Männersport" zu nachzugehen, werden als „Mannsweiber" verspottet und durch dieses Bild wird auf gleichgeschlechtliche sexuelle Orientierungen geschlossen. Nach Brändle und Koller werde durch diese „Verortung der kickenden Frauen im Bereich des ‚Abnormalen' (...) [die] männliche Fußballwelt wieder in Ordnung" gebracht (Brändle/Koller 2002: 231f). Die Frauen, die sich nicht diesem Stereotyp unterwerfen, wurden und werden auf ihre sexuellen Reize reduziert, was in einem Kommentar eines Fußballreporters bei einem Länderspiel 1970 im Rahmen der damals inoffiziellen Fußballweltmeisterschaft deutlich wird:

> *„Zur Fußballweltmeisterschaft der Frauen ließ sich Helga Walluga (28) aus Bad Neuenahr, die ‚Ausputzerin' der deutschen Elf rasch noch eine flotte Welle ins blonde Haar ondulieren. (...) [Die Elf ist immer bemüht] bei hohen Scharfschüssen den Busen aus der Schussbahn zu bringen. Besonders Helga Walluga spielt so, um unversehrt in den Stand der Ehe zurückzukehren."* (zitiert nach Brändle/Koller 2002: 224f.)[8]

Es lässt sich festhalten, dass Geschlecht im Sport besonders wichtig ist. Hier werden immer wieder Geschlechterstereotype produziert und reproduziert. Frauen und Männer werden von Gesellschaft und Medien in den jeweiligen Sportarten als männlich oder weiblich inszeniert oder inszenieren sich selber. Gerade im Sport ist es außerordentlich wichtig, sich einem Geschlecht zuzuordnen, da ansonsten der Ausschluss aus der Sportart droht. Die Bedeutung der geschlechtlichen Zuordnung lässt sich auch am Beispiel der Leichtathletin Caster Semenya erläutern. Die Läuferin gewann 2009 den Weltmeistertitel über 800 Meter. Aufgrund ihres Erscheinungsbildes wurde angezweifelt, ob Semenya wirklich eine Frau ist, ihr wurde unterstellt, sie wäre ein „Zwitter". Die Sportlerin musste Geschlechtstests über sich ergehen lassen, um weiter bei den Frauen starten zu dürfen und um ihren WM-Titel zu behalten. Der Sport ist demnach über alle Maßen im System der Zweigeschlechtlichkeit verankert. Männer oder Frauen, die sich nicht eindeutig einem Geschlecht zuordnen lassen, werden sanktioniert. Die Eindeutigkeit des Geschlechts ist eine Voraussetzung für die Teilnahme am Sport.

Betrachtet man allerdings die Strukturen der Sportarten, fällt auf, dass die Geschlechtsunterschiede konstruiert sind.

3 Fußball als Bastion der Männlichkeit

In diesem Kapitel soll verdeutlicht werden, inwiefern der Fußball durch Männlichkeit geprägt ist und wie Frauen sich in dieser Welt bewegen, bzw. welche Möglichkeiten und Schwierigkeiten sich für sie daraus ergeben.

Fußball gilt als eine der Männerdomänen schlechthin. Michael Meuser fasst in seinem Text „It's a Men's World. Ernste Spiele männlicher Vergemeinschaftung"

---

8 Zu den Zeitabläufen der Weltmeisterschaften, Nationalelfauswahlen usw. s. Kapitel 4.1 und 4.2.

die gängigen wissenschaftlichen Meinungen zusammen. Demnach ist „Fußball (…) „Arena der Männlichkeit", „männliche Weltsicht", „Männlichkeitspraxis", „Männlichkeitsritual", „Inbegriff des Männlichen", „Bastion der Männlichkeit" und „Gelegenheit zur Einübung von Männlichkeit" (Meuser 2008: 113-114). Auch Almut Sülzle stützt diese These. In einem Vortragstext bezeichnet sie den „Fußball und die Fußballfankultur (…) als Teil von hegemonialer Männlichkeit" (Sülzle 2007).

Gleiches zeigen auch Fabian Brändle und Christian Koller (2002: 209) auf. Sie erklären, dass der Fußball stark männerbündisch geordnet ist. Männerbünde sind ihnen zufolge

„formelle und informelle Männergruppierungen, die sich durch eine klare Grenzziehung gegen außen und eine Inszenierung ‚männlicher' Verhaltensmuster im Inneren auszeichnen."

Michael Meuser (2001: 8) bezeichnet diese Gruppierungen auch als „homosoziale Männergemeinschaften". Eva Kreisky attestiert den Männerbünden zudem eine „emotionale, affektive und häufig auch (homo-)erotische Basis". Sie dienen ihrer Meinung nach hauptsächlich der „Konservierung männlicher Vorherrschaft" (Kreisky 2006: 33).

Exkurs Androzentrismus

Eva Kreisky weist auf die Bedeutung einer kritischen Beleuchtung der Geschlechterverhältnisse im Fußball durch die Fußballforschung hin. Ihrer Meinung nach indiziert „die [zum großen Teil] ausbleibende Reflexion des Geschlechterproblems (…) nachhaltigen Androzentrismus in der Fußballforschung" (Kreisky 2006: 27). Androzentrismus beschreibt nach Kreisky die Weltanschauung, in welcher der Mann das Gewöhnliche, also „Zentrum und Maßstab" der Welt ist. Im Gegensatz zum Sexismus, in dem Frauen offen herabgesetzt werden, sind im Androzentrismus Frauen „das Andere". „Mensch und Mann [werden] stillschweigend gleich[gesetzt]" (Kreisky 2006: 27). Dies geschieht jedoch meistens unauffällig, die Sichtweisen sind häufig sowohl von Männern, als auch von Frauen, internalisiert. „Es wird einfach angenommen, dass die männliche Sicht der Welt die allgemeine und für alle gültige sei." (Kreisky 2002)

Im Fußball wird dies zum Beispiel offensichtlich durch den Gebrauch der Wörter Fußball und Frauenfußball. Kreisky (2006: 27) sieht dahinter den Versuch, Frauenfußball geschlechtlich zu markieren, „um sein Anderssein, sein Minderwertigsein nach außen hin sichtbar zu machen". Der vorherrschende Androzentrismus im Fußballsport ist ein weiteres Merkmal, das Fußball zu einer männlichen Bastion gestaltet.

Den homosozialen Gemeinschaften wird in der männlichen Sozialisation eine wichtige Rolle zugesprochen. Sie werden benötigt, um geschlechtstypisches Rollenverhalten einzuüben (Brändle/Koller 2002: 209).

Bereits in der Schule ist der Fußball für die Jungen eine „Gelegenheit, aktiv Grenzziehungen gegenüber Mädchen vorzunehmen" (Meuser 2008: 117). Mädchen werden in diesen Bereich nicht aufgenommen, Fußball gilt als Reproduktionsort männlicher Territorien. Schon hier erfolgt eine Herabsetzung des Weiblichen, nach Meuser ein „Grundmotiv hegemonialer Männlichkeit" (Meuser 2008: 117). In der Psychologie wird die Tatsache, dass Jungen diese Männergemeinschaften benötigen, darauf zurückgeführt, dass die Jungen hauptsächlich von der Mutter, also einer nicht gleichgeschlechtlichen Person aufgezogen werden und sie diese homosozialen Gruppierungen benötigen, um sich eine männliche Identität aufzubauen (Brändle/Koller 2002: 209).

Meuser nimmt Bezug auf Bourdieu und dessen Männlichkeitstheorie. Diese besagt, dass der männliche Habitus

„konstruiert und vollendet wird (...) nur in Verbindung mit dem den Männern vorbehaltenen Raum, in dem sich, unter Männern, die ernsten Spiele des Wettbewerbs abspielen" (Bourdieu 1997, zitiert nach Meuser 2008: 115).

Zwar sind mit diesen „ernsten Spielen" zunächst andere Handlungsfelder gemeint, nämlich Politik, Wissenschaft etc., doch auch Fußball lässt sich nach Meuser in gewisser Weise in diese Felder einordnen. Für Frauen ist in diesen Rahmen nicht recht Platz. Dennoch bekleiden sie keine unwichtige Position. Nach Bourdieu bleibt ihnen nur die Rolle der Zuschauerin oder die „von schmeichelnden Spiegeln (...), die dem Mann das vergrößerte Bild seiner selbst zurückwerfen" (Bourdieu 1997, nach Meuser 2008: 203).

Dass Frauen ausgeschlossen sind, verbindet die Männer, auch wenn sie ansonsten nicht unbedingt ähnliche Eigenschaften oder gleiche soziale Merkmale aufweisen. Der Ausschluss von Frauen erfolgt teilweise in neckender Form, teilweise aber auch in ernster Form, „weil Positionen, Macht, Einfluss, Geld ‚auf dem Spiel stehen‘" (Meuser 2001: 21). Nur durch die Zurückweisung von Frauen aus dem Kreis der männlichen Gemeinschaft, kann die Atmosphäre ermöglicht werden, „die vielen Männern als Garant männlicher Authentizität gilt" (Meuser 2001: 25). Fußball gilt als letzte große Männerbastion. In anderen Feldern der Gesellschaft partizipieren Frauen in immer größerer Weise, nur der Fußball scheint von dieser Teilhabe ausgeschlossen. Das Fußballstadion gilt für die Männer als einzig verbliebener Ort, an dem noch „‚echte‘, ‚authentische‘ Männlichkeit gelebt werden kann" (Meuser 2008: 116). Doch nicht nur Frauen sind aus diesen homosozialen Gemeinschaften ausgeschlossen. Es herrscht eine „doppelte Abgrenzung, die zu Dominanzverhältnissen sowohl gegenüber Frauen, als auch gegenüber anderen Männern führt" (Meuser 2001: 6).

26

Diese doppelte Abgrenzung beschreibt Connell auch in der Theorie der „hegemonialen Männlichkeit" (Connell 1999). Ausgeschlossen werden im Fußball vor allem homosexuelle, aber auch andere marginalisierte Männer wie z.B. Ausländer. Dabei ist es mittlerweile eher selten, dass offen fremdenfeindliche Äußerungen und Taten im Fußball zu beobachten sind, was allerdings hauptsächlich durch die Arbeit der Fanprojekte und durch DFB-Kampagnen erreicht wurde. Homophobie ist jedoch gang und gäbe, Schwule sind nicht gern gesehen und homophobe Fan-Gesänge und Beschimpfungen dienen dazu, dem Gegner die Männlichkeit abzusprechen. In keinem anderen gesellschaftlichen Feld ist diese Abwertung Homosexueller so akzeptiert wie im Fußball. Fußballer können mittlerweile viele verschiedene Formen von Männlichkeit ausleben. Es ist nicht mehr nur möglich, der „harte" Mann zu sein. Auch „metrosexuelle" Männer, wie zum Beispiel David Beckham oder Cristiano Ronaldo sind im Fußball anerkannt. Der Fußballspieler muss allerdings zwangsläufig heterosexuell sein, um an dieser Männerwelt zu partizipieren.[9]

Meuser erklärt jedoch, dass nicht jeder Fußballer hegemoniale Männlichkeit verkörpert, auch wenn „Fußball ein Ort der Reproduktion hegemonialer Männlichkeit ist" (Meuser 2008: 122). Auch hier gibt es gewisse Hierarchien. So verkörpert zum Beispiel Michael Ballack auf dem Platz – und vor allem in der Presse – das Bild hegemonialer Männlichkeit. Er wird als ein Mann gesehen, der in der Lage ist, andere unterzuordnen und dies wird auch von ihm verlangt (vom Trainer, von den Mitspielern und der Öffentlichkeit).

Aber nicht nur die Fußballmannschaften lassen sich als Männerbünde betrachten. Auch die Vereine oder Verbände und die Fangruppen fassen sich männerbündisch zusammen. Betrachtet man zum Beispiel den DFB, wird augenfällig, dass sich nur eine Frau in der Vorstandsetage befindet. Im DFB-Organigramm lässt sich nur Hannelore Ratzeburg entdecken (wobei sich 19 Personen in Präsidiums- und Vorstandsfunktionen befinden), die dort „natürlich" für den Frauen- und Mädchenfußball zuständig ist (DFB o.J.).

In Fangruppierungen sind Frauen ebenfalls weitestgehend unerwünscht. Dies geschieht Brändle und Koller (2002: 212) zufolge aus zwei Gründen: Zum einen sind die Frauen „nach der „männlichen" Auffassung nicht selbst in der Lage (…), ehrverletzende Provokationen zu beantworten" und sind damit eine Belastung für die anderen Mitglieder und zum anderen ist die potentielle Untreue der Freundin des Fans ebenfalls eine Bedrohung, da sie ihn „entehren" könnte. Frauen sollen demnach – wenn sie doch in der Gruppe vorhanden sind – dem typischen weiblichen Rollenklischee entsprechen: „sie sollen fürsorglich, opferbereit und selbstlos sein, dem ‚Helden' Wärme und Geborgenheit geben" (Brändle/Koller 2002: 213). Diese Auffassung wird von Almut Sülzle (2005) kritisiert. Auch sie sieht den Fuß-

---

9 Vgl. dazu den Aufsatz von de Hek in diesem Band.

ball als Männerwelt, obwohl sich immer mehr Zuschauerinnen ins Stadion wagen und Frauen teilweise ebenso gerne Fußball im Fernsehen gucken wie Männer. Eine ihrer Thesen ist jedoch, dass gerade „Fußball als Männerdomäne (...) die Freiheit [eröffnet], sich zwischen den Geschlechtern zu bewegen" (Sülzle 2005: 181). In den Fangruppen ist dies sowohl für Frauen als auch für Männer möglich. Sülzle erklärt dies an einem Beispiel: ein von ihr befragter weiblicher Fan sieht im Fußball für sich die Möglichkeit, den „weiblichen Rollenanforderungen nicht zu entsprechen und (...) auch nicht an ihnen gemessen zu werden" (Sülzle 2005: 182). Allerdings wird hier Geschlecht stark mit Geschlechterstereotypen verbunden. Frauen sind die „männlichen" Eigenschaften lieber als die „weiblichen". Unter den hauptsächlich männlichen Fans im Stadion können sie sich die männlich konnotierten Verhaltensweisen aussuchen und diese annehmen, ohne dass dies negativ sanktioniert wird. Aber auch Männer können sich zwischen den Geschlechtern bewegen. Beim Fußball ist es üblich, dass Männer sich küssen und umarmen und auch „typisch weibliche" Eigenschaften wie z.B. Fürsorglichkeit zeigen. Mit der Versicherung der Heterosexualität ist es – sowohl für Spieler, als auch für Fans – möglich, viele verschiedene Männlichkeitskonzepte zu übernehmen, auch wenn diese weiblich wirken (Sülzle. 2005: 182).

Gerade in den Fangruppen, so Sülzle, sind die typisch weiblichen Rollen nicht gebilligt. Sie unterscheidet zwischen vier verschiedenen Rollen, die Frauen im Stadion innehaben können:

- *„Die Freundin von... wird mitgeschleppt, zumeist von einem Mann, und hat keine Ahnung von Fußball.*
- *Das Groupie himmelt einen Spieler wie einen Popstar an und verletzt damit das Gebot der Vereinstreue, denn Spieler kommen und gehen, Fans bleiben.*
- *Die Cheerleader sind dumm, zickig und eine Sonderform der Groupies.*
- *Der echte Fan, weiblich unterscheidet sich fast nicht vom echten Fan, männlich." (Sülzle 2005: 184)*

Die drei ersten Frauenrollen werden von den „echten Fans" nicht akzeptiert. Gerade dies scheinen aber die Rollen zu sein, die dem typisch weiblichen Geschlechterklischee entsprechen. In der Hinsicht widerspricht dies also dem, was Brändle und Koller herausstellten, nämlich, dass Frauen nur gewollt sind, wenn sie die typischen Geschlechterstereotype verkörpern (s.o.).

Dieses Kapitel zeigt auf, dass Fußball eine Männerwelt ist, in der es Frauen oft schwer fällt, einen Platz zu behaupten. Dennoch gibt es immer wieder Frauen, die sich dadurch nicht beeindrucken lassen und mit dem Eintritt in diese Männerwelt scheinbare Geschlechtergrenzen überschreiten.

Frauen sind nicht wie noch vor Jahrzehnten vom Fußball ausgeschlossen, sondern erkämpfen sich ihren Platz. Zudem versuchen die Vereine, sich frauen- und familienfreundlicher zu geben, um Frauen ins Stadion zu locken. In Zeiten, in denen Wachstum das höchste Gebot ist, muss sich auch der Fußballsport für Frauen öffnen, um den Profit zu steigern (Kreisky 2006: 22). So wurde beispielsweise von Borussia Dortmund eine Fankollektion für Frauen entworfen – klischeebeladen jedoch mit rosafarbenen anstatt schwarz-gelben Schals.

4 Geschichte des Frauenfußballs

Das vorhergehende Kapitel schildert den Fußballsport bereits als Männerdomäne, in der Frauen nur bedingt erwünscht sind. Von Widerständen sind hauptsächlich die Fußballerinnen betroffen. Die Geschichte des Frauenfußballs zeigt die Repressalien auf, mit denen Frauen im Fußball konfrontiert wurden.

Der Frauenfußball hat sich erst in den letzten Jahrzehnten in Deutschland etabliert, doch die Ursprünge des Frauenfußballs gehen zurück bis ins Ende des 19. Jahrhundert.

4.1 Die Anfänge des Frauenfußballs in Deutschland und England

In England wird 1895 das wohl erste organisierte Spiel zweier Frauenteams durchgeführt. Die FA (Football Association) bremst die aufkommende Fußballbegeisterung der Frauen allerdings, indem sie ihren Mitgliedern davon abrät, gegen Frauenmannschaften zu spielen (Hennies/Meuren 2009: 11).

Die Frauen indes geben nicht auf, obschon sich erst während des ersten Weltkriegs bessere Möglichkeiten für sie ergeben, Fußball zu spielen. Die Damenfußballmannschaften sollen Geld für die Kriegsopfer sammeln, der „Show-Charakter" steht im Vordergrund (Fechtig 1995: 17). Überall sprießen nun Frauenteams aus der Erde:

„Anfang 1921 war es, als ob ein Frauenfußball-Fieber das ganze Land ergriffen hätte. Jedes größere Dorf hatte nun ein eigenes Frauenteam, in den Städten – vor allem im Norden – gab es sogar mehrere gleichzeitig. "
(Williamson 1991 zitiert nach Fechtig 1995: 17).

Auch die wohl berühmteste Frauenmannschaft Englands, die „Dick, Kerr Ladies"[10] werden gegründet. Das Team besteht aus Arbeitskräften der namensgebenden Muni-

---

10 Die Quellen stimmen bei dem Namen nicht ganz überein: Dick, Kerr Ladies oder Dick Kerr's Ladies.

tionsfirma „Dick, Kerr & Co" und sammelt die Eintrittsgelder für wohltätige Zwecke (Hennies/Meuren 2009: 12). Auch nach Kriegsende spielen die Arbeiterinnen weiter und erreichen Spitzenzuschauerzahlen: Bei einem Match gegen Femina Paris 1920 sind 61.000 Zuschauer zugegen (Hennies/Meuren 2009: 13). Den Funktionären der FA jedoch sind die Fußballerinnen ein Dorn im Auge. Sie unterstellen den Organisatoren der Spiele, dass ihr Augenmerk nicht nur auf wohltätigen Zwecken beruht, sondern sie sich auch selbst daran bereichern und drohen ihren Mitgliedsvereinen mit Sanktionen, sollten sie den Frauen ihre Spielfelder zur Verfügung stellen (Hennies/ Meuren 2009). Diese Anschuldigung ist insofern beachtlich, da es bei den Männern schon seit Anfang des 20. Jahrhunderts Profis gibt. Dies „zeigt den grundsätzlich anderen Charakter, den man dem Frauenfußball bestenfalls zuzugestehen bereit war" (Brändle/Koller 2002: 219). Männer dürfen mit dem Sport Geld verdienen, Frauen dieses höchstens für gute Zwecke sammeln. Brändle und Koller berufen sich auf den Frauenfußballhistoriker David J. Williamson, der an eine Verschwörung gegen den Frauenfußball glaubt, da man eine Konkurrenz zu den wieder von der Front zurückgekehrten Männern sieht. Dies lasse sich mit der Erwerbsarbeit vergleichen, die die Frauen während des Krieges in Abwesenheit der Männer leisteten und wieder verloren, nachdem die Männer heimkehrten (Brändle/ Koller 2002: 220).

Mit dem Verbot sind die Bemühungen im Frauenfußball zunächst beendet. Erst Jahrzehnte später, um 1960, fangen in England die Frauen wieder an, Fußball zu spielen und sich gegen die Repressionen zu wehren (Hennies / Meuren 2009: 13).

In Deutschland wird das erste Frauenteam 1930 gegründet, obwohl schon Ende des 19. Jahrhunderts Mädchen teilweise in der Schule Fußball spielen. Lotte Specht sucht per Zeitungsannonce andere Frauen, die mit ihr Fußball spielen möchten und bekommt tatsächlich 40 Zusagen, weshalb sie den 1.Damen-Fußball-Club Frankfurt gründet. Doch ebenso wie in England, sind auch in Deutschland Frauen beim Fußball nicht erwünscht. Die Widerstände gegen die Mannschaft sind so stark, dass die Frauen schon nach einem Jahr aufgeben (Hennies/Meuren 2009: 14).

Auch während der Nazi-Herrschaft ist Frauenfußball verpönt. Nur Schwimmen und Gymnastik gilt für die Frauen als angemessen, aufgrund der geringeren körperlichen Belastung. Dem DFB kommt dies gelegen, er erklärt 1936, dass

„der männliche Kampfcharakter der einzelnen Sportart dem Wesen der Frau [widerspricht], die wir von Sportarten bewusst ausgeschaltet sehen wollen, die ihr die Würde des Weibes im Wettkampf nehmen müsste."
(zitiert nach Hennies/Meuren 2009: 14)

Somit vergehen einige Jahre, bis die Frauen sich wieder dem Fußball zuwenden. Als das Team des DFB 1954 die Weltmeisterschaft der Herren gewinnt, ist auch das Interesse der Frauen am Fußballsport groß. Vor allem im Ruhrgebiet gründen sich einige Damenfußballmannschaften, unter anderem Fortuna Dortmund. Die Frauen organisieren sich weitestgehend selbst, vor allem, nachdem der DFB 1955 den Frauen das Fußballspielen untersagt. Wie in England wird auch hierzulande den Mitgliedervereinen mit Sanktionen gedroht, falls sie den Frauen Sportplätze oder Schiedsrichter zur Verfügung stellen. Die DFB-Funktionäre berufen sich unter anderem auf eine kurz zuvor erschienene Studie des niederländischen Psychologen Frederik Jacobus Johannes Buytendijk, die unter anderem Sätze wie diesen beinhaltet: „Das Treten ist wohl spezifisch männlich, ob das Getretenwerden weiblich ist, lasse ich dahingestellt. Jedenfalls ist das Nichttreten weiblich" (Buytendijk 1953, zitiert nach Hennies/Meuren 2009: 15). Der Deutsche Fußballbund stellt also fest:

„Im Kampf um den Ball verschwindet die weibliche Anmut, Körper und Seele erleiden unweigerlich Schaden und das Zurschaustellen des Körpers verletzt Schicklichkeit und Anstand." (Hoffmann/Nendza 2007)

Folgerichtig wird das Fußballspielen für Frauen vom DFB verboten.

Der DFB wird dabei von Ärzten und Sportmedizinern unterstützt, die die angebliche Nicht-Eignung des weiblichen Körpers für den „Kampfsport" Fußball attestieren. Die Gebärfähigkeit und Mutterfunktion stand im Widerspruch zum sportlichen Leistungsgedanken (Müller 2008: 57).

Zudem wird das Verbot damit gerechtfertigt, dass die Frauen vor ungebührlicher Geschäftemacherei geschützt werden sollen: „Damals sind irgendwelche Manager durch die Lande gezogen, die mit Brüste wackelnden Frauen Geld verdient haben. So etwas haben wir abgelehnt." (DFB-Mitarbeiter Horst Schmidt, Interview von Fechtig 1995: 25)

Die Frauen jedoch geben nicht auf, gründen eigene Vereine und organisieren Spiele gegen andere Frauenteams. Auch einige Funktionäre treten auf den Plan: ein Kaufmann gründet 1956 den Westdeutschen Damenfußballverband. Trotz des Verbots stellen die Frauen eine inoffizielle Nationalmannschaft und spielen unter anderem im Dante-Stadion in München gegen Westholland, vor 17.000 Zuschauern[11] (Hennies/ Meuren 2009: 16). Trotz aller Widerstände sind die Reaktionen nicht nur negativ:

„Wochenschau-Kommentar zum Damenfußball-Länderspiel Deutschland gegen Holland 4:2, in München am 16.3.1957.
‚Sie sehen richtig. 44 Damenbeine in Aktion. 1:0 für Holland. Gegenzug der deutschen Fußballamazonen. 14.000 Zuschauer feuern die Deut-

---

11 Die genaue Zahl lässt sich leider nicht feststellen, sondern schwankt bei den verschiedenen Quellen zwischen 14.000 und 18.000 Zuschauern.

schen im Münchener Dante-Stadion an. Und es steht 1:1. Wer allerdings
nur aus Gaudi und Sensationslust gekommen war, kam nicht auf seine
Kosten. Die Damen spielten fair und zeigten entschiedene gute Kombi-
nationen. Nach dem 2:2 Gleichstand ging Deutschland mit 3:2 in Füh-
rung. Das vierte Tor ist eine Meisterleistung: Lattenschuss...Rückzieher
und... Tor! Die deutschen Damen gewannen mit 4:2'"(Hoffmann/Nend-
za 2007)

Andere Begegnungen laufen weniger positiv. Da die Frauen nicht alle in einem Verband organisiert sind, werden Geschäftsleute auf die Frauenteams aufmerksam und
versuchen, durch die Spiele Gewinne zu erzielen. So findet zum Beispiel in Berlin
ein Turnier statt, das als Europameisterschaft deklariert wird und Mannschaften aus
Deutschland, England, Holland und Österreich verspricht. Das Niveau jedoch ist
niedrigklassig, auch weil auf einmal ganz andere Spielerinnen in der „deutschen Nationalmannschaft" stehen, als zum Beispiel kurz zuvor im Münchener Dante-Stadion
(Hennies/Meuren 2009: 16).

1958 gründet der Münchener Josef Floritz die Deutsche Damenfußball-Vereini-
gung, woraufhin mehrere Länderspiele „mit mehr oder weniger seriösem Touch"
(Hennies/Meuren 2009: 18) stattfinden.

Erst als Anfang der 60er Jahre der zwanzigsten Jahrhunderts die Geschäftemacherei mit dem Damenfußball ausgereizt scheint, bagatellisiert der DFB die
Damenmannschaften und wehrt sich nicht mehr so strikt gegen den Frauenfußball.
Dennoch wird erst 1970, auch auf Drängen der UEFA, das Verbot des DFB aufgehoben (Hennies/Meuren 2009: 19). Doch ganz wollen die Herren den Damen
den Fußballsport nicht überlassen. Für die Frauen sollen nicht die gleichen Regeln
gelten wie für die Männer. Es werden Sonderregeln eingeführt, um die Frauen zu
„schützen":

- Die Spielzeit wird auf 2 x 30 Minuten vermindert
- Kleinere Bälle (Jungendbälle) sollen verwendet werden
- Stollenschuhe sind verboten
- Die Torhüterin darf im Torraum nicht angegriffen werden
- Spiele sollen nur bei bestmöglichen Platzverhältnissen stattfinden
  und damit nur in der Zeit vom 1. März bis zum 31. Oktober
- Jede Mannschaft soll mit einer weiblichen Betreuerin ausgestattet sein
- Die Spielberechtigung wird erst nach sportärztlicher Untersuchung
  erteilt
- Zudem wird darüber diskutiert, ob für die Frauen ein „Brustpan-
  zer" zum Schutz der Brust eingeführt wird (Ratzeburg 1983, Till-
  mann 2008).

Die Sonderregeln werden jedoch schon zwei Jahre später überholt. Die Frauen spielen nun nach den gleichen Regeln wie die Männer, nur die Spielzeit beträgt erst ab der Saison 1993/94 wie bei den Männern 90 Minuten (Werhand 2005: 21).

Erst Jahre später, 1980, beginnt der Verband dann, den Frauenfußball in Deutschland zu fördern und baut eine Nationalmannschaft auf, da die UEFA 1984 die erste (inoffizielle) Europameisterschaft der Frauen austragen will. Deutschland qualifiziert sich erst 1989 das erste Mal zu einer Europameisterschaft, die das deutsche Team dann auch noch gewinnt. Auch wenn der Gewinn dieser Europameisterschaft einen Boom des Frauenfußballs auslösen wird – die Belohnung des gewonnenen Turniers besteht seitens des DFB in einem Kaffeeservice, 1b-Qualität (Hennies/Meuren 2009: 21).

4.2 Frauenfußball in Deutschland nach Aufhebung des DFB-Verbots

1970 beschließt der DFB aufgrund des internationalen Drucks, wie gerade ausgeführt, aber auch wegen des immer größer werdenden Drucks der DFB-Mitgliedsvereine, den Frauen bei der Ausübung des Sports nicht mehr im Wege zu stehen. Schließlich spielen sogar in renommierten Vereinen wie Werder Bremen, Bayern München und dem 1. FC Kaiserslautern mittlerweile Frauenteams. Zudem droht dem DFB das Monopol im Bereich Fußball zu verlieren, da die Frauen sich entweder dem Deutschen Turnerbund anschließen oder einen eigenen Verband gründen wollen. Somit bedeutet die Aufhebung des Verbotes nicht unbedingt die Akzeptanz der Fußball spielenden Frauen, sondern auch die Abwendung eines Machtverlustes.

Die Zulassung des Frauenfußballs beinhaltet jedoch keine Förderung des Frauenfußballs seitens des DFB. Die Kontrolle über die Frauen geht so weit, dass der DFB – auf Anraten der UEFA – der deutschen Auswahl eine Teilnahme an der 1971 stattfindenden inoffiziellen WM untersagt.

Ein Jahr zuvor, 1970, findet in Italien eine inoffizielle Weltmeisterschaft statt. Da es keine Nationalmannschaft gibt, fährt eine Vereinsmannschaft – Bad Neuenahr, die damals bekannteste Mannschaft – zu dem Turnier. Zwar gewannen die Frauen jedes ihrer Freundschaftsspiele in Deutschland, doch in Italien können sie nicht punkten. Dies bringt den TuS Wörrstadt auf den Plan. Die Frauen kritisieren den Alleinvertretungsanspruch Bad Neuenahrs bei der WM und erreichen, nachdem sie sich bei einem Freundschaftsspiele gegen Bad Neuenahr achtbar schlagen, dass nun nicht mehr ein Verein, sondern eine Auswahl der besten Spielerinnen zu den nächsten internationalen Vergleichen fahren soll. Die Rivalinnen vom TuS Wörrstadt und Bad Neuenahr behaupten noch einige Jahre ihre Vormachtstellung im deutschen Fußball, bis auch andere gute Mannschaften in der deutschen Fußballlandschaft auftauchen. Während dessen treiben die Verantwortlichen der beiden Vereine, Heinz-Günter Hansen und Fips Scheidt, den Frauenfußball weiter voran, indem sie sich immer wieder beim DFB Gehör verschaffen, die Medien für sich begeistern und Turniere organisieren. So entsteht 1973 der „Goldpokal", an dem die Meister aus den Landesverbänden teilnehmen. Der TuS Wörrstadt schlägt Bad Neuenahr im Halbfinale und gewinnt die „inoffizielle Meisterschaft" gegen den FC Bayern. Im Jahr darauf findet „sozusagen als Geschenk an die Frauenwelt" (Hennies/Meuren 2009: 45), eine offizielle Meisterschaft der Landesmeister statt, die ebenfalls an den TuS Wörrstadt geht. Zudem wird das Tor von Bärbel Wohlleben zum „Tor des Monats" in der Sportschau gewählt.

Immer mehr Teams gesellen sich zu den Spitzenmannschaften, wie z.b. der Bonner SC oder SSG Bergisch-Gladbach. 1990 schließlich ist es soweit: Die Frauen-Bundesliga wird eingeführt. Zunächst noch zweigleisig in Nord und Süd unterteilt, profitiert sie von dem Boom, der durch die gewonnene Europameisterschaft 1989 ausgelöst wird. Die Zuschauerzahlen lassen jedoch zu wünschen übrig. Das Interesse an den Vereinsmannschaften ist nicht so groß wie erwartet. Die Spielerinnen bekommen wenig Aufwandsentschädigung, sind nicht gut ausgebildet und haben keine ausgebildeten TrainerInnen. Der Leistungsunterschied zwischen den einzelnen Teams (von denen die besten mit Nationalspielerinnen gespickt sind und über gute Spielerinnen verfügen) ist zu groß, weswegen 1997 eine eingleisige Bundesliga mit 12 Mannschaften eingeführt wird. Seit der Einführung dominiert der 1. FFC Frankfurt die Bundesliga, in den letzten Jahren jedoch musste er seinen Spitzenplatz auch an den FCR Duisburg und Turbine Potsdam abgeben.

Die drei deutschen Vereine dominieren nicht nur in der Bundesliga, sondern sind auch international kaum zu bezwingen. Seit 2001 gibt es den UEFA Women's Cup, bzw. seit 2009 die UEFA Women's Champions League, die seit Bestehen sechs Mal von deutschen Clubs gewonnen werden konnten.

4.3   Die Nationalelf

Nachdem in den Jahren ab 1970 immer wieder inoffizielle deutsche „Nationalmannschaften" ins internationale Geschehen eingreifen[12], wird für viele Frauen endlich ein Traum wahr: 1982 findet das erste offizielle Länderspiel statt. Gegen die Schweiz gewinnen die deutschen Spielerinnen unter der Leitung von Gero Bisanz gleich mit 5:1. Unter den Debütantinnen ist auch die jetzige Nationaltrainerin, Silvia Neid. Auch andere hochkarätige Spielerinnen stoßen in den folgenden Jahren hinzu, wie z.B. Doris Fitschen, Martina Voss oder Heidi Mohr. Mit diesen Spielerinnen gelingt

---

12 Teilweise fahren auch immer noch Vereinsmannschaften zu den Turnieren, wie z.B. 1981. Die Frauen der SSG Bergisch-Gladbach fahren zur inoffiziellen Weltmeisterschaft nach Taiwan und gewinnen diese auch. Der DFB erstattete den Spielerinnen jedoch nicht einmal die Fahrtkosten (Brändle/Koller 2002: 224).

es Deutschland 1989, die im eigenen Land stattfindende Europameisterschaft zu gewinnen (Hennies/Meuren 2009: 253).

Die später von Tina Theune-Meyer und anschließend von Silvia Neid betreute Nationalmannschaft feiert in den Jahren darauf weitere Erfolge, unter anderem die Weltmeistertitel 2003 und 2007.

Zusammenfassend lässt sich sagen, dass sich der Frauenfußball in Deutschland gerade in den letzten zwei Jahrzehnten stark entwickelt hat. Fußball ist auch bei den Frauen die Teamsportart Nr. 1 in Deutschland und mittlerweile sind im DFB mehr als eine Million (DFB, Stand 2010) Frauen organisiert. Die einstigen Vorbehalte gegen den Frauenfußball sind seitens des DFB kaum noch zu erkennen. Besonders seit Theo Zwanziger Präsident des DFB ist, wird die Nationalmannschaft stark gefördert.

5   Geschlecht als Exklusionsgrund im modernen Fußball[13]

Nachdem die vorangegangenen Kapitel aufgezeigt haben, dass Fußball als Männerdomäne gilt, zu der Frauen nur schwer ein Zugang gewährt wird, soll im Folgenden gezeigt werden, dass es sich bei der Exklusion von Frauen um eine Konstruktion handelt, die zumindest in den Vorläufern des modernen Fußballsports nicht zu finden war.

Das moderne Fußballspiel wurde Mitte des 19. Jahrhunderts in England erfunden und in den Public Schools gespielt, wo es als „Instrument sozialer Kontrolle und Disziplinierung durch die Lehrer zu einem Mittel der Charakterbildung" (Brändle/ Koller 2002: 26) galt. Da Mädchen die Schulausbildung größtenteils verwehrt wurde, gab es für diese zunächst weniger Kontakte zum Fußballsport. So fanden Frauen erst viele Jahre später den Weg zum Fußball.

Bei Betrachtung der Vorläufer des modernen Fußballs wird allerdings deutlich, dass das Geschlecht in den Anfängen des Fußballs keineswegs als Exklusionsgrund galt.

In England wurde bis ins 12. Jahrhundert der so genannte „Folk-Football" gespielt, der aber mit dem modernen Fußball nicht viel gemeinsam hatte. Dieser Volkssport, der zu den Fastnachtsbräuchen zählte, hatte keine festgelegten Regeln und es gab immer wieder Verletzte oder sogar Tote, was auf ein hohes Gewaltpotential schließen lässt (Müller 2009: 58). Das Spiel war sehr beliebt bei der Bevölkerung und wurde besonders von den Unterschichten gespielt. Bei dem Vorläufer des Fußballsports waren Frauen keineswegs ausgeschlossen. Es wurden Spiele ausgetragen, bei denen sowohl Frauen mit Männern, als auch gegen Männer sowie gegen andere Frauen spielten. Häufig spielte der soziale Stand eine Rolle (Mägde und Knecht spielten gegen Bäuerinnen und Bauern) sowie Alter oder soziale Herkunft. Auch spielten

---

13 Dieses Kapitel bezieht sich, soweit nicht anders vermerkt, auf Müller 2009.

unverheiratete gegen verheiratete Frauen. Das Geschlecht war demnach zwar eines von vielen Kriterien für die Teambildung, jedoch kein Exklusionsgrund.

Die Argumente, die viele Jahre später für den Ausschluss der Frauen aus dem Fußballsport benutzt wurden, nämlich dass Fußball ein männlicher Kampfsport ist und Frauen ungeeignet für diesen Kampf sind, scheinen konstruiert, betrachtet man die gewalttätigen Volksspiele im Mittelalter. Dort sollen Frauen durchaus ebenso gewalttätig wie ihre männlichen Mit- oder Gegenspieler gewesen sein:

> *„They pushed, shoved, kicked, and frolicked with as much reckless abandon as their fathers, brothers, husbands, and sons; and they seem to have suffered as many broken bones and cracked crowns as the men did"* *(Guttmann 1991, zitiert nach Müller 2009: 60).*

Es stellt sich also die Frage, warum Frauen aus dem Fußballsport ausgeschlossen wurden und wann genau dies geschah.

Marion Müller erklärt dies mit der „Erfindung der Geschlechterdifferenz" (Müller 2009: 54). In den vormodernen Gesellschaften galt Geschlecht nicht als ein Instrument der sozialen Ordnung. Der Begriff „Geschlecht" galt hauptsächlich als Darstellung von Verwandtschaftsverhältnissen. Die soziale Ordnung wurde durch die Standeszugehörigkeit hergestellt. Im so genannten „Ganzen Haus" waren alle Familienmitglieder und Bediensteten zugegen, zwischen den Geschlechtern wurden wenig Unterschiede gemacht: für beide Geschlechter war „der Haushalt (ohne Trennung von Konsum und Erwerb) das gemeinsame Bezugssystem." (Müller 2009: 54). Das bedeutet nicht, dass keine Geschlechterhierarchien vorhanden waren. Die Teilung in weibliche Hausarbeit und männliche Erwerbsarbeit, wie sie in modernen Gesellschaften stattfand und stattfindet, war jedoch nicht vorhanden.

Erst Ende des 18. Jahrhunderts wurde das Bezugssystem des „Ganzen Hauses" ersetzt. Es traten nun Charakterdefinitionen der einzelnen Geschlechter hervor, die für alle Stände gleichsam gültig waren bzw. wurden. Die Eigenschaften, die fortan als männlich und weiblich galten, sind auch heute noch als Zuschreibungen für das jeweilige Geschlecht bekannt. Somit waren Männer „mutig, kraftvoll, tapfer, für das öffentliche Leben bestimmt, vernunftorientiert und mit der Fähigkeit zu abstraktem Denken" bestückt, Frauen dagegen wurden die Charakterzüge „schwach, wankelmütig, emotional, irrational, bescheiden, passiv, für das häusliche Leben bestimmt und wenig konkurrenzorientiert" nachgesagt (Müller 2009: 55). Zwar sollten die Geschlechterdifferenzen zunächst nicht als ungleichwertig gesehen werden, doch von dieser „romantischen Idee der Komplementarität der Geschlechter" (Müller 2009: 55) musste man sich bald verabschieden. Beim Blick auf die vorher aufgezählten Eigenschaften lässt sich eine klare Hierarchisierung feststellen. Während Männern hauptsächlich positive Attribute zugeschrieben wurden, sind die Charakterisierungen der Frauen überwiegend negativ konnotiert.

Die Entwicklung der Geschlechterdifferenz wird mit der Erstarkung des Bürgertums verbunden.

> *„Aus der Perspektive des Bürgertums reduzierte die Institutionalisierung einer geschlechtsspezifischen Arbeitsteilung und der daraus resultierende Ausschluss der Frauen aus der Öffentlichkeit den Konkurrenzdruck für die Männer und sicherte gleichzeitig die Versorgung der Familie."*
> *(Müller 2009: 55)*

So wurden Mädchen zum Beispiel Bildungsmöglichkeiten verwehrt, sie sollten nur lernen, sich um die Familie zu kümmern und den Haushalt zu führen, wodurch Frauen weitgehend aus dem öffentlichen Leben verschwanden.

Dies lässt darauf schließen, dass die Geschlechterhierarchien auch Einfluss auf den Sport hatten, da der moderne Sport seinen Ausgangspunkt hauptsächlich in den Schulen hat, von denen die Mädchen eher fern gehalten wurden (Müller 2009: 558). Nicht nur das Fußballspielen blieb den Mädchen und Frauen verwehrt, auch andere Leistungssportarten wurden ausschließlich von Männern betrieben. Das Turnen zum Beispiel, das heute als eher weiblich konnotierte Sportart gilt, galt im 19. Jahrhundert nach Müller als Männersport par excellence, von dem Frauen ausgeschlossen waren.

Einen weiteren Grund für die Exklusion der Frauen aus dem Sport sieht Müller in der Medizin. Nicht nur im sozialen Leben wurden die Geschlechter ausdifferenziert, sondern auch die Wissenschaft konzentrierte sich nun auf die Unterschiede zwischen den beiden Geschlechtern. Die sozialen Unterschiede wurden jetzt durch die körperlichen Unterschiede „bewiesen". Nicht nur die unterschiedlichen „Rassen" wurden von den Medizinern durch Vermessung der Körper konstruiert, sondern auch die Geschlechter.

> *„Auf diese Weise wurden die Geschlechter in eine evolutionsbiologische Reihenfolge gebracht, bei der die Frauen erwartungsgemäß auf einer niedrigeren Entwicklungsstufe eingeordnet wurden, und die sich problemlos zur Legitimation des Ausschlusses der Frauen aus vielen Funktionssystemen und von der Erbringung bestimmter körperlicher Leistungen im Sport eignete"* *(Müller 2009: 56f).*

Die scheinbare Unvergleichbarkeit von Frauen und Männern stand im Vordergrund und sorgte dafür, dass nicht mehr das soziale Geschlecht – also Stand, Herkunft, etc. – als fundamentale Einteilung galt, sondern das biologische Geschlecht.

Frauen schienen also auch aufgrund der „körperlichen Nachteile" völlig ungeeignet für den Leistungssport, im Gegensatz zu Männern. Diese Einschätzung galt nicht nur Mitte des 19. Jahrhunderts als bewiesen, sondern blieb bis ins zwanzigste Jahrhundert bestehen, wie die Begründung des DFB für das Frauenfußballverbot zeigt (siehe Kapitel 4 „Geschichte des Frauenfußballs").

Durch die „Verbannung" der Frauen in die eigenen vier Wände, gab es also kaum die Möglichkeit für sie, ebenso wie die Männer Fußball zu spielen. Dennoch scheint es auch schon Ende des 19. Jahrhunderts Frauen gegeben zu haben, die Fußball spielten. Marion Müller zufolge müssen auch Frauen mit Männern oder gegen Männer gespielt haben, ansonsten ließe sich das Verbot der Football Association, die ihren Mitgliedern untersagte gegen Frauenmannschaften zu spielen, nicht erklären (Müller 2009: 71).

Der Ausschluss von Frauen aus dem Fußballsport hat also gesellschaftliche Gründe. Es kann nicht die Rede davon sein, dass Fußball für Frauen ungeeignet oder uninteressant war bzw. ist. Die Behauptung, dass Frauen für den „Kampfsport" Fußball zu zart besaitet sind, bestätigt sich nicht, blickt man auf die gewalttätigen Spiele des Mittelalters.

6 Methoden der empirischen Studie

Im folgenden empirischen Teil wird zunächst die von mir gewählte Methode erläutert, bevor die Auswertung der Interviews dokumentiert wird.

6.1 Untersuchungsdesign

Dieses Kapitel beschreibt die Fragestellung und den Forschungsansatz sowie mein weiteres Vorgehen zur Datenerhebung und Auswertung der Interviews. Zudem reflektiere ich die Durchführung der Befragungen und meine Rolle im Forschungsvorhaben. Anschließend folgt eine kurze Porträtierung meiner Interviewpartnerinnen.

Durch das Lehrforschungsprojekt „Fußballsport, Rechtsextremismus und die Konstruktion des Anderen", das unter Leitung von Prof. Dr. Marianne Kosmann und Prof. Dr. Harald Rüßler an der FH Dortmund durchgeführt wurde, wurde ich auf das Thema Frauenbilder und Rollen der Frau im Fußball aufmerksam. Das Projekt war zunächst darauf angelegt, durch Beobachtungen und Interviews rechtsextreme Strukturen im Dortmunder Amateurfußball aufzudecken. Zwar wurden keine organisierten rechtsextremen Gefüge gefunden, doch neben latent ausländerfeindlichen Bemerkungen und Verhaltensweisen wurden auch sexistische und sehr rückständige Bilder über die Frauen ausgemacht, die sich im Fußball bewegen. Darunter fallen Zuschauerinnen, Spielerinnen, Trainerinnen und Schiedsrichterinnen.

Mir stellte sich nun die Frage, wie sich die Frauen in der Männerwelt Fußball selbst sehen und wie sie sich in dieser Welt bewegen. Um diesem Vorhaben nachzugehen, interviewte ich aktiv Fußball spielende Frauen sowie solche, die früher Fußball gespielt haben. Dabei wollte ich auch den Prozess aufzeigen, der in den letzten Jahrzehnten im Fußball stattgefunden hat und interviewte daher Frauen aus drei verschiedenen Generationen.

Die Interview-Partnerinnen wurden gefragt, wie sie überhaupt zum Fußballspielen gekommen sind und wie es für sie als Frau ist bzw. war, Fußball zu spielen. Zudem sollte beleuchtet werden, ob und in welcher Form sie mit Widerständen und/oder Vorurteilen zu kämpfen hatten und von wem diese ausgingen. Ebenso interessierte mich, wie die Befragten den Fußballsport zu ihrer aktiven Zeit in der Gesellschaft einschätzen. Besonders wichtig war die Vorannahme, dass Fußball als besonders „anstößige" Sportart für Frauen gilt, zu bewerten und zu diskutieren.

Durch das Befragen von Frauen aus verschiedenen Generationen wollte ich zudem den Prozess aufzeigen, den der Frauenfußballsport durchlaufen hat.

Zur Datengewinnung für das Forschungsvorhaben wurde das Instrument des problemzentrierten Interviews genutzt. Dieses von Witzel entwickelte Interviewverfahren macht ein bestimmtes Problem aus der Biographie zum Thema (Flick 1995: 210). Die Grundpositionen des problemzentrierten Interviews sind seine Problemzentrierung („Orientierung an einer gesellschaftlich relevanten Problemstellung"), die Gegenstandsorientierung („Flexibilität der Methode gegenüber den unterschiedlichen Anforderungen des untersuchten Gegenstands") und die Prozessorientierung (Witzel 2000).

Das problemzentrierte Interview ist dadurch gekennzeichnet, dass es sich um ein teilstandardisiertes Interview handelt, das narrative Merkmale enthält (Steinert/Thiele 2000: 112). Da das Gespräch auf ein bestimmtes Problem fokussiert ist, ist die komplette Biographie nicht vonnöten. Das bedeutet aber auch, dass gewisse Vorkenntnisse vorhanden sein müssen, nach denen der Leitfaden konzipiert wird. Dieser gilt als „Orientierungsrahmen" (Steinert/Thiele 2000: 112), der nicht starr verwendet werden muss. Dem/der Forscher/in ist es selbst überlassen, ob alle im Leitfaden aufgeführten Themen angesprochen werden bzw. in welcher Reihenfolge dies geschieht. Der Leitfaden dient also vor allem dazu, dem Gespräch unter Umständen eine neue Direktion zu geben und das Forschungsthema nicht aus den Augen zu verlieren.

Der Ablauf verläuft folgendermaßen: Zunächst wird dem/der Interviewten ein Kurzfragebogen mit sozialdemografischen Daten vorgelegt, im Anschluss wird das Interview anhand des Leitfadens geführt und im Anschluss an das Interview wird ein Postskriptum erstellt, in dem der/die Forscher/in wichtige Notizen zum Interview niederschreibt (Steinert/Thiele 2000: 112). Diese Notizen können Beobachtungen, Situationsbeschreibungen etc. enthalten und dienen dazu, das Interview zu reflektieren und die anschließende Auswertung zu unterstützen.

Der Kurzfragebogen kam bei meinen Interviews nicht zum Tragen, da die sozialde-mografischen Daten vorher bekannt, bzw. für die Thematik nicht unbedingt wichtig waren. Das problemzentrierte Interview beginnt zunächst mit einer offenen Ein-gangsfrage, die den/die Befragte/n zum Erzählen anregen soll. Die Eingangsfrage lautete in diesem Fall: „Bitte erzähle mir, wie du zum Fußball gekommen bist und wie es für dich als Frau, war (bzw. ist), Fußball zu spielen." Der Leitfaden diente danach dazu, durch die Eingangsfrage nicht abgedeckte Themen zu behandeln. Die Interviews wurden allesamt auf Tonband aufgenommen und komplett von mir tran-skribiert.

6.2   Auswertung der Interviews

Die Auswertung des problemzentrierten Interviews erfolgt durch die qualitative In-haltsanalyse nach Mayring. Hier wird die zusammenfassende Inhaltsanalyse ange-wendet. Zunächst wird das Tonmaterial verschriftlicht. Das Interview-Material wird dann dahingehend bearbeitet, dass Textstellen, die nicht wichtig sind, herausgenom-men werden. Dies wird als erste Reduktion bezeichnet. Die zweite Reduktion erfolgt dadurch, dass einander ähnelnde Textstellen zusammengefasst werden.

„Mit diesem Verfahren wird sowohl eine Reduktion des Materials durch Streichungen als auch eine Generalisierung durch die Zusammenfassung auf einem höheren Niveau erreicht." (Steinert/Thiele 2000: 139)

Das wichtigste Merkmal der Inhaltsanalyse ist die Zusammenfassung in Kategorien. Die Auswertungskategorien werden aus den vorliegenden Interviews gebildet oder aus dem Leitfaden übernommen.
Folgende Kategorien wurden von mir gebildet:
Fußballsozialisation/Wege zum Fußball, Widerstände/Vorurteile, Unterschiede zu anderen Mädchen/Frauen, Erklärungen für Fußball als besonders anstößige Sportart, Fußball als Männerdomäne, Wandel des Frauenfußballs, Geschlechterrollen, Frau-enfußball vs. Männerfußball, Körperlichkeit/Optik und Möglichkeiten, Fußball aus-zuüben.
Da nicht alle Kategorien in diesem Rahmen behandelt werden konnten, entschied ich mich, vier der genannten Kategorien auszuwählen und diese ausführlich auszu-werten und zu interpretieren.
Diese sind:

- Fußballsozialisation/Wege zum Fußball,
- Widerstände/Vorurteile,

- Geschlechterrollen und
- Fußball als Männerdomäne.

6.3 Durchführung der Interviews

Die Teilnehmerinnen, die ich für meine Interviews suchte, sollten hauptsächlich dem Kriterium entsprechen, dass sie Fußball spielen oder Fußball gespielt haben. In welchem Umfang bzw. in welcher Liga oder ähnliches war für mich nicht von Bedeutung. Das wichtigste war, dass ich Frauen aus verschiedenen Generationen interviewen wollte, da mich interessierte, ob und inwieweit sich die Situation der Fußball spielenden Frauen verändert hat.

Bei qualitativen Interviews gibt es grundsätzlich keinen Anspruch auf Repräsentativität; die Zahl von drei Interviews dient vor allem der Absicht, jeweils ein Fallbeispiel aus verschiedenen Generationen zu gewinnen. Die Erfahrungen anderer Fußball spielenden Frauen können durchaus variieren.

Auf die erste Interviewpartnerin, eine dreiundsiebzigjährige Frau, wurde ich durch eine Lokalzeitung aufmerksam. Durch die Redaktion bekam ich die Telefonnummer und rief sie an. Charlotte[14] war direkt bereit, ein Interview zu führen und lud mich zu sich nach Hause ein. Sie war also in ihrem gewohnten Umfeld; man merkte ihr an, dass sie schon Erfahrung mit Interviews hat (sie führte zum Beispiel schon mehrere Interviews mit regionalen Tageszeitungen über Frauenfußball während des DFB-Verbotes). Auf das Interview hatte sie sich vorbereitet, indem sie sich wichtige Dinge auf einem Zettel notiert hatte, von dem sie im anschließenden Interview ab und zu ablas. Sie erklärte dies damit, dass sie sich manchmal schlecht erinnern könnte und sie so nicht so lange nachdenken müsste.

Das Interview wurde, wie vorher besprochen, auf Tonband aufgezeichnet. Das Gespräch lief recht flüssig, ich musste zunächst wenig Rückfragen stellen, sondern konnte Charlotte erzählen lassen. Sie berichtete viel von geschichtlichen Ereignissen, die auch z.B. im Internet nachzulesen sind.

Mit der zweiten Interviewpartnerin habe ich vor einiger Zeit zusammen in einer Mannschaft gespielt, wir sind befreundet. Diese Tatsache lockerte das Interview von Anfang an sehr schnell auf. Anja hatte direkt Vertrauen zu mir und die Atmosphäre war sehr angenehm. Die Tatsachen, die sie über ihre Wege zum Fußball etc. erzählte, waren mir bisher nicht bekannt. Im Gegensatz zum ersten Interview hatte ich das Gefühl, dass das Interview mehr in die Tiefe ging, die Befragte hatte sich scheinbar schon öfter mit den Themen, die Bestandteil des Interviews waren, beschäftigt. Ich habe diese Interviewpartnerin ausgewählt, da ich eine Frau im Alter von ca. 35-45

---

14 Dieser wie auch alle folgenden Vornamen der interviewten Spielerinnen sind Pseudonyme.

Jahren befragen wollte und Anja eine der wenigen mir persönlich bekannten Frauen in dem Alter ist, die aktiv Fußball gespielt hat.

Für das dritte Interview sollte eine jüngere Spielerin zwischen 18-20 Jahren gewonnen werden. Relativ spontan entschied ich mich dazu, das Interview mit zwei ungefähr gleichaltrigen Frauen zu führen, die sich auch untereinander kennen. Ich versprach mir davon, dass die beiden Befragten sich gegenseitig weiterhelfen und zudem zu zweit weniger Nervosität beim Interview entsteht. Diese Annahme hat sich weitestgehend bestätigt. Die beiden Frauen sind mir ebenfalls bekannt, der persönliche Kontakt ist aber hauptsächlich auf den Vereinssport beschränkt. Ich wählte die beiden nur im Hinblick auf ihr Alter und meine Einschätzung, dass sie sich gut reflektieren könnten aus, ohne vorher zu wissen, was sie zu dem Interview beitragen können. Weil die älteren Frauen mehr Lebenserfahrung und auch mehr Fußballerfahrung mit sich brachten, wurde das dritte Interview das kürzeste.

6.4 Kurzporträts der Interviewpartnerinnen

Interviewpartnerin Charlotte:
Meine erste Interviewpartnerin ist 1937 geboren und fing als Kind an, auf der Straße Fußball zu spielen. Da es zu der Zeit keine Vereine gab, in denen Mädchen und Frauen Fußball spielen konnten, begann sie erst 1956 in einem Verein zu spielen. Charlotte ist die Spielerin, die von den drei Befragten am professionellsten spielte. Bis 1965 war sie in der (inoffiziellen) Nationalmannschaft, ungeachtet des damals geltenden Frauenfußballverbots. Als ihre Vereinsmannschaft sich auflöste, begann sie Handball zu spielen.

Interviewpartnerin Anja:
Anja ist 1973 geboren und spielte seit ihrer frühen Kindheit mit ihren Brüdern und anderen Jungen Fußball. Einem Verein beizutreten wurde ihr von ihren Eltern verboten, weshalb sie erst mit fast 30 Jahren anfing, in einer Liga zu spielen. Die höchste Spielklasse, die sie erreichte, war die Bezirksliga. Sie ist nicht mehr in einem Verein aktiv.

Interviewpartnerin Katrin:
Katrin ist zum Zeitpunkt des Interviews 17 Jahre alt und spielt in der Landesliga Fußball. Ihre Vereinskarriere begann, als sie auf die weiterführende Schule kam. Ihr war verboten worden, einem Verein beizutreten.

Interviewpartnerin Lara:
Lara ist 1992 geboren, also 18 Jahre alt. Sie begann ihre Vereinskarriere am frühesten

von allen befragten Frauen, nämlich mit fünf Jahren. Die Interviewpartnerin spielte zunächst in einer Jungenmannschaft und wechselte erst später in eine reine Mädchen-mannschaft. Sie spielt in der gleichen Mannschaft wie Katrin, in der Landesliga.

7 Frauen in der Männerdomäne – von 1950 bis heute

7.1 Wege zum Fußball/Fußballsozialisation

Dieses Kapitel beschäftigt sich damit, wie Frauen bzw. Mädchen zum Fußball gelang(t)en.

In ihrem Wunsch, Fußball zu spielen, wurden die interviewten Frauen hauptsäch-lich von männlicher Seite geprägt, das heißt, dass Väter oder Brüder Fußball spiel-ten. Keine der Spielerinnen berichtet davon, dass die Mutter selber Fußball spielt. Im Gegenteil: ihre Mütter interessieren sich nicht für diesen Sport, wie etwa die achtzehnjährige Lara berichtet:

> *„Die [Mutter] interessiert sich allgemein nicht für Fußball. Von daher findet sie's wahrscheinlich auch doof."* *(Interview K/L: Z. 110f.)*

Teilweise verbieten sie es den Mädchen sogar.

Die Väter dagegen sind eher positiv eingestellt. Das Vater-Tochter-Verhältnis scheint oft sogar davon zu profitieren, dass die Tochter Fußball spielt. Der Vater von L ist ihres Erachtens zum Beispiel sehr stolz, dass sie Fußball spielt, im Gegensatz zu ihren älteren Brüdern (Interview K/L: Z.31). Auch die doppelt so alte Anja ist der Meinung, dass gerade Väter es immer besser finden, wenn ihre Töchter Fußball spielen, da sie sich wahrscheinlich mehr für Fußball interessieren, als für „typische Mädchensportarten". (Interview A: Z. 312-316)

Den Müttern wird von den beiden jüngeren Interviewten zugute gehalten, dass sich Frauen im Alter ihrer Mütter nicht sehr für Fußball interessieren. Bei den nach-folgenden Generationen könnte das schon anders sein, da mittlerweile viel mehr Mädchen und Frauen Fußball spielen:

> *„Erwachsene gibt's glaub ich wenige, aber guck mal, wie viele Mäd-chen heute schon in Dortmund Fußball spielen. Wie viele Mädchen- und Frauenmannschaften es gibt. Die schon in der U 11 oder so anfangen. Dann denke ich, dass die Generation sich später auch viel mehr für Fuß-ball interessieren wird, als unsere Eltern. Also für meine Mama war das früher auch nie in Frage gekommen, Fußball zu spielen." (Interview K/L: Z. 400-404)*

Alle interviewten Frauen eint, dass sie sehr früh angefangen haben, Fußball zu spielen. Dies lässt allerdings nicht unbedingt auch auf eine frühe Vereinskarriere schließen. Die Spielerinnen begannen zunächst damit, mit den Nachbarskindern oder Geschwistern zu spielen. Auffällig ist allerdings, dass die frühen Fußball-Spielgefährten ausnahmslos männlich waren. Alle Frauen erzählen davon, wie sie mit den Jungen aus der Straße bzw. dem Viertel oder ihren Brüdern gespielt haben. Andere Mädchen als die Befragten waren aber (zunächst) nicht dabei, erinnert sich Charlotte:

„Man hatte mich angesprochen, äh, diejenige, die ich kannte, wusste, dass ich gerne Fußball spiele und – nicht mit Mädchen, die hatten da überhaupt keinen Sinn fürs Fußball spielen, sondern mit den Jungs." (Interview C: Z. 24ff.)

Die Mädchen, die mit den Jungen auf der Straße spielen, müssen zwar anfangs zeigen, dass sie genauso gut (oder besser) als die Jungen spielen, danach scheinen sie aber einen Sonderstatus innerhalb der Jungencliquen zu erhalten:

„Und eigentlich war ich nie ausgeschlossen bei den Jungs. Das setzte also voraus, dass ich doch Fußball spielen konnte. Die haben mich aufgenommen, ich war (...) war für die gleicher Spielkamerad und konnte eben genauso gut Fußball spielen wie die. Also hatte ich da die Anerkennung." (Interview C: Z. 26-29)

Weil die Mädchen zeigen, dass sie ebenbürtige Gegner sind, werden sie in den Kreis der Jungen aufgenommen und als einer der ihren akzeptiert. Eine der Frauen erzählte im Interview dazu auch, dass sie eher „wie ein Junge" war (Interview A: Z. 36f).

Auf ihren jeweiligen Schulhöfen sind die befragten Frauen meistens die einzigen Mädchen, die mit den Jungen zusammen in der Pause Fußball spielen. Sie fühlen sich wohl in der „Jungenrolle" und wünschen sich nicht unbedingt andere Mädchen als Spielgefährtinnen, da sich diese nicht für das Fußballspiel interessieren, wie eine jüngere Interviewte vermutet:

„Weil die keinen Bock auf Fußball hatten. Und die haben lieber was anderes gemacht, lieber verstecken gespielt und so 'nen Scheiß. Und die haben immer gesagt, nö, wir haben keine Lust, wir spielen nicht mit. Dann wurde immer gewählt und wenn, dann sind die Mädchen immer ins Tor gegangen. Haben sich da hingestellt. Aber die hatten auch keine Lust so richtig." (Interview K/L: Z. 98-101)

Die Zeit, in der die Mädchen mit den Jungen zusammen auf der Straße oder auf Bolzplätzen Fußball spielen, endet allerdings mit der Pubertät. Ist das Geschlecht

vorher nicht bedeutend und wird nur danach gefragt, wie gut man Fußball spielen kann, scheint dies mit dem Einsetzen der Geschlechtsreife auf einmal wichtig zu werden. Anja zum Beispiel erzählt, dass sowohl von außen an sie herangetragen wurde, dass es nicht mehr passend ist, dass sie immer noch mit den Jungen Fußball spielt: „Also, der eine [Bruder] war dann schon der Meinung, dass ich dann in der Pubertät auch mal so aufhören sollte." (Interview A: Z. 102f.)
Auch ihre Spielkameraden finden diese Tatsache merkwürdig:

„Und aufgehört Fußball zu spielen hab ich mit zwölf oder dreizehn, als die Pubertät so begann und dann ...
Interviewerin: Auf'm Bolzplatz und so?
Anja: Ja, das fanden die Jungs auch total komisch, dass ich da immer mit denen gespielt hab und wollten das, glaub ich, auch nicht so gerne und dann war das irgendwie vorbei." (Interview A: Z. 43-49)

Auch die anderen Interviewpartnerinnen erzählen nur davon, dass sie als Kinder gemeinsam mit den Jungen gespielt haben. Ab der Pubertät werden anscheinend nur wenige Spiele gemeinsam mit Jungen oder gegen Jungen/Männer ausgetragen, wovon die Frauen berichten.

Im Vereinsfußball ist es tatsächlich so, dass Jungen und Mädchen bis zu einem gewissen Alter in den Mannschaften miteinander Fußball spielen können, danach müssen sie in geschlechterhomogene Mannschaften wechseln. Dies ist der Fall nach der D-Jugend, das heißt im Alter von ca. 12 Jahren, also ebenfalls ungefähr mit Beginn der Geschlechtsreife.

Die Vereinskarrieren der befragten Frauen sind sehr unterschiedlich. Die zwei älteren Frauen finden erst relativ spät den Weg in einen Verein. Im Falle von Charlotte liegt dies vor allem daran, dass es keine Vereine gibt, die Mädchen oder Frauen aufnehmen. Als sie davon hört, dass eine Damenmannschaft gegründet wird, tritt sie dieser sofort bei:

„Also wurden da zwei Damenfußballvereine aus der Taufe gehoben und das war einmal Blau-Weiß Dortmund und der andere Verein war Teutonia Dortmund. Also die schleppte mich also zu Blau-Weiß Dortmund hin. Und hab dann am Training teilgenommen und da dachte ich: oh Gott, oh Gott, was sind das denn für Flaschen, die da rumlaufen (lacht). Nee, hab ich gedacht, also da hab ich dann so zwei Spiele gemacht und es war noch nicht so streng mit Vereinswechseln, dass man ne Sperre auferlegt bekommen hatte, also hab ich gedacht, nee, nee, da gehste lieber in den anderen Verein und der war wirklich gut bestückt mit guten Spielerinnen. Das war dann Teutonia Dortmund, da hab ich mich auch

sofort wohl gefühlt und bin dann da geblieben bis 1965." *(Interview C:*
Z. 53-65)

Mit Jungen zusammen in einem Verein zu spielen, war in der Kindheit und Jugend
der Kriegs- und Nachkriegszeit überhaupt nicht denkbar (Interview C: Z. 191). C trat
1955 dem Verein bei, das heißt, dass sie zu dem Zeitpunkt schon 18 Jahre alt war.

Auch Anja beginnt relativ spät im Verein zu spielen, was zum einen daran liegt,
dass ihre Eltern ihr dies nicht erlauben (siehe Kapitel „Widerstände und Vorurteile"),
zum anderen aber auch daran, dass es zunächst keine Möglichkeiten gibt, weil keine
Vereine zu finden sind, in denen Mädchen Fußball spielen:

> *„Nee. Also wie gesagt, die, von der ich da erzählt habe, die Eltern haben*
> *bei – alles was hier so im Umkreis ist – A-hausen, B-lingen, C-dorf – mal*
> *angefragt damals, und die haben alle gesagt, nee, machen wir nicht. Nur*
> *in der F-Jugend oder bei den Minikickern, danach auch nicht mehr."*
> *(Interview A: Z. 112ff.)*

Somit tritt auch sie erst spät, mit fast dreißig Jahren, einem Verein bei.

Heutzutage, zu Beginn des 21. Jahrhunderts, beginnt die Vereinskarriere meist
deutlich früher. Weil Mädchen zusammen mit Jungen in Mannschaften spielen, sie
schon in Grundschulen durch Mädchenfußball-AGs gefördert werden und es auch
für junge Mädchen mehrere Mannschaften gibt, ist die Schwelle zum Vereinsbeitritt
eher niedrig. Die beiden jüngeren befragten Frauen bestätigen dies:

> *„Also (...) ich war fünf und bin in die Minikicker gekommen, weil alle*
> *bei mir aus der Schule Fußball gespielt haben und aus dem Kindergar-*
> *ten und so." (Interview K/L: Z. 18f.)*
> *„Aber auf der weiterführenden Schule bin ich dann einfach mitgegangen*
> *zum Training und dann hat's mir da gefallen und dann durfte ich auch."*
> *(Interview K/L: Z. 60-64)*

Mit dem Fußball in Berührung kommen die Mädchen hauptsächlich durch männliche Verwandte oder Nachbarjungen. Weibliche Angehörige dagegen sind dem Sport
(zumindest zunächst) eher abgeneigt.

Die ersten Berührungen mit dem Fußballsport haben sich scheinbar über die Jahre nicht sehr geändert: die Mädchen spielen (oft als einziges Mädchen) mit Jungen
auf der Straße oder auf Bolzplätzen zusammen Fußball und werden von den Jungen
als eine der ihren anerkannt. Diese Konstellation allerdings endet mit Einsetzen der
Pubertät, in der das Geschlecht auf einmal wichtig wird und nicht mehr ignoriert
werden kann.

Die Vereinskarrieren dagegen unterscheiden sich erheblich. Da den Mädchen heutzutage viel mehr Möglichkeiten gegeben werden, Fußball zu spielen und Vereinen beizutreten, beginnt die Vereinskarriere sehr früh. Sie profitieren stark von dem Wandel, den der Frauenfußball erfahren hat. Mitte des zwanzigsten Jahrhunderts bzw. in den 70er-/80er-Jahren war es dagegen kaum möglich, Vereine mit Mädchenmannschaften zu finden, weshalb die Vereinskarrieren zu dieser Zeit deutlich später beginnen.

7.2   Widerstände und Vorurteile im sozialen Umfeld

Betrachtet man die Interviews, fällt auf, dass Fußball spielende Frauen scheinbar in jeder Zeit mit Widerständen und/oder Vorurteilen zu kämpfen hatten. Allerdings muss unterschieden werden zwischen institutionellen Widerständen (Schule, Kirche, Staat, DFB) und Widerständen bzw. Vorurteilen in der Gesellschaft oder im sozialen Umfeld.

In den von mir geführten Interviews zeigt sich die historische Entwicklung insofern, dass Frauen heutzutage – im Gegensatz z.B. zu den 50er Jahren – weniger mit institutionellen Widerständen konfrontiert sind, aber dennoch Vorurteilen im persönlichen Umfeld ausgesetzt sind.

Institutionelle Widerstände
Gerade in den 50er Jahren des letzten Jahrhunderts war die Kontrolle über die Frauen ziemlich hoch. Zwar waren die Frauen während des 2. Weltkriegs häufig auf sich allein gestellt (in Abwesenheit der Männer, die „an der Front kämpften") und auch maßgeblich am Wiederaufbau der deutschen Staaten in der Nachkriegszeit beteiligt, trotzdem durften in der alten Bundesrepublik bis 1957 die Männer über ihre Ehefrauen bestimmen. Nach § 1354 BGB stand dem Mann „die Entscheidung in allen das gemeinschaftliche eheliche Leben betreffenden Angelegenheiten zu" (Lexetius o.J.). Erst danach waren Männer und Frauen dem Gesetz nach gleichgestellt.

Dies hinderte den DFB allerdings nicht daran, den Frauen weiterhin das Fußballspielen zu verbieten (siehe Kapitel 4 „Geschichte des Frauenfußballs"). Den Vereinen wurde untersagt, Frauen einen Sportplatz zur Verfügung zu stellen und sie anderswie zu unterstützen, ansonsten drohten Sanktionen, erinnert sich Charlotte:

„Das heißt (...) sie haben den Vereinen die Auflage gemacht, also Vereinen, die 'nen vereinseigenen Platz hatten, die Auflage gemacht, uns Frauen keinen eigenen Platz zur Verfügung zu stellen, keine Linienrichter, keine Schiedsrichter, Trainer und so weiter. Und wenn sich die Vereine darüber hinwegsetzten, trotz des Verbotes das machen, dann kriegten sie Strafe" (Interview C: Z. 224-228).

Für die Spielerinnen war dies eine Demütigung: „Ja, also, es war wirklich alles (…) es war diskriminierend für uns." (Interview C: Z. 237f.) Allerdings waren die (tatsächlichen) Gründe für dieses Verbot nicht ersichtlich. Der DFB legitimiert das Verbot folgendermaßen: „Im Kampf um den Ball verschwindet die weibliche Anmut, Körper und Seele erleiden unweigerlich Schaden und das Zurschaustellen des Körpers verletzt Schicklichkeit und Anstand." (Hoffmann/Nendza 2007). Die ehemalige Spielerin Charlotte kann zwar verstehen, was damit gemeint ist, dass die „weibliche Anmut" verloren geht, wie hier beschrieben:

> *„Puh (...) ich glaube, man hatte einfach Angst, weil der Fußball männlicher Kampfsport ist, ja, und dann Frauen in diesen Kampfsport eingreifen, das was sich da... äh, was sich da am Körper der Frau verändern kann, ja. Sie kriegt Muskeln, stramme Beine, ja und dieses weibliche könnte dann auf einmal weg sein. Man weiß ja nicht, was in diesen Hirnen da vorgegangen ist." (Interview C: Z. 181-186)*

Doch wie das Fußballspielen der Seele schaden soll, kann sie sich nicht erklären: „Was weiß ich, was die alten Köppe sich da ausgedacht haben (…)" (Interview C: Z. 219).

Auch die anderen befragten Frauen können nur schwer Gründe dafür finden, warum das Verbot erlassen wurde. Ihr hauptsächlicher Gedanke ist, dass in der seinerzeitigen öffentlichen Meinung Einigkeit darüber bestand, dass Frauen sich um Kinder und Küche kümmern sollten und nichts auf dem Sportplatz zu suchen hätten, bzw. der Fußball eine männliche Bastion war/ist und die Männer den Sport gerne für sich behalten wollten.

Doch nachdem das Verbot aufgehoben war, wurde der Frauenfußball trotzdem nicht dem Männerfußball gleichberechtigt zur Seite gestellt:

> *„Und wollten dann auch 'ne ganz andere Regelung, für die Frauen. Zwei mal 35 Minuten glaube ich, genau, zwei mal 35 Minuten, ein kleinerer Ball, Jugendball. Fußballschuhe ohne Stollen (...) Ist Ihnen bekannt? Ja, genau (lacht). Auch von dem Brustpanzer?" (Interview C: Z. 241-244)*

Doch nicht nur der DFB hat etwas dagegen, dass Frauen gegen den Ball treten, auch der Kirche ist dies nicht geheuer. Charlotte berichtet von einem Spiel des (inoffiziellen) Frauen-Nationalteams, von dessen Besuch ein Pfarrer von der Kanzel aus abriet:

> *„Da war ein Pastor, ein katholischer Pastor am Niederrhein, ich weiß nicht mehr genau, wie die Stadt heißt. Der wagte es tatsächlich von der Kanzel zu predigen, also, er möchte die Männer doch auffordern heute Nachmittag nicht zum Damenfußballspiel zu gehen, ja? Also, das muss*

man sich mal vorstellen, was sich die Kirche erlaubt hat. Ja, das war auch so n Ding." (Interview C: Z. 151-155)

Charlotte führt die Widerstände gegen den Frauenfußball zu der Zeit vor allem darauf zurück, dass das Frauenbild aus der Nazi-Zeit noch in den Köpfen der Männer war. Frauen sollten demnach hauptsächlich Kinder gebären.

Zwar waren Frauen nach 1957 gleichberechtigt, in der Realität jedoch war die Gesellschaft weit davon entfernt. So verwundert es vielleicht nicht unbedingt, dass das Frauenfußballverbot erst 1970 aufgehoben wurde. Umso bemerkenswerter ist es, dass eine der interviewten Frauen auch zwanzig Jahre später noch, 1990, nicht in der Schule Fußball spielen durfte:

„(...) ich wollte in der Oberstufe, in der Schule, hätte ich gerne Sport im Abi genommen. Ich durfte nicht Fußball wählen. Es wurde mir verboten." (Interview A: Z. 335f.)

Dabei gab es schon seit 1982 eine offizielle Nationalmannschaft, und 1989 konnte bereits der erste große Triumph (der Gewinn der Europa-Meisterschaft) gefeiert werden (DFB o.J.). Auch hier sind die Geschlechterrollen noch extrem festgefahren, wie Anja sich an die Begründung des Oberstufenkoordinators erinnert:

„Das wäre jawohl klar, dass die Jungs auch nicht auf einmal Gymnastik-Tanz wählen könnten. Ja, warum nicht? Wenn das doch einer machen möchte. Nee, das geht nicht und fertig. Und dann waren die damit durch." (Interview A: Z. 366ff.)

Das Verbot erfolgt ohne stichhaltige Begründung. Der Oberstufenkoordinator scheint davon auszugehen, dass es nicht in Ordnung ist, wenn Frauen Fußball spielen oder Männer Gymnastik machen. Für Anja ist diese Einstellung nicht akzeptabel. Doch obwohl sie sich beschwert und weiterhin versucht, den Fußballkurs zu besuchen, bleibt das Verbot bestehen.

Es lässt sich festhalten, dass vor allem in den 50er und 60er Jahren Fußball für Frauen stark durch Institutionen eingeschränkt war. Zwar gab es Möglichkeiten für Frauen zu spielen, doch funktionierte dies nur mit großem Einsatz der einzelnen Spielerinnen und durch einige Funktionäre, die den Frauenfußball unterstützten. Im Laufe der Zeit wurden diese Hemmnisse zwar abgebaut, doch auch Anfang der 90er Jahre gab es die Schule als Institution, die Frauen/Mädchen das Fußballspielen untersagte. Mittlerweile jedoch hat sich auch dies geändert und es wird auch Mädchen die Möglichkeit gegeben, Fußball zu spielen, teilweise sogar in Form von Mädchenfußball-AGs.

Widerstände innerhalb der Familie

Anscheinend wurden nicht im gleichen Maße, in dem die institutionellen Widerstände abgebaut wurden, auch die Widerstände im sozialen Umfeld abgebaut. Gerade in der Familie ist es für die Mädchen teilweise schwierig, Verständnis dafür zu bekommen, dass sie Fußball spielen möchten. Hier ist auffällig, dass die heute 73jährige Charlotte nicht von ihren Eltern daran gehindert wurde, obwohl damals sehr wenige Mädchen Fußball spielten und die öffentliche Meinung eher dahin ging, Mädchen nicht Fußball spielen zu lassen. In der Hinsicht, schienen ihre Eltern sehr fortschrittlich zu sein – im Gegensatz zu anderen Eltern von gleichaltrigen Mädchen:

> *„Wenn man sich natürlich mit anderen unterhalten hat, aus anderen Vereinen, da bestand doch bei der einen und anderen die äh (...) Schwierigkeit, Mädchen Fußball spielen zu lassen. Ja, je nachdem, wie die Eltern so dachten." (Interview C: Z. 79ff.)*

Charlottes Vater spielte auch Fußball und hatte so kein Problem damit, dass die Tochter spielte. Wie schon im vorangegangenen Kapitel aufgezeigt, kann das Vater-Tochter-Verhältnis von der Tatsache profitieren, dass die Tochter Fußball spielt.

Dies scheint jedoch nicht immer der Fall zu sein. Vielen Mädchen und Frauen wurde das Fußballspielen im Verein von ihren Eltern verboten. Jede der Befragten kennt Mädchen, denen es verboten war, zu spielen. Und auch zwei der von mir befragten Frauen war es nicht erlaubt, einem Verein beizutreten. Interessant ist, dass diese Tatsache zwar unterschiedlich begründet wird, es aber doch im Grunde auf das Gleiche hinausläuft. Katrins Eltern begründen ihre Entscheidung damit, dass Fußball zu gefährlich für Mädchen ist:

> *„Ja, das war ja 'n Jungensport und die waren ja sehr rabiat und so und dann wollten meine Eltern lieber nicht, dass ich da irgendwie so (...) mich verletzen könnte oder so." (Interview K/L: Z. 68f.)*

Die Nachfrage, ob sie denn wirklich zerbrechlicher als die gleichaltrigen Jungen war, verneint sie allerdings.

Die Befürchtungen der Eltern von Anja gehen offensichtlich noch weiter in eine vergeschlechtlichte Richtung[15]; ihre Eltern wollten nicht, dass sie noch mehr wie ein Junge wird und hatten „Angst, dass [sie] lesbisch hinten rauskommt" (Interview A: Z. 32f.). Auch an diesem Punkt wird Fußball als sehr „rollentypische" Sportart sichtbar. Der Großteil der Eltern scheint nicht damit zufrieden zu sein, dass die Mädchen

---

15 Bis hin zur Kombination von Geschlechterrollen und Heteronormativität; s. auch den Aufsatz von de Hek in diesem Band.

nicht die „klassische" Geschlechterrolle einnehmen möchten. In allen Interviews wird betont, dass Fußball ein „Jungensport" ist (Interview K/L: Z. 68), „Mädchen (…) halt Mädchen bleiben [musste] und (…) halt nicht so was tun [durfte], was n Junge gerne tut" (Interview C: Z. 42f.) oder dass „die Jungs (…) Fußball [spielen] und die Mädchen (…) tanzen oder turnen" (Interview K/L: Z. 383f.), unabhängig davon, welcher Generation die Interviewten angehören.

Vorurteile im sozialen Umfeld/in der Gesellschaft

Frauenfußball ist längst nicht so beliebt wie Männerfußball, sondern wird oft mit vielen Vorurteilen bedacht und abgewertet. Die von mir interviewten Frauen bestätigen, dass sie häufig mit Vorurteilen konfrontiert werden. Oft wird von vornherein unterstellt, dass Frauen oder Mädchen nicht Fußball spielen können. Deshalb müssen sie sich zuerst beweisen, um von Männern/Jungen anerkannt zu werden:

> *„Ich bin ja auch in 'ne reine Jungenmannschaft gekommen und da war's am Anfang auch erst mal schwer. Weil auch die Gegner immer gelacht haben, ha, ihr habt 'n Mädchen im Tor und dann musste man auch erst mal zeigen, dass Mädchen das genau so gut können." (Interview K/L: Z. 404-407)*

Diese Einschätzung wird auch von einer Schiedsrichterin geteilt, die für das Lehrforschungsprojekt (vgl. de Hek u.a. in diesem Band) interviewt wurde. Eventuelle Fehler, die sie begeht, werden daran festgemacht, dass sie eine Frau ist: „Wenn man bei Männern pfeift, heißt es immer, ja du bist ne Frau, du hast ja eh keine Ahnung" (Schiedsrichterin X, s.Fn 14).

Bisweilen ist nicht das Spielgeschehen von Interesse, sondern Attribute der Spielerinnen, wie Charlotte aus – vergangenen – Zeiten berichtet. Bei einem Spiel der Frauennationalmannschaft kamen Männer mit Feldstechern angereist, „um auch die wackeligen Busen, ja, die da über den Platz trabten, um die besser ins Visier zu bekommen." (Interview C: Z. 295f.) So ganz vergangen scheint das jedoch nicht zu sein, denn auch Anja berichtet von entsprechenden Kommentaren, wenn sie mit Freunden Frauenfußball im Fernsehen sieht. Zwar wird anerkannt, dass die Frauen gut spielen, andererseits wird aber meist nur gefragt, welche der Spielerinnen lesbisch ist oder die Optik der Spielerinnen bemängelt:

> *„Das ist aber auch, wenn man mit Jungs Fußball guckt oder Länderspiel guckt und die sind ja richtig gut (…) dass die dann da sitzen und dann kommt die Mannschaftsaufstellung (…) die könnte lesbisch sein und die könnte lesbisch sein, die könnte lesbisch sein. Das ist alles, was die beschäftigt. (…) also, was ist mit der? Was meinste bei der? Also, das ist*

das, was die interessiert. (...) nein, die sagen auch schon anerkennend, die und die spielt ganz gut, aber dann immer mit dem: oah, hat die aber Oberschenkel, du (...)" (Interview A: Z. 150-165).

Interessant und widersprüchlich scheinen hier die Berichte über Männer, die sich nur auf die Optik (und damit verbundene Assoziationen) der Spielerinnen konzentrieren, obwohl dies, wenn es um männliche Spieler geht, bei den Fans vollkommen verpönt ist. Gerade die „Groupies", die Frauen, die nicht das Fußballspiel bewundern, sondern nur aufgrund der Optik einen einzelnen Spieler verehren, werden von den „richtigen" Fans nicht ernst genommen (Sülzle 2005).

Beim Männerfußball kommt es also auf den Sport an und es werden (von den „echten Fans") Personen ausgeschlossen, die sich aus anderen Gründen für einzelne Spieler interessieren. Hieraus lässt sich aber die Hypothese ableiten, dass Frauenfußball in den Augen vieler kein richtiger Sport ist und es daher in Ordnung ist, nicht die technischen Fähigkeiten, sondern das Aussehen der Spielerinnen zu kommentieren.

Die Interviews mit Frauen aus drei Generationen zeigen, dass Fußballspielerinnen zu jeder Zeit mit Widerständen oder Vorurteilen konfrontiert wurden. Während heutzutage hauptsächlich Probleme innerhalb der Familie entstehen oder den Frauen Vorurteile aus ihrem sozialen Umfeld entgegengebracht werden, waren die Spielerinnen in den 50er/60er Jahren und teilweise bis Anfang der 90er Jahre an Gesetze und Vorschriften gebunden, die ihnen den Zugang zum Fußball erschwerten.

Das Rollenverständnis, das Mitte des zwanzigsten Jahrhundert seinen Höhepunkt fand, gilt mittlerweile zwar als überholt, scheint aber noch nicht völlig aus den Köpfen verbannt, was sich daran zeigt, dass Sportarten als „männlich" (wie z.B. Fußball) oder „weiblich" (wie z.B. Tanzen) definiert werden.

7.3   Fußball als Bastion der Männlichkeit

Fußball gilt als eine Bastion der Männlichkeit. Fußball spiegelt nicht die Gesellschaft wider, sondern ist eine Welt für sich. Nirgendwo können Männer in der Öffentlichkeit ihre Emotionen so ausleben, wie im Stadion. Dort sieht man sich umarmende, küssende und weinende Männer – ansonsten alles Gesten, die als schwul oder unmännlich gelten. Diese Gefühlsauslebungen funktionieren allerdings nur in dem „heterosexuellen Rahmen", in dem Fußball stattfindet. Würden nun Frauen oder homosexuelle Männer in diese Männlichkeitsbastion eindringen, würde dieses Gefüge wahrscheinlich nicht weiterhin in dieser Form existieren können.

Es stellt sich zudem die Frage, warum ausgerechnet Fußball als besonders „anstößige" Sportart gilt und weniger offen für Frauen ist, als zum Beispiel Tennis, Handball oder Volleyball.

In den Interviews gaben die Frauen ihre Meinung dazu ab, warum dies so ist und was passiert, wenn Frauen Fußball spielen, also in diese Männerwelt eindringen.

Wie bereits weiter oben beschrieben, stellt sich für die meisten der befragten Frauen Fußball in der Kindheit als Männerdomäne dar: Frauen sind in dieser Welt zunächst schlichtweg nicht vorhanden. Andere Mädchen, die mit ihnen Fußball spielen, gibt es bei ihren ersten Berührungen mit dem Fußballsport nicht, und auch die Mütter sind nicht fußballbegeistert. So sieht Anja den Fußball, zumindest in ihrer Jugend, als Männerdomäne, in der Frauen nicht akzeptiert sind:

> *„Weil das ja so die richtig letzte große Männerdomäne, glaub ich, war.*
> *Frauen haben das einfach nicht gemacht. So in den 70ern (...) Ende der*
> *70er Jahre da war das im Öffentlichen nicht akzeptiert, dass Mädchen*
> *das gemacht haben, ganz anders als heute" (Interview A: Z. 67-69).*

In der Zeit, in der Charlotte Fußball spielte, also in den 50er/60er Jahren dieses Jahrhunderts, waren die Barrieren für Mädchen und Frauen, Fußball zu spielen, besonders hoch. Fußball galt als „männlicher Kampfsport", in dem Frauen nichts zu suchen hatten. Charlotte hört und liest, dass Frauen nicht in diesen „Kampfsport" eingreifen sollten, da sich die Körper der Frauen verändern und durch die entstehenden Muskeln die „Weiblichkeit" verloren geht:

> *„Puh (...) ich glaube, man hatte einfach Angst, weil der Fußball männli-*
> *cher Kampfsport ist, ja, und dann Frauen in diesen Kampfsport eingrei-*
> *fen, das was sich da... äh, was sich da am Körper der Frau verändern*
> *kann, ja. Sie kriegt Muskeln, stramme Beine, ja und dieses Weibliche*
> *könnte dann auf einmal weg sein. Man weiß ja nicht, was in diesen Hir-*
> *nen da vorgegangen ist." (Interview C: Z. 181-184)*

Charlotte war vor ihrer Zeit als Fußballerin in der Leichtathletik aktiv und spielte, nachdem sie mit dem Fußballspielen aufhörte, noch einige Jahre Handball. Hier scheinen die Widerstände nicht so groß gewesen zu sein, im Gegensatz zum Fußball. Doch warum spielt Handball eine andere Rolle als Fußball? Handball ist ein ebenso kampfbetonter Sport, der dem Fußball in Sachen Härte und Aggressivität in nichts nachsteht. Das Argument der Muskelkraft lässt sich in Hinblick auf andere Sportarten auch entkräften. Durch Training wird sich in den Leistungssportarten wie Handball, Leichtathletik oder Schwimmen der Körper der Frau genau wie beim Fußball dahingehend verändern, dass sich Muskeln bilden und das „Weibliche" verschwindet. Charlotte kann sich aber nicht vorstellen, warum Fußball als „anstößiger" gilt, als andere Sportarten.

Die drei anderen interviewten Frauen denken, dass Frauen in der Männerwelt Fußball nicht gern gesehen werden, weil Männer die Sportart für sich haben wollen, um sich als besser zeigen zu können, so wie hier Anja vermutet:

> *„ (...) ich glaube, dass die Männer auch ganz gerne ihre eigenen Sportarten haben. Also, dass ihnen das ganz recht ist, dass sie irgendwas haben, wo sie besser sind und toller sind und ihr eigenes Ding machen können. "*
> *(Interview A: Z. 420-423)*

Männer haben es nach Meinung der Interviewpartnerinnen nicht gerne, wenn Frauen im Fußball besser sind, als sie:„ Da wurden die bestimmt in ihrer Ehre so 'n bisschen angekratzt. In ihrem Stolz." (Interview K/L: Z. 189). Die Frauen machen dies vor allem an Spielen gegen Männer fest. Alle berichten von Erlebnissen, in denen sie gegen Jungen oder Männer Fußball gespielt haben und besser gespielt haben als diese. Die Jungen/Männer wären „aggressiv" oder „traurig" (Interview K/L: Z. 155) gewesen oder hätten „Schaden" (Interview A: Z. 456) daran genommen. Zudem könnten sie diese Niederlage nicht auf sich sitzen lassen, sondern würden schnell Ausreden finden:

> *„Ich find, das ist jetzt noch so, wenn man gegen Männer spielt und man nimmt denen mal 'nen Ball ab (...) das ist dann, entweder haben die keine Lust mehr oder es tut gerade was weh oder ähm (...) ‚Gegen euch kann man ja auch nicht so reingehen'" (Interview A: Z. 457).*

Das heißt, obwohl Frauen mittlerweile seit mehreren Jahrzehnten Fußball spielen und immer mehr Frauen- und Mädchenmannschaften existieren, fällt es offenbar vielen Jungen und Männern schwer, Frauen im Fußball zu akzeptieren.

Anja erklärt diese Tatsache hauptsächlich damit, dass Fußball als die letzte große Männerdomäne gilt und Männer einen eigenen Bereich für sich haben möchten:

> *„Ich glaub, die finden das gar nicht so gut immer, wenn man sagt die Frauenfußballmannschaft ist aber Weltmeister und die aber nicht. Oder die sind Europameister und die aber nicht. Die haben aber ne Goldmedaille und die aber nicht. Das ist natürlich für die auch schlimm 'n bisschen. (...) Und dieses ganze Hickhack: welcher Spieler darf mit, welcher Spieler darf nicht mit (...) und dann spielen die wieder so schlecht. Das ist natürlich auch 'n bisschen peinlich. Die wollen natürlich immer besser sein und toller sein und dann können die immer sagen: Ja, aber die Frauen spielen ja auch nicht so hart, die spielen ja auch nicht so schnell (...) versuchen das dann immer runter zu machen, aber letztendlich ist*

ja Fakt, dass die einfach erfolgreicher sind und dass die es offensicht-
lich besser hinkriegen ein vernünftiges Team zu formen, wo nicht so viel
Zickenkrieg ist. Oder jedenfalls kriegt man den nach außen nicht mit.
Ist natürlich auch immer n bisschen peinlich. Ich weiß nicht (...) ich
glaub, dass die Männer das gerne haben, dass die ihren eigenen Män-
nerbereich haben. Wenn die Frauen irgendwann so gut Fußball spielen,
dann suchen sie sich ne andere Nische, dann machen sie was anderes."
(Interview A: Z. 422-438)

Diese These wird dadurch gestützt, dass in den USA, wo die Befragte ein halbes Jahr wohnte, Fußball als Frauensport gilt und Männer ihre anderen Nischen haben, nämlich die Nationalsportarten American Football und Baseball. Stimmt die Erklärung von A, müsste es für Frauen in den Vereinigten Staaten ähnliche Barrieren beim Baseball und Football geben, wie für Frauen in Deutschland beim Fußball. Dies lässt sich im Rahmen dieses Beitrags leider nicht vertiefen, es deutet allerdings darauf hin, wenn man z.B. bemerkt, dass Frauen in den USA nicht Baseball, sondern Softball spielen[16].

Fußball in Deutschland scheint also eher ein Refugium der Männer zu sein, was von den interviewten Frauen auch teilweise so wahrgenommen wird. Frauen haben trotzdem die Möglichkeit, in dieser Welt anerkannt zu werden, aber eher, wenn ihnen weibliche Attribute abgesprochen werden, wie Anja es in Gesprächen über bekannte Fußballerinnen hört:

„(...) nein, die sagen auch schon anerkennend, die und die spielt ganz
gut, aber dann immer mit dem: oh, hat die aber Oberschenkel, du. Das
würde jetzt bei Gerd Müller nie einer gesagt haben. Und der hatte wirk-
lich Oberschenkel (...). Oder Birgit Prinz spielt halt wie 'n Kerl, das
kommt dann sofort.
Interviewerin: Das ist dann aber 'n Kompliment?
Anja: Das soll 'n Kompliment sein (...)" (Interview A: Z. 164-171).

Nach den Erfahrungen der Interviewten wird der Nationalspielerin (und dreimali-gen Weltfußballerin des Jahres) Birgit Prinz durchaus attestiert, guten Fußball zu spielen; das lässt sich anscheinend jedoch nicht mit Weiblichkeit verbinden. Um zu rechtfertigen, dass eine Frau gut spielt, wird ihr in gewissem Maße Männlichkeit unterstellt.

Zudem wird das „Andere" konstruiert: Frauenfußball erlebt eine Abwertung, in-dem er als „technisch nicht richtig" oder „viel zu lahm" (Interview A: Z.104) dar-

---

16 Der Unterschied liegt u. a. darin, dass der Ball bei den Frauen größer und leichter ist (Softball –
Baseball o.J.).

gestellt wird. Frauenfußball und Männerfußball werden als andere Sportarten konstruiert. Der Männerfußball ist der „richtige" Fußball, Frauenfußball dagegen etwas
anderes, „nicht richtiges".

Ein weiteres Indiz dafür, dass Fußball eine Männerbastion ist, ist die Gewalt, die
im Männerfußball herrscht. Im Frauenfußball kommt diese Gewalt und Aggression
so gut wie nicht vor. Dies bemerken auch die befragten Frauen, wie hier Anja, die ein
Gegenbild zum Männerfußball zeichnet:

> *„Die transportieren ja auch so 'nen familienfreundlichen, angenehmen
> Fußball. Da wird nicht so getreten wie bei den Männern, die Fans gehen
> nicht aufeinander los, da werden keine Spieler mit Zuwanderungsge-
> schichte ausgebuht und beleidigt und beschimpft. Da wird keiner diskri-
> miniert, das hat ja im Prinzip alle die negativen Seiten, die der Män-
> nerfußball hat, die gibt's ja da gar nicht. Da kannst du dich mit deiner
> Familie oder deinen Kindern in jeden Block stellen, da schreit keiner
> irgendwelche ekeligen Schimpfwörter rum, da wird sich nicht gehauen,
> da muss keine Polizei da sein, das ist einfach (...) da geht's um Fußball
> und alle benehmen sich so. " (Interview A: 299-306)*

Nicht nur auf den Tribünen im Profifußball scheint sich dies widerzuspiegeln; auch
in der Spielweise unterscheiden sich, wie Katrin bemerkt, Männer von Frauen:

> *„Weil die [Frauen] ganz anders spielen. Die spielen nicht so auf Kraft
> und Aggressivität, sondern eher n bisschen überlegter. Wahrscheinlich,
> damit sie nicht irgendeinen drauf kriegen können." (Interview K/L:
> Z.292f.)*

Die Interviewpartnerinnen sind sich allesamt einig, dass sie Frauenfußball lieber
mögen, da Gewalt und Aggression keine große Rolle spielt und das Spiel dadurch
friedlicher und taktisch anspruchsvoller wird (Interview K/L: 314f.).

Die interviewten Frauen erklären allerdings auch, dass sich in den letzten Jahren
sehr viel getan hat im Hinblick auf Frauen in der Männerwelt Fußball. Der Fußballsport scheint seine Grenzen teilweise zu öffnen, und Fußball wird attraktiver für
Mädchen und Frauen:

> *„Und da war es auch richtig schwer, Mädchen dafür zu begeistern, in
> die AG zu kommen. Und jetzt so am Ende unserer Schulzeit (...) wenn ich
> jetzt da so gucke, dann sind da ziemlich viele Mädchen. Früher war es
> immer schwierig bei Turnieren, genug auf der Bank sitzen zu haben, jetzt
> hat man da noch zehn Leute sitzen, die alle traurig sind, dass sie nicht*

spielen, weil es mittlerweile so viele gibt. Aber ich glaube, dass es trotz-
dem noch das Rollenbild gibt, dass sich das so schnell nicht verändert,
dass das einfach eingeprägt ist." (Interview K/L, Z. 416-422)

Es ist auch keinesfalls so, dass alle Männer versuchen, sich von Frauen abzugrenzen. Die Interviewten geben auch positive Beispiele von Männern, die sich gerne Frauenfußball anschauen und Frauenfußball und Männerfußball nicht als verschiedene Sportarten ansehen: „Und für den anderen [Bruder] ist das Fußball wie alles andere auch. Ist eben Fußball. (lacht)" (Interview A: 104f.).

Die These, dass Fußball eine (letzte) Bastion der Männlichkeit ist, wird von den interviewten Frauen bestätigt. Sie machen dies vor allem an Spielen gegen Männer fest, in denen ihnen auffällt, dass es Männern besonders schwer fällt, gegen Frauen beim Fußball zu verlieren. Die „männliche Ehre" wird dadurch verletzt, dass sie nicht besser Fußball spielen können als Frauen. Im Falle des Verlierens werden männliche Spieler häufig aggressiv oder erfinden Ausreden, um die Niederlage zu rechtfertigen. Die Frage, warum Fußball für Frauen anstößiger als andere Sportarten ist, lässt sich nicht eindeutig beantworten. Die Interviewten können sich vorstellen, dass dies damit zusammen hängt, dass Männer eine Nische für sich beanspruchen wollen und daher nicht möchten, dass Frauen in ihre Gemeinschaft eindringen.

7.4   Geschlechterrollen

In Deutschland ist Fußball für Mädchen eher eine untypische Sportart. Das Fußballspiel scheint mit der für Mädchen oder Frauen vorgesehenen Geschlechterrolle nicht konform zu gehen.

Verständlich ist diese Einsicht für die 50er Jahre, wenn man sich das Rollenverständnis zu dieser Zeit ansieht. Frauen hatten besonders weiblich zu sein und sollten sich hauptsächlich um Familie und Haushalt kümmern. So ist es nicht verwunderlich, dass Charlotte erklärt, dass sie eigentlich eine Ausnahme war, als Mädchen, das Fußball spielte, denn:

„Mädchen musste halt Mädchen bleiben und (...) und durfte halt nicht
so was tun, was 'n Junge gerne tut (...) ja, eigentlich kann man das so
bezeichnen." (Interview C: Z. 42f.)

Das heißt, dass die Geschlechterrollen zu der Zeit sehr festgefahren waren und scheinbar nur wenige Mädchen die Chance hatten, diese Grenzen zu durchbrechen. In der seinerzeitigen öffentlichen wurde angenommen oder vertreten, dass Sport Frauen in ihrer Gebärfähigkeit einschränkt

„Und da hab ich mir was Schönes aufgeschrieben, da gab es Sitten-
wächter, die vertraten die Meinung [liest vom Zettel ab]: ‚Die Sexualor-
gane der Frau werden durch Springen und Spreizen der Beine aus ihrer
biologischen Lage gebracht.' Ja [lacht]" Interview C: Z. 164ff.),

was im Endeffekt natürlich darauf hinauslaufen würde, dass die Frauen ihrer vorgesehenen Rolle als Mutter nicht gerecht werden könnten.

Betrachtet man die Interviews, fällt jedoch auf, dass Fußball nicht nur in den 50er
Jahren – auf dem Höhepunkt der bürgerlichen Kleinfamilie – sondern auch Jahrzehnte
später eng mit der männlichen Rolle verknüpft wird. So sollte zum Beispiel auch Anja
in ihre Geschlechterrolle gedrängt werden, indem die Eltern ihr verboten, Fußball zu
spielen. Anja erklärt dies damit, dass ihre Eltern nicht wollten, dass sie „noch mehr wie
'n Junge [wird] und deshalb durfte [sie] das nicht." (Interview A: Z. 37). Fußball als „jun-
gentypische/männertypische" Sportart scheint also aus Mädchen Jungen zu machen.

Zudem hat Anja das Gefühl, dass ihre Eltern dachten, sie würde lesbisch, wenn
sie anfängt, in einem Verein zu spielen. Die Eltern hatten scheinbar eine relativ klare
Rollenvorstellung vor Augen; sie wollten, dass Anja nicht wie ein Junge, sondern
wie ein (heterosexuelles) Mädchen aufwächst, weshalb sie eher „mädchentypische"
Sportarten betreiben sollte (in dem Falle Schwimmen) und „jungentypische" Sportarten oder auch Spielsachen für sie tabu waren:

„Ja, also (...) du bist ja eh wie 'n Junge und dann wirst du noch mehr
wie 'n Junge und deshalb durfte ich das nicht. Ich durfte deswegen auch
nicht zum Judo, musste dann in 'nen Schwimmverein. Das waren so tau-
send Sachen. Ich wollte 'n cooles Rennrad haben von meinem Kommu-
nionsgeld und meine Eltern haben mir so 'n doofes Mädchenrad mit 'ner
Dreigangschaltung gekauft, also (...) (beide lachen). Immer alles was
cool war und was ich gerne haben wollte, hab ich dann in der Richtung
nicht gekriegt." (Interview A: Z. 37-42)

Anja sollte durch Verbote in ihre Rolle als Mädchen gedrängt werden, die sie nicht
in typischem Sinne einnahm. Sie erklärt dies ebenfalls damit, dass es gesellschaftlich
zu der Zeit verpönt war, wenn Mädchen und Frauen Fußball spielten

„Frauen haben das einfach nicht gemacht. So in den 70ern (...) Ende der
70er Jahre da war das im Öffentlichen nicht akzeptiert, dass Mädchen
das gemacht haben, ganz anders als heute." (Interview A: Z. 68f)

Dabei hatte Ende der 70er Jahre die Frauenbewegung schon einiges für Frauen erreicht, und die Geschlechterrollen verliefen nicht mehr so klar wie in den 50er Jah-

ren. Anja will jedoch nicht nur die damalige Zeit dafür verantwortlich machen heutzutage, obwohl Mädchenfußball weit verbreitet ist, etwa Anjas Bruder seine Kinder genau wie ihre Eltern und damit rollentypisch:

> *„Und mein Bruder erzieht seine Kinder auch so. Das Mädchen geht zum Reiten und die Jungs gehen zum Fußball. Das ist auch ganz klar, dass (...) die Jungs kriegen 'n Panini-Album und sie nicht. Das war von vorneherein klar: Die werden im Fußballverein angemeldet, ob sie möchten oder nicht und wenn's 'n Mädchen gibt, geht das gefälligst zum Reiten. Oder Faustball oder so. Aber das war völlig klar, dass die nicht Fußball spielen soll."* (Interview A: Z. 203-209)

Anjas Eltern halten Fußball auch später noch für nicht Frauengemäß, was sich daran zeigt, dass sie zwar begeistert zu den Fußballspielen der (männlichen) Enkel gehen, doch auch als A mit ca. 30 Jahren im Verein spielt, nicht zu ihren Spielen: Frauenfußball ist für sie „Freak-Show-mäßig" (Interview A: Z. 150). Aus dem Interview lässt sich herauslesen, dass es den Eltern hauptsächlich peinlich war, dass ihre Tochter nicht den gängigen Geschlechterklischees entspricht: „Das ist denen irgendwie so 'n bisschen peinlich, ich weiß auch nicht." (Interview A: Z. 142) Auch die knapp halb so alte Lara verweist darauf, dass es vielleicht

> *„einfach komisch für Eltern ist, wenn die sagen, ja, mein Mädchen spielt Fußball. Weil es wahrscheinlich eher so war, dass man immer gesagt hat, ja, die Jungs spielen Fußball und die Mädchen gehen tanzen oder turnen oder machen (...) rollentypische Sportarten."* (Interview K/L: Z. 382-385)

An den Reaktionen der Umwelt lässt sich erkennen, dass Fußball in der Gesellschaft besonders „männlich" konnotiert ist. Fußball ist in den Augen vieler ein „männertypischer" Sport, was auch die Interviewten zu spüren bekommen. Sie selber sehen aber auch viele Eigenschaften an sich, die in der Gesellschaft eher Männern zugeschrieben werden. A erklärt zum Beispiel im Interview, dass sie besonders „robust" war, dass sie eine gute Durchsetzungskraft hat und dass sie sich „positionieren kann (...) [und] es auch gewöhnt ist, sich auseinanderzusetzen ohne immer gleich klein beizugeben" (Interview A: Z. 275f.). Sie sieht diese Eigenschaften als Merkmale an, die eher Männern zugeschrieben werden.

Auch Charlotte hatte diese männlich konnotierten Charakterzüge anscheinend inne, auch wenn sie – im Gegensatz zu Anja – nicht denkt, dass sie diese eventuell durch das Fußballspielen erlangt hat. Auf die Frage, ob sie durch den Fußball Eigenschaften wie zum Beispiel „Kraft, Kampfgeist, Stärke und Selbstbewusstsein" gewonnen hat, sagt sie:

„Ich glaube, diese Eigenschaften hätte ich auch gehabt, wenn ich nicht Fußball gespielt hätte." (Interview C: Z. 416-421)

Eine weitere Männern zugeschriebene Eigenschaft führt Katrin auf: Man dürfe beim Fußball „nicht so zimperlich sein", erklärt sie (Interview K/L: Z. 246). Diese Eigenschaften sind also keineswegs nur männertypische Charaktermerkmale. Fußball als „Sportart für Männer" ist demnach konstruiert. Die „männlichen" Zuschreibungen wie z.B. Kampfgeist und Selbstbewusstsein, die beim Fußball erwartet werden, sind Frauen nicht fremd. Möglicherweise ist es auch so, dass Frauen durch den Fußballsport bestimmte Eigenschaften erlangen oder ausleben können.

Lara ist allerdings der Meinung, dass sich die Geschlechterrollen sehr verändert haben und Fußball deshalb nicht mehr nur ein jungentypischer Sport ist, sondern auch viele Mädchen mittlerweile Fußball spielen.

Fußball ist in der Öffentlichkeit eine stark männlich konnotierte Sportart. Dies lässt sich auch in den Interviews erkennen. Sowohl die ehemaligen als auch die aktuellen Spielerinnen sehen sich immer wieder mit Stereotypen konfrontiert. Zudem wird gerade von der Familie oft erwartet, dass sich die Mädchen „geschlechtskonform" entwickeln und diese daher besser nicht Fußball spielen, sondern eher „rollenkonforme Sportarten" ausüben sollten. Scheinbar ist es aber möglich, dass sich Frauen gerade dadurch, dass Fußball ein typischer Männersport ist, in gewisser Weise zwischen den Geschlechtern bewegen können und männlich konnotierte Eigenschaften übernehmen und ausleben können.

Die Geschlechterrollen haben sich allerdings in den Jahrzehnten verändert, was sich auch im Hinblick auf Fußball erkennen lässt. War es früher verpönt, als Mädchen oder Frau Fußball zu spielen, sind die Grenzen mittlerweile so aufgeweicht, dass es für Mädchen einfacher ist, sich auch die vormals typischen Jungensportarten anzueignen. Heutzutage gilt es nicht mehr als großes Tabu, sich als Mädchen oder Frau für Fußball zu interessieren.

8   Fazit

Fußball stellt sich sowohl in der Theorie als auch in den von mir geführten Interviews als Männerdomäne dar. In keinem anderen gesellschaftlich anerkannten Feld ist es so akzeptiert, dass Frauen außen vor bleiben wie im Fußball. Als Funktionärinnen treten Frauen so gut wie gar nicht auf, und auf den Zuschauerrängen und auf dem Platz sind sie unterrepräsentiert. Frauen müssen ihre Stellung im Fußball erst noch behaupten.

Durch den im Fußball vorherrschenden Androzentrismus wird Frauenfußball als „das Andere" konstruiert. Fußball ist „nicht richtig" Fußball, wenn er von Frauen gespielt wird. Dadurch entstehen für die Frauen einige Erschwernisse, mit denen sie zu kämpfen haben.

Doch obwohl Fußball immer noch eine Männerwelt ist, ergeben sich auch Chancen für die Frauen, die an dieser Welt partizipieren möchten und sich nicht abschrecken lassen. Frauen, die Fußball spielen, bewegen sich in einer „von Männern definierten und kontrollierten Welt" und wenden sich gegen die vorgegebenen Geschlechternormen und Weiblichkeitsvorstellungen (Pfister 1999: 263).

Fußball spielende Mädchen durchleben nicht die typische Mädchensozialisation. Sie identifizieren sich häufig mit Jungen oder möchten wie Jungen sein. Üblicherweise ist es so, dass Jungen und Mädchen unterschiedliche Spieltendenzen zeigen. Während Mädchen eher dazu neigen, zu zweit zu Hause zu spielen und „weniger konkurrenzorientierte Spiele" bevorzugen, haben Jungen „Interesse an geregelten Wettkämpfen mit festgesetzten Zielen und erklärten Siegern" (Faulstich-Wieland 2008: 247). Diese konkurrenzorientierten Spiele der Jungen finden meistens draußen in größeren Gruppen statt. Für Fußball spielende Mädchen ergibt sich daraus, dass sie neue Räume für sich gewinnen, die andere Mädchen nicht erobern. Sie lernen, sich in Gruppen zu behaupten und mit Konkurrenz und Wettkampf umzugehen (Tillmann 2008). Generell möchten Mädchen eher wie Jungen sein als umgekehrt. Die Gründe liegen darin, dass Mädchen früh erkennen, dass ihnen weniger Macht und Freiräume zustehen, als Jungen oder Männern (Becker-Schmidt 1995). Die Jungen zugeschriebenen Eigenschaften und Tätigkeiten machen häufig mehr Spaß als die, die Mädchen zugeschrieben werden. Bei Fußballspielerinnen ist das „Tomboy-Verhalten"[17] scheinbar besonders ausgeprägt. Nicht nur in den Interviews erinnern sich die Frauen daran, dass sie eher mit den Jungs Fußball gespielt haben oder auf Bäume geklettert sind etc., als den „typischen Mädchenaktivitäten" nachzugehen, wie zum Beispiel Seilspringen. Auch Pfister (1999) und Kocks (1997) teilen in ihren Studien diese Einschätzung.

Wie die Interviews zeigen, wird dieses Verhalten aber nicht immer von der Umwelt toleriert. Manche Eltern haben eine klare Vorstellung, welche Rolle die Tochter in der Gesellschaft einnehmen soll und wie ein „Tomboy" zu sein, gehört offenbar nicht dazu.

„Was als typisch und richtig für Frauen und für Männer gilt, verändert sich zwar in Abhängigkeit vom kulturellen Kontext, ist aber immer mehr oder weniger rigide definiert. Die Weigerung, sich einem Geschlecht zu-

---

17 Die Definitionen zu Tomboy variieren etwas. Hier zugrunde gelegt wurde die eines Wikipedia Eintrags, danach ist ein Tomboy ein Mädchen, das sich „entsprechend der gängigen Geschlechterrolle von Jungen" verhält. Dies ist gekennzeichnet durch eine „typisch maskuline Auftrittsweise", „Interesse an Themen, die von der Gesellschaft eher Jungen zugesprochen werden" und durch „Versuche, eher mit Jungen Freundschaften zu schließen" (Wikipedia Tomboy o.J.). Im Englischen steht der Begriff für einen „Wildfang" oder ein „burschikoses Mädchen".

*zuordnen und/oder sich „richtig" zu verhalten, wird mit mehr oder we-
niger gravierenden Sanktionen bestraft." (Pfister 1999: 272ff)*

Mädchen, die Fußball spielen, weigern sich aus Sicht der Eltern, sich konkret einem Geschlecht zuzuordnen. In den Interviews ist besonders Anja von diesen Sanktionen betroffen, indem die Eltern ihr schlichtweg das Fußballspielen verbieten.

Sanktionen sind aber nicht nur im sozialen Umfeld zu erwarten, sondern auch in Institutionen. Auch die Schule versuchte in früheren Jahrzehnten, Kinder in „geschlechtstypische" Rollen zu drängen. In der Studie von Pfister (1999), die sich mit Biographien von Spitzenfußballerinnen beschäftigt, wurden Spielerinnen aus verschiedenen europäischen Ländern über ihre Fußballkarriere befragt. Auch hier spielt die Schule eine Rolle, wenn auch eher bei Frauen aus England und Spanien, nicht aus Deutschland. Viele der befragten Spielerinnen dürfen ebenfalls nicht in der Schule Fußball spielen. Die Jungen und Mädchen werden mit wachsendem Alter immer mehr in „geschlechtstypische Aktivitäten gedrängt." (Pfister 1999 : 272). Pfister beruft sich hier außerdem auf Ergebnisse von Scraton und Flinthoff von 1992 bzw. 1993, die aufgezeigt haben, dass gerade in der Schule von „jeher Geschlechterideologien verbreitet und die ‚richtigen' Aktivitäten für Mädchen und Jungen durchgesetzt" werden (Pfister 1999: 272). Die Begründung des oben angeführten Oberstufenkoordinators aus A's Schule zeigt, dass dies auch in Deutschland der Fall war.

Sowohl nach Pfister als auch nach Kugelmann lässt sich Fußball für Mädchen als Empowerment nutzen. Pfisters (1999) Studie „'Empowerment'? Sport und Selbstkonzept" vergleicht dabei allerdings mehrere Sportarten, nämlich Fußball, Rhythmische Sportgymnastik und Tennis. Dabei kommt sie zu dem Schluss, dass Sport nicht generell als Empowerment angesehen werden kann, denn die Sportarten unterscheiden sich beachtlich. Schlankheit spielt zum Beispiel in der Rhythmischen Sportgymnastik eine so große Rolle, dass die Sportlerinnen unter Druck gesetzt werden (bzw. sich selbst unter Druck setzen) und daher nicht unbedingt von Empowerment gesprochen werden kann, obwohl der Sport den Frauen Selbstvertrauen geben kann. Die Studie kommt zu dem Schluss, dass Empowerment durch Fußball dagegen sehr wohl möglich ist. Die von Pfister befragten Frauen heben besonders den durch Fußball erlangten Teamgeist sowie Disziplin, Kampfgeist und Selbstvertrauen hervor. Auch in den von mir geführten Interviews bestätigen die Frauen diese Wahrnehmungen. Die Tatsache, dass Fußball eher männlich kodiert ist, kann allerdings bei den Frauen zu „Identitätskonflikten führen oder die Inszenierung von Identität, das doing gender, erschweren." (Pfister 1999: 199). Fußball gilt für viele Frauen jedoch als Ort, an dem sie traditionelle Weiblichkeitsvorstellungen hinter sich lassen können und trotzdem Frauen sein können.

Auch Kugelmann (2009: 13f) hebt die positiven Auswirkungen, die Fußballspielen auf Mädchen und Frauen haben kann, hervor: Frauen und Mädchen sollen in Männerbastionen eindringen und sich dort durchsetzen. „Dies kann dann auf andere Lebensbereiche übertragen werden und führt zu einer dauerhaften Stärkung von Kompetenzen und Ressourcen". Zudem kann es ihrer Meinung nach „hilfreich sein, soziale Rollenklischees und damit die historisch und gesellschaftlich bedingte, heute noch vielfach wirksame Benachteiligung des weiblichen Geschlechts zu verändern." (Kugelmann 2009: 15).

Die von mir befragten Frauen bestätigen diese Ansichten. Traditionell weibliche Geschlechterstereotypen sind im Fußball nicht gefragt, die Frauen übernehmen eher männlich konnotierte Eigenschaften wie Durchsetzungskraft oder Selbstbewusstsein. Die Frage, ob Fußball ein Freiraum für Geschlechterrollen sein kann, lässt sich also bedingt positiv beantworten. Frauen ist es – sowohl als Fans, als auch als Spielerinnen – möglich, die von ihnen erwartete weibliche Rolle abzulegen und sich „männliche" Eigenschaften anzueignen (umgekehrt ja nicht).

Aus den Interviews lässt sich ein Prozess erkennen, den der Fußball seit den 50er Jahren des 20. Jahrhunderts durchlaufen hat. Die Spielerinnen müssen kaum noch mit institutionellen Repressionen rechnen, dennoch sind Widerstände und Vorurteile nicht vollkommen abgebaut. Die Widerstände beschränken sich hauptsächlich auf das soziale Umfeld der Frauen/Mädchen. Die gängigen Geschlechterklischees werden von ihnen nicht bedient, was Unverständnis oder Gegenwehr nach sich zieht.

Gerade hier zeigt sich die soziale Konstruktion von Geschlecht. Im „kulturellen System der Zweigeschlechtlichkeit" (Hagemann-White 1984) ist es nicht vorgesehen, dass Frauen sich „männliche" Eigenschaften aneignen und diese ausleben. Diese Eigenschaften sind jedoch konstruiert. Stärke, Mut oder Selbstbewusstsein sind keine Charakterzüge, die Männern vorbehalten sind. Wie schon Hagemann-White 1984 aufzeigt, sind diese Charaktereigenschaften sowohl bei Männern, als auch bei Frauen erwünscht. Die gesellschaftlichen Erwartungen an Frauen sind (oder waren) jedoch andere. Dass immer mehr Mädchen und Frauen an der Welt des Fußballs teilhaben, ist ein weiterer Schritt, zu zeigen, dass geschlechtliche Zuschreibungen größtenteils gesellschaftlich „erfunden" sind. Im Hinblick auf die in dieser Abhandlung aufgestellte und belegte Hypothese wird es interessant sein, die weitere Entwicklung der „Männerbastion Fußball" und die Teilhabe von Frauen in dieser Disziplin zu beobachten.

Literaturverzeichnis

Becker-Schmidt, Regina (1995): Von Jungen, die keine Mädchen und von Mädchen, die gerne Jungen sein wollten. Geschlechtsspezifische Umwege auf der Suche nach Identität. In: Becker-Schmidt, Regina/Knapp, Gudrun Axeli (Hrsg.): Das Geschlechterverhältnis als Gegenstand der Sozialwissenschaften. Frankfurt/Main, S. 220-245

Bilden, Helga (2006): Sozialisation in der Dynamik von Geschlechter- und anderen Machtverhältnissen. In: Bilden, Helga/Dausien, Bettina (Hrsg.): Sozialisation und schlecht. Theoretische und methodologische Aspekte. Opladen, S. 44-70

Brändle, Fabian/Koller, Christian (2002): Goal! Kultur- und Sozialgeschichte des modernen Fußballs. Zürich

Bührmann, Andrea/Diezinger, Angelika/Metz-Göckel, Sigrid (2007): Arbeit – Sozialisation – Sexualität. Zentrale Felder der Frauen- und Geschlechterforschung. Wiesbaden

Bührmann, Andrea/Diezinger, Angelika/Metz-Göckel, Sigrid (2000): Arbeit – Sozialisation – Sexualität. Zentrale Felder der Frauen- und Geschlechterforschung. Wiesbaden

Hoffmann, Eduard/Nendza, Jürgen (2007): Dossier – Die graue Spielzeit. Frauenfußball in der Verbotszeit. In: Bundeszentrale für politische Bildung. Online: www.bpb.de/themen/6YYRO3,0,0,Die graue_Spielzeit.html, http://www.bpb.de/themen/PI06YC,0,0,DFB_verbietet_seinen_Vereinen_Damenfu%DFball.html (16.06.2010)

Connell, Robert W. (1999): Der gemachte Mann. Konstruktion und Krise von Männlichkeiten. Opladen

DFB (2010): Mitgliederstatistik. Online: http://www.dfb.de/index.php?id=11015 (17.06.2010)

DFB (o.J.): Broschüre 25 Jahre Frauen-Länderspiele Teil 2. Online: http://www.dfb.de/fileadmin/user_upload/2007-08/25_Frauen_Lsp_Heft_Teil2.pdf (16.06.2010)

DFB (o.J.): DFB-Organigramm. Online: http://www.dfb.de/index.php?id=11016. (15.07.2010)

DFB/Ratzeburg, Hannelore (1983): Damenfußball – Grundlagen und Entwicklung. Frankfurt/Main

Dreis, Achim (2009): Umfrage zur Frauen-EM: Schöner als Männerfußball - oder gar kein Fußball? Frankfurter Allgemeine Zeitung. Online:http://www.faz.net/s/RubFB1F9C-D53135470AA600A7D04B278528/Doc~E88C5F384608C4D53BC4D548E806074D8~ATpl~Ecommon~Scontent.html (01.08.2010)

Faulstich-Wieland (2008): Sozialisation und Geschlecht. In: Hurrelmann/Grundmann/Walper (Hrsg.): Handbuch Sozialisationsforschung. Weinheim und Basel, S. 240-253

Fechtig, Beate (1995): Frauen und Fußball. Interviews, Porträts, Reportagen. Dortmund

Flick, Uwe (1995): Qualitative Sozialforschung. Eine Einführung. Reinbek bei Hamburg

Gildemeister, Regine (2008): Soziale Konstruktion von Geschlecht: „Doing gender". In: Wilz, Sylvia Marlene (Hrsg.): Geschlechterdifferenzen – Geschlechterdifferenzierungen. Ein Überblick über gesellschaftliche Entwicklungen und theoretische Positionen, Wiesbaden. S. 167-198

Hagemann-White, Carol (1988): Wir werden nicht zweigeschlechtlich geboren... In: Hagemann-White, Carol/Rerrich, Maria S. (Hrsg.) FrauenMännerBilder. Männer und Männlichkeit in der feministischen Diskussion. Forum Frauenforschung 2. Bielefeld, S. 224-235

Hartmann-Tews, Ilse (2003): Soziale Konstruktion von Geschlecht: Neue Perspektiven der Geschlechterforschung in der Sportwissenschaft. Hartmann-Tews, Ilse/Gieß-Stüber, Petra/Klein, Marie-Luise (Hrsg.): Soziale Konstruktion von Geschlecht im Sport. Opladen, S. 13-27

Hennies, Rainer / Meuren, Daniel (2009): Frauenfußball. Der lange Weg zur Anerkennung. Göttingen

Hurrelmann, Klaus/Grundmann, Matthias/Walper, Sabine (2008): Zum Stand der Sozialisationsforschung. In: Hurrelmann/Grundmann/Walper (Hrsg.): Handbuch Sozialisationsforschung. Weinheim und Basel, S. 14-31

Institut für Arbeitsmarkt- und Berufsforschung (IAB) (o.J.): Gender Pay Gap – Geschlechtsspezifische Lohnungleichheit in Deutschland. Online: http://infosys.iab.de/infoplattform/dokSelect.asp?pkyDokSelect=71&show=Lit (30.07.2010)

Kocks, Martina (1997): Karrieren im Abseits? Aufstiegserfahrungen von Fußballerinnen im Spielbetrieb der 1. Bundesliga. Eine empirische Studie. Diplomarbeit. Uni Duisburg

Kreisky, Eva (2002): Universalismus, Partikularismus, Eurozentrismus und Androzentrismus. Online: http://evakreisky.at/onlinetexte/nachlese_ismen.php#5. (16.08.2010)

Kreisky, Eva (2006): Fußball als männliche Weltsicht – Thesen aus Sicht der Geschlechterforschung. In: Kreisky, Eva / Spitaler, Georg (Hrsg.): Arena der Männlichkeit. Über das Verhältnis von Fußball und Geschlecht. Frankfurt/Main

Kugelmann, Claudia/Weigelt-Schlesinger, Yvonne (2009): Mädchen spielen Fußball: Ein Lehrgang für Mädchen in Schule und Verein. Schorndorf

Krüger, Helga 2002, Territorien – Zur Konzeptualisierung eines Bindeglieds zwischen Sozialisation und Sozialstruktur. In: Breitenbach, Eva/ Bürmann, Ilse/ Liebsch, Katharina/ Mansfeld, Cornelia/ Micus-Loos Christiane (Hg.), Geschlechterforschung als Kritik. Zum 60. Geburtstag von Carol Hagemann-White, Bielefeld, S. 29-47

Lexetius (o.J.): Bürgerliches Gesetzbuch vom 18. August 1896. Online: http://lexetius.com/BGB/1354 (20.07.2010)

Marschik, Matthias (2003): Frauenfußball und Maskulinität. Geschichte – Gegenwart – Perspektiven. Münster-Hamburg-London

Meyer, Dorit: Gender Mainstreaming als Zukunftsressource. In: Jahresbericht 2001/ 2002 der Stiftung Sozialpädagogisches Institut Berlin – Walter May – Gemeinnützige Stiftung. Stiftung des bürgerlichen Rechts der Arbeiterwohlfahrt Landesverband Berlin e.V., 2002, Berlin

Meuser, Michael (2001): Männerwelten. Zur kollektiven Konstruktion hegemonialer

Männlichkeit. Online: http://www.uni-due.de/imperia/md/content/ekfg/michael_meuser
_maennerwelten.pdf (20.07.2010)

Meuser, Michael (2008): It's a Men's World. Este Spiele männlicher Vergemeinschaftung.
In: Klein / Meuser (Hrsg.): Ernste Spiele. Zur politischen Soziologie des Fußballs.
Bielefeld, S. 113-135

Müller, Marion (2009): Fußball als Paradoxon der Moderne. Zur Bedeutung ethnischer,
nationaler und geschlechtlicher Differenzen im Profifußball. Wiesbaden

Pfister, Gertrud (1999): Sport im Lebenszusammenhang von Frauen. Köln

Pfister, Gertrud / Fasting, Kari (2004): Geschlechterkonstruktionen auf dem Fußballplatz.
Aussagen von Fußballspielerinnen zu Männlichkeits- und Weiblichkeitskonzepten. In:
Jütting, Dieter H. (Hrsg.): Die lokal-globale Fußballkultur – wissenschaftlich beobach-
tet. Münster, S. 137-152

Ruhr Nachrichten (2010): Anpfiff. Start in die Saison 2010 / 2011. Alles zu den Amateur-
Klubs aus Dortmund. Beilage der Ruhr Nachrichten vom 13.08.2010

Schulz, Maike/Kirschneck, Jens (2010): Klar ist das anziehend. Interview mit Simone
Laudehr. In: 11 Freunde. Heft 1, 2010, S. 19-24

Softball - Baseball (o.J.). Online: http://www.dead-sox.de/softball_baseball.htm
(20.07.2010).

Spiegel.de (16.01.2004): Heiße Höschen – Blatter-Idee empört Fußballerinnen. Online:
http://www.spiegel.de/sport/fussball/0,1518,282316,00.html (12.08.2010)

Steinert, Erika / Thiele, Gisela (2000): Sozialarbeitsforschung für Studium und Praxis.
Einführung in die qualitativen und quantitativen Methoden. Köln

Stern.de (11.09.2009): Caster Semenya – Weltmeisterin soll ein Zwitter sein. Online:
http://www.stern.de/sport/sportwelt/caster-semenya-weltmeisterin-soll-ein-zwitter-sein-
1508423.html (04.08.2010)

Sülzle, Almut (2005): Männerbund Fußball – Spielraum für Geschlechter im Stadion.
Ethnographische Anmerkungen in sieben Thesen. In: Dinges, Martin (Hrsg.): Männer
– Macht – Körper. Hegemoniale Männlichkeiten vom Mittelalter bis heute. Frankfurt/
Main, S. 173-191

Sülzle, Almut (2007): Vortragstext: Das Fußballstadion – eine der letzten Männerdomänen? Ethnografische Anmerkungen zur Geschlechterkonstruktion bei jugendlichen
Fußballfans. Online: http://www.fk12.tu-dortmund.de/cms/ISO/de/arbeitsbereiche/
soziologie_der_geschlechterverhaeltnisse/Medienpool/AIM_Beitraege_dritte_Tagung/
almut_suelzle.pdf (20.07.2010)

Tillmann, Angela (2008): Frauen und Ballgefühl?! Wie sich Frauen in einer Männerdomäne bewegen. In: Rautenberg / Tillmann (Hrsg.): Doppelpässe. Eine sozialwissenschaftliche Fußballschule. Weinheim und München, S. 91-110

Tillmann, Klaus-Jürgen (2007): Sozialisationstheorien. Eine Einführung in den Zusammenhang von Gesellschaft, Institution und Subjektwerdung. Reinbek bei Hamburg

Treibel, Annette (2006): Einführung in soziologische Theorien der Gegenwart. Wiesbaden

Villa, Paula (2004) (De)Konstruktion und Diskurs-Genealogie: Zur Position und Rezeption von Judith Butler. In: Becker, Ruth/ Kortendiek, Beate (Hg.): Handbuch Frauen- und Geschlechterforschung. Theorie, Methoden, Empirie. Wiesbaden, S. 141-152

Vodnek, Renate (2005): Männerwelt Fußball? Eine psychologische Untersuchung zum österreichischen Frauenfußball. In: Hagel/Selmer/Sülzle (Hrsg.): gender kicks. Texte zu Fußball und Geschlecht Online: http://www.kos-fanprojekte.de/index.php?id=106 (17.06.2010)

Werhand, Manuela (2005): Frauenfußball ist kein Fußball – eine ethnographische Studie zum Phänomen Fußball und der Rolle des Frauenfußballs. Diplomarbeit. München

Wetterer, Angelika (2008): Konstruktion von Geschlecht: Reproduktionsweisen der Zwei-geschlechtlichkeit. In: Becker, Ruth / Kortendiek, Beate (Hrsg.): Handbuch Frauen- und Geschlechterforschung. Wiesbaden, S. 126-136

Wikipedia (o.J.): UEFA Women's Champions League. Online: http://de.wikipedia.org/wiki/UEFA_Women's_Champions_League (04.08.2010)

Wikipedia (o.J): Tomboy. Online: http://de.wikipedia.org/wiki/Tomboy (04.08.2010)

Witzel, Andreas (2000): Das problemzentrierte Interview. Online: http://www.qualitative-research.net/index.php/fqs/article/viewArticle/1132/2519. (21.07.2010)

Yahoo (o.J.): Warum ist männer fußball beliebter als frauenfußball [sic]. Online: http://de.answers.yahoo.com/question/index?qid=20090201042042AARxnmD (27.07.2010)

Alexandra Martine de Hek

Homophobie im Fußballsport

Inhalt

1   Einleitung

Homosexualität wird im Männerfußball tabuisiert. Selbst ein wissenschaftlicher Diskurs über Homosexualität sowie Homophobie im Sport wird eher verhalten geführt. Im Auftrag der European Gay & Lesbian Sport Federation (EGLSF)[1] fanden Baks und Malecek in einer Studie (2004) heraus, dass bis dato keine Untersuchungen zu eben diesem Thema in Bezug auf den Sport vorliegen (Walther 2006: 8). Der Männerfußball scheint eine schwulenfreie Zone zu sein. Offiziell jedenfalls gibt es (noch) keinen homosexuellen Profi, und eine Vielzahl von Spielern versichert weiterhin, keinen homosexuellen Spieler im Profifußball zu kennen. Zwar gibt es Vermutungen und Gerüchte, jedoch werden die Namen öffentlich nicht genannt. Auch die Fußballvereine behaupten, dass es keinen homosexuellen Spieler im Profifußball gebe. Viele Fans lehnen Homosexualität prinzipiell ab. Dennoch kommt Homosexualität in den Reihen der Fans vor. Das Attribut „schwul" steht bei den Fans für alles, was ihnen nicht gefällt. „Schwul" sind die Schiedsrichter und auch die gegnerischen Spieler sowie die gegnerischen Fans. Ebenso werden die eigenen Spieler als „schwul" betitelt, wenn sie die zu erwartende Leistung nicht abgerufen haben. Homosexualität ist also sehr wohl in den Stadien der Bundesligen offen vorhanden, jedoch nur negativ als Beschimpfung, also in Form von Homophobie. Der vorliegende Beitrag setzt sich mit dem Thema Homophobie im professionellen Fußball auseinander; Bezug genommen wird primär auf den Männerfußball.

Zunächst wird der Begriff Homophobie erläutert. Anschließend wird Homophobie im Fußball in zwei Erscheinungsformen differenziert und näher betrachtet. Daraufhin geht es, in Anlehnung an Connell (1999), um das Konzept der Männlichkeit. Männlichkeitsbilder werden zudem exemplarisch auf verschiedene Profifußballer bezogen und dem Leser und der Leserin näher gebracht. Desweiteren wird nach den Gründen der vorherrschenden Homophobie im Fußball wie auch nach den Gründen der Homoerotik gefragt. Blickt man in die neuere Literatur, hat sich zwar ein Feingefühl zum Thema Homosexualität im Fußball entwickelt (Lizas Welt 2008), die Frage nach den Gründen von Homophobie und Homoerotik bleibt aber meist unbeantwortet. Im Anschluss werden verschiedene Schätzungen in Bezug auf die Anzahl der homosexuellen Profispieler im Fußball wiedergegeben. Dabei werden zuerst Statistiken, die sich auf die Gesamtbevölkerung beziehen, herangezogen, so dass anschließend Schätzungen einzelner Autoren erfolgen können.

Das nächstfolgende Kapitel fokussiert das Coming Out. Hierbei werden unter anderem sowohl die Folgen des womöglich jahrelangen Versteckens als auch die möglichen Konsequenzen bei einem Coming Out hinterleuchtet. Zudem werden die Lebensgeschichten fünf homosexueller ehemaliger Profispieler sowie die eines Pro-

---

1   Die EGLSF ist der europäische schwul-lesbische Sportverband.

fischiedsrichters kurz beleuchtet. Ebenso werden Umstände, unter denen ein Coming Out eines oder mehrerer Profifußballer möglich wäre, aufgezeigt.

Homophobie als Diskriminierung ist das Thema des dann folgenden Kapitels. Im Anschluss werden Satzungen der Bundesligavereine sowie die DFB-Satzung auf antisexistische Formulierungen hin geprüft. Ebenso werden die Positionen des DFB, der UEFA und der FIFA im Kampf gegen die Diskriminierung von Homosexuellen betrachtet und hinterfragt. Aufgezeigt werden Gegenstrategien, die bei dem weiteren Kampf gegen die Homophobie im Fußball erforderlich sind.

Daran anknüpfend werden verschiedene Initiativen, die sich gegen die Homophobie im Fußball einsetzten, vorgestellt. So genannte „Self-organized" Initiativen nehmen dabei eine besondere Stellung ein.

Abschließend wird noch ein kurzer Blick auf den Frauenfußball geworfen und es werden – trotz Differenzen – Parallelen zum Männerfußball aufgezeigt. Der Beitrag endet mit einem Ausblick.

2 Erscheinungsformen der Homophobie

Zur Begrifflichkeit von Homophobie

Zu Beginn soll eine genaue Definition dieses immer noch teilweise unbekannten Begriffes gegeben werden. Homophobie (aus dem griechischen homós: gleich und phóbos: Angst, Phobie) wird laut Wikipedia[2] hauptsächlich als „eine soziale, gegen Lesben und Schwule gerichtete Aversion bzw. Feindseligkeit oder die irrationale, weil sachlich durch nichts zu begründende Angst vor homosexuellen Menschen und ihren Lebensweisen" bezeichnet. Kari Fasting definiert Homophobie ähnlich und zwar als eine „irrationale Angst und Intoleranz gegenüber Homosexualität, Schwulen und Lesben – und sogar gegenüber Verhaltensweisen, welche außerhalb der erwarteten Geschlechterrollen-Vorstellungen liegen" (Fasting 2003, zitiert nach Walther 2006: 7). In dem Handbuch „Bekämpfung von Rassismus im Klubfußball" ist die Homophobie ebenfalls als „irrationale Angst vor und Intoleranz gegenüber Homosexualität, Schwulen und Lesben" (Vereint gegen Rassismus 2006: 9) erläutert. Pharr wird noch deutlicher und definiert Homophobie neben der irrationalen Angst auch als „Hass gegen die, die Menschen des gleichen Geschlechts lieben und sexuell begehren" (Pharr 1988, zitiert nach Nottebaum 1998: 68). Sie sieht also auch eine Intoleranz gegenüber Homosexuellen und deren Lebensweisen, welche in Hass mündet. Tessina definiert die „irrationale Angst vor allem Anderen oder Ungewöhn-

---

2 Obwohl viele Artikel aus der freien Enzyklopädie oft durch nicht nachprüfbare Recherche gekennzeichnet sind, stammt die o.g. Definition aus einem Artikel mit 102 Einzelnachweisen sowie durch die nachfolgenden Definitionen von Fasting (2003) gestützt und deshalb herangezogen.

lichen" (Tessina 1991, zitiert nach Nottebaum 1998: 68) als Xenophobie, wobei die Homophobie, die sie als Angst vor Homosexuellen definiert, eine Unterart der Xenophobie bildet.

Homophobe Menschen stehen homosexuellen Personen und deren Lebensweise abneigend gegenüber und begegnen ihnen daher mit Intoleranz, Hass sowie Feindseligkeiten. Als homophob bezeichnet man aber auch Menschen, die Angst vor homosexuellen Personen und deren Lebensweisen haben. Diese Angst wird als irrational begriffen, da sie rational nicht zu begründen ist.

Erscheinungsformen der Homophobie im Fußball

Homophobie zeigt sich im Fußball sehr deutlich. In den Stadien und auch vor dem Fernseher werden homophobe Verhaltensweisen ausgelebt. Dabei tritt die Homophobie im Fußball sowohl verdeckt als auch offen in Erscheinung.

Die verdeckte Homophobie äußert sich durch das Tabuisieren der Homosexualität im Fußball. Hier wird vorrangig durch das Nichtwahrnehmen von Homosexualität diskriminiert. Die Diskriminierung findet dabei in Unsichtbarkeit und Schweigen bzw. durch eine konsequente Verneinung und Leugnung von Homosexualität ihren Ausdruck (Walther 2006: 17; Schollas 2009: 2). Da viele Protagonisten des Fußballs weiterhin behaupten, dass es keinen homosexuellen Profispieler gibt und Homosexualität im Fußball nicht vorkommt, findet diese Diskriminierungsart viele Anhänger. Zudem wird jedem Mann zumeist unbewusst eine heterosexuelle Orientierung nachgesagt. Die Heterosexualität wird traditionell als eine biologische Gegebenheit und natürliche Lebensart angesehen. Eggeling (2010) bezeichnet die Heterosexualität als unhinterfragte Norm, also als eine Heteronormativität[3]. Die Heterosexualität wird nach Heißenberger (2008:131f.) „in dem Maße fraglos angenommen, dass sie schon einen natürlichen Charakter im (Fußball-)Feld selbst besitzt". Gegengeschlechtliches Begehren scheint im Fußball selbstverständlich. Dieser Effekt wird sogar noch durch die im Fußball vorherrschenden „fußballerischen Kräfte der Vermännlichung" (s. weiter unten) verstärkt, so dass jeder Fußballspieler „instinktiv" als heterosexuell wahrgenommen wird (Walther 2006: 7; Eggeling 2010; Hall 2000: 8).

Diese meist unbewusst vorgenommene Einteilung führt zwangsläufig zu einer Nichtwahrnehmung von homosexuellen Sportlern. Erst wenn sich ein Mann nicht als ein „richtiger Mann" verhält, wird ihm die selbstverständlich auferlegte Heterosexualität aberkannt, so dass er dann auch der direkten Homophobie ausgesetzt wird. Die offene Homophobie lässt sich in direkte und indirekte offene Homophobie unterscheiden. Bei der direkten wollen homophobe Menschen ausdrücklich einzelne

---

3 Heteronormativität setzt neben der Zweigeschlechtlichkeit „Heterosexualität als selbstverständlich und natürlich voraus und ist als gesellschaftliches Ordnungsprinzip in Institutionen und Beziehungen eingelassen" (Degele 2009: 147).

Homosexuelle angreifen. Die Beleidigung richtet sich somit offensichtlich an Menschen mit einer homosexuellen Orientierung (Krull 2007; Blaschke 2008b: 42). Die zweite Form der offenen Homophobie richtet sich indes indirekt an die Homosexuellen. Zwar sind sich viele einig, dass homophobe Anfeuerungsrufe sowie Gesänge und Sprüche in den Stadien nichts Ungewöhnliches darstellen und „in der männlich konnotierten Welt des Fußballs (...) homophobe Beschimpfungen gängig" (Schwenzer o. J.) sind – Heißenberger spricht im Zusammenhang von homophoben Äußerungen über einen „integralen Bestandteil eines in der Fußballkultur verankerten habitualisierten Sprachgebrauchs" (Heißenberger 2008: 132) –, jedoch sind die Autoren davon überzeugt, dass die Personen, die sich homophob äußern, in der Regel Homosexuelle nicht (direkt) beleidigen wollen und/oder Homosexuelle die Diskriminierung nicht direkt erfahren bzw. selten persönlich beleidigt werden. Vielmehr sind Homosexuelle durch die homophoben Beschimpfungen gegenüber dem Gegner oder dem Schiedsrichter der Diskriminierung ausgesetzt (indirekte offene Homophobie). Homophobe Äußerungen dienen hier „lediglich" dem Zweck der Provokation, der symbolischen Entmännlichung bzw. der Herabwürdigung gegnerischer Spieler (Heißenberger 2008: 132; Walther 2006: 7, 10, 17; Dunning 2003: 494; Blaschke 2008b: 30 f.; Schollas 2009: 14; Lizas Welt 2008; Schwenzer o. J.). Laut Meuser geht es darum, den Gegner symbolisch zu marginalisieren (Meuser 2008: 124), so dass „die Fans auf die Symbolik des Ausgeschlossenen" (Meuser 2008: 124) zurückgreifen. Um dem Gegner den Status als echten Mann abzusprechen, wird er daher eben auch unter Homosexualitätsverdacht gestellt. Dennoch stellen wohl gerade eben diese Äußerungen, auch wenn sie die Homosexuellen nicht direkt beleidigen sollen, eine große Hürde für homosexuelle Männer im Fußball dar.

Um die Gründe sowohl für die im Fußball vorherrschende Homophobie als auch die tolerierte Homoerotik im Fußball benennen und greifen zu können, wird im Folgenden in Anlehnung an Connell das Konstrukt „Männlichkeit" betrachtet.

3 Männlichkeiten im Fußball

3.1 Das Konzept der Männlichkeiten nach Connell

„Eine der zentralen Einsichten der Schwulenbewegung ist, wie tief und allgegenwärtig die Angst vor Homosexualität ist, und wie eng sie mit vorherrschenden Formen der Männlichkeit verknüpft ist." (Connell 1999: 59) Ebenso haben die Konsumwelten, wie etwa die Freizeit- und Sportkultur, neben der Wirtschafts- und Arbeitswelt einen „Anteil an der (Re-)Konstruktion angemessener Männlichkeit (Kreisky 2006: 21). Ebenfalls ist, wie erwähnt, der Fußball „eine Domäne heterosexueller, monokultureller Männlichkeit" (Schwenzer o. J.), ein wichtiger Raum „gesellschaftlich wirksamer Konstruktion von Männlichkeiten" (Sülzle 2005: 173), ein „Ort der Inszenierung von Männlichkeiten" (Lehnert 2006: 83), überdies eine Männerdomäne, ein Männerbund, eine Männerbastion, ein Männerreservat (Walther 2006: 5;Lehnert 2006: 84) sowie „ein Reservat, ein Schutz- und Rückzugsraum für überkommene Männlichkeitsvorstellungen" (Walther 2006: 5). Hier dürfen überkommene Männlichkeitsvorstellungen noch ausgelebt werden.

Jedoch gibt es nicht die Männlichkeit schlechthin, sondern verschiedene Männlichkeitsformen, die sich aufeinander beziehen oder gar voneinander abhängig sind. Connell konstruiert den Begriff Männlichkeit zwischen Männern und Frauen, aber auch zwischen den Männern untereinander. Die „Männlichkeit erfährt ihre Gestalt [somit, Anm. d. Verf.] nicht allein in Relation zur Weiblichkeit, sondern auch in den sozialen Beziehungen der Männer untereinander" (Meuser 2006b: 167). Da die männliche Vielfalt als eine mögliche Bedrohung des eigenen, als gefährdet erscheinenden sozialen Status wahrgenommen wird, wird eine Männlichkeitshierarchie erstellt. Es gibt folglich nicht mehr das Bild einer Männlichkeit. In der heutigen Zeit existieren vielfältige Männlichkeitsentwürfe (Heißenberger 2008: 21; Meuser 2008: 120; Kreisky 2006: 21, 31; Schollas 2009: 3), die hierarchisch sortiert werden. Connell (1999) unterscheidet in der homosozialen Dimension, das ist die Ebene, die zwischen den Männern untereinander konstituiert wird, vier Hauptformen der Männlichkeit: die hegemoniale Männlichkeit[4], die komplizenhafte Männlichkeit, die untergeordnete Männlichkeit sowie die marginalisierte Männlichkeit. Die hegemoniale Männlichkeit nimmt in der Hierarchie den oberen Rang ein.

Hegemoniale Männlichkeit

Der Begriff Hegemonie (Vorherrschaft) „bezieht sich auf die gesellschaftliche Dynamik, mit welcher eine Gruppe eine Führungsposition im gesellschaftlichen Leben einnimmt und aufrechterhält" (Connell 1999: 98). Die hegemoniale Männlichkeit nimmt die bestimmende Position im Geschlechterverhältnis ein (sowohl den Frauen als auch anderen Männlichkeitsformen gegenüber) und nimmt daher in der Männlichkeitshierarchie den oberen Rang ein. Connell definiert sie

> *„als jene Konfiguration geschlechtsbezogener Praxis (...), welche die momentane akzeptierte Antwort auf das Legitimitätsproblem des Patriarchats verkörpert und die Dominanz der Männer sowie die Unterordnung der Frauen gewährleistet (oder gewährleisten soll)" (Connell 1999: 98).*

---

4 Die Unterscheidung der verschiedenen Formen von Männlichkeiten birgt die Gefahr der Vereinfachung in sich. Wichtig zu betonen ist, dass es z.B. nicht eine schwarze Männlichkeit oder eine Mittelschicht-Männlichkeit gibt (Connell 1999: 97).

Als wichtiges Merkmal der hegemonialen Männlichkeit steht die eigene Heterosexualität und die Abwertung bzw. Diskriminierung von Homosexualität (Heißenberger 2008: 22; Lehnert 2006: 87; Meuser; Scholz 2005: 214). Hervorzuheben ist, dass diese Männlichkeit nicht als ein unveränderliches Bild zu sehen ist, sondern eine in der jetzigen Zeit akzeptierte Strategie verkörpert. So ist die hegemoniale Männlichkeit permanent in Frage gestellt (Lehnert 2006: 87). Ebenfalls müssen die offensichtlichsten Vertreter dieser Männlichkeit nicht auch die mächtigsten Männer sein. Es können ebenso Vorbilder wie Schauspieler oder gar Phantasiegestalten sein. Mächtige Männer können sich durch ihren Lebensstil hingegen weit von der hegemonialen Männlichkeit entfernen (Connell 1999: 98). Wichtiges Kriterium für einen hegemonialen – von Heißenberger als dominant benannten – (Fußball-)Spieler ist, neben der von vornherein als Selbstverständlichkeit angenommenen heterosexuellen Orientierung, seine überdurchschnittliche Leistung. Als Prototyp wird hier von einem Führungsspieler ausgegangen, der für die entscheidenen Spielsituationen zuständig ist und an dem sich der Rest der Mannschaft orientiert. Durch ihr Können und den damit verbundenen Erfolg ihrer Mannschaft stehen die Führungsspieler sowohl für die Fans und die Medien als auch für die eigenen Mitspieler und Funktionäre im Mittelpunkt und heben sich so von anderen Fußballspielern ab. Ebenso setzen sie sich meist mehr als die Mitspieler für den Erfolg der Mannschaft ein, wobei die eigene Schmerzgrenze dabei auch mal verdrängt werden kann (Heißenberger 2008: 137).

Als Vertreter der hegemonialen Männlichkeit beziehungsweise als ein Vertreter des dominanten Spielers kann hier exemplarisch Michael Ballack genannt werden[5], der oftmals eine überdurchschnittliche Leistung abgerufen hat. Ebenso ist beziehungsweise war er als Kapitän für die Nationalmannschaft von immenser Bedeutung (auch bei der WM 2010 wäre er ohne seine Verletzung als Kapitän und Spielmacher eingesetzt worden). Er hat viele Fans, wird von seinen Mitspielern respektiert und steht oft in einem medialen Interesse (unter anderem auch durch Werbespots).

Komplizenhafte Männlichkeit

Die hegemoniale Männlichkeit steht jedoch vor dem Problem, dass nur eine recht kleine Gruppe von Männern dem Muster vollständig entspricht. Daher werden Männer, die die hegemoniale Männlichkeit nicht darstellen bzw. repräsentieren, aber dennoch mit ihr in Verbindung stehen, von Connell der komplizenhaften Männlich-

---

5 Methodisch betrachtet, stellt die Zuordnung von „Idealtypen" an reale Menschen eine heikle Angelegenheit dar. Daher sollen die genannten Spieler lediglich eine gewisse praktische Vorstellung von der jeweiligen Männlichkeit wiedergeben und keinesfalls als der hegemoniale, komplizenhafte, untergeordnete oder marginalisierte Mann gelten. Nichtsdestotrotz hat Connell selbst deutlich gemacht, dass auch Vorbilder oder Phantasiegestalten, wie Schauspieler oder Filmrollen, Vertreter der hegemonialen Männlichkeit sein können. Daher hat sich die Verfasserin dazu entschlossen, die beschriebenen Männlichkeiten beispielhaft auch auf Fußballspieler zu beziehen.

keit zugeordnet. Für sie ist „die hegemoniale Männlichkeit mehr eine normative Orientierungsfolie denn verkörperte Realität" (Heißenberger 2008: 22). Sie ziehen aus der Vorherrschaft der hegemonialen Männlichkeit ihren Nutzen, da sie an der „patriarchalen Dividende" (Connell), die der hegemonialen Männlichkeit durch die Unterdrückung der Frauen zuteil wird, teilhaben können. Neben Achtung, Ansehen, Befehlsgewalt sowie Erfolg und Macht bedeutet dies ebenso einen materiellen Zugewinn (Connell 1999: 98ff.). Schließlich liegt das Durchschnittseinkommen bei den Männern immer noch wesentlich höher als bei den Frauen.

Die meisten Profispieler können, da sie nicht dem dominanten Führungsspieler entsprechen, jedoch mit ihm in Verbindung stehen und ebenso am Erfolg seines Spiels teilhaben, der komplizenhaften Männlichkeit zugeordnet werden. „Sie sind die notwendigen Bausteine, damit der Mannschaftssport Fußball funktioniert und stehen etwas im Schatten der Führungsspieler" (Heißenberger 2008: 136). Diese Spieler, die mit guten durchschnittlichen fußballerischen Fähigkeiten ausgestattet sind, versuchen laut Heißenberger durch ein hartes Zweikampf- oder durch ein übermäßiges Abgrenzungsverhalten gegenüber Frauen und homosexuellen Männern ihren Platz im oberen Teil der Mannschaft zu finden (Heißenberger 2008: 136). Da Heißenberger seine Ergebnisse aus einer Feldforschung mit zwei Fußballmannschaften aus der Amateurliga bezieht, kann zwar der Großteil der Nationalmannschaft unter der komplizenhaften Männlichkeit subsummiert, jedoch das Zweikampf- und vor allem Abgrenzungsverhalten der Nationalspieler nicht bewertet werden. Zum einen gibt es keinen Spieler, der extrem durch sein aggressives Zweikampfverhalten auffällt, zum anderen wird das Abgrenzungsverhalten oftmals nur in einem kleinen Rahmen offen gezeigt, so dass hier kein exemplarischer Spieler genannt werden kann. Wenn ein Spielmacher seine Mannschaft zum Sieg führt, bekommen auch die anderen Spieler, die der komplizenhaften Männlichkeit angehören, Anerkennung und finanzielle Mittel. So nehmen sie auch an der patriarchalen Dividende teil.

Untergeordnete Männlichkeit

Der Soziologe Meuser führte auf Grundlage des von Bourdieu geprägten Habituskonzepts – worunter „er allgemein die Summe aller Dispositionen sozialer Akteure" (Heißenberger 2008: 24) verstand – den Begriff des geschlechtlichen Habitus ein. Gemeint ist, „dass die Angehörigen einer Geschlechterkategorie gemäß einem Prinzip handeln, das für diese, nicht aber für die andere Geschlechtskategorie Gültigkeit hat" (Meuser 2006a: 117) bzw. dass „die soziale Existenz eines Geschlechts […] an einen spezifischen Habitus gebunden [ist, Anm. d. Verf.], der bestimmte Praxen generiert und andere verhindert" (Meuser 2006a: 117). Ähnliches schreibt Heißenberger in seiner Arbeit, wobei er sich auf Bourdieus Werk bezieht:

„Als Mann befindet man sich von vornherein in einer privilegierten Po-
sition, welche gleichzeitig aber auch Verpflichtungen durch die Männ-
lichkeit selbst mit sich bringt, wie sich den ernsten Spielen zu widmen
und seine Männlichkeit ständig zu beweisen." (Heißenberger 2008: 25)

Tanja Walther geht ebenfalls davon aus, dass die Menschen durch „die über Jahrhunderte entstandene gesellschaftliche Vorstellung von Weiblichkeit und Männlichkeit" (Walther 2006: 5) geprägt werden, so dass bestimmte Verhaltensweisen und Eigenschaften auf ein bestimmtes Geschlecht reduziert werden. Männlichkeit steht demnach unter anderem für Mut, Durchsetzungskraft und Aktivität, Weiblichkeit eher für Schwäche, Zurückhaltung und Einfühlsamkeit. Wer diesem Ideal nicht entspricht, ist zumeist unbeliebter und, so Schollas (2009), wird im Fußball mehr als seine Kameraden für die Misserfolge seines Teams verantwortlich gemacht. Anders gesagt: Wenn ein Sportler „weibliche" Verhaltensweisen zeigt, wird dies als Schwäche angesehen. Dies bringt uns auf die von Connell beschriebene und geprägte untergeordnete Männlichkeit.

„Hegemonie bezieht sich auf kulturelle Dominanz in der Gesellschaft
insgesamt. Innerhalb dieses umfassenden Rahmens gibt es aber spezi-
fische Geschlechterbeziehungen von Dominanz und Unterordnung zwi-
schen Gruppen von Männern." (Connell 1999: 99)

Connell sieht vor allem die Dominanz heterosexueller Männer gegenüber homosexuellen Männern in der heutigen Gesellschaft als eines der wichtigsten Unterordnungs- sowie Dominanzverhältnisse an. Die Homosexualität wird als Angriff auf die Heteronormativität wahrgenommen, so dass die homosexuelle Männlichkeit im unteren Bereich der Männlichkeitshierarchie ihren Platz findet. Ebenso können heterosexuelle Männer, die der hegemonialen Männlichkeit nicht entsprechen, aus dem „Kreis der Legitimierten" (Connell 1999: 99) ausgeschlossen werden. Sie werden mit dem Weiblichen gleichgesetzt, was sich auch durch die Beleidigungen, die eine symbolische Nähe zum Weiblichen verdeutlichen soll, feststellen lässt.

Ein homosexueller Spieler ist in den Profiligen öffentlich nicht vorzufinden. Exemplarisch könnte allerdings Andreas Möller, der als heterosexueller Spieler in seiner Karriere durch als weiblich attribuiertes Verhalten aufgefallen ist, herangezogen werden. Obwohl er von 1988 bis 1999 in der Nationalmannschaft spielte und sogar viermal als Kapitän antreten durfte, wurde er von den Fans und von den Medien als „Heulsuse" tituliert. Titelüberschriften wie „Heulsuse Möller mimt den Harten" (Spiegel Online 2002) und „Heulsuse Möller kämpft um guten Ruf" (Büse 1999) stellten in seiner Karriere nichts Außergewöhnliches dar. Möllers Spitzname lautete zudem Heintje, zurückzuführen auf den Schlagerstar Heintje, welcher durch die Single „Mama – du wirst doch nicht um deinen Jungen weinen" bekannt wurde. Ebenso wurde er von den gegnerischen Fans aus der Kurve mit winkenden Taschentüchern begrüßt (Müller 2009). Andreas Möller wurde also trotz guter Leistungen von den Fans hegemonialer Männlichkeit untergeordnet, da er durch seine „Tränen" als zu weiblich galt. Er entsprach nicht dem Idealbild der hegemonialen Männlichkeit, sondern zeigte „Schwächen". Dies wurde als unmännlich angesehen, so dass Möller von den Fans und den Medien in dem unteren Bereich der Männerhierarchie angesiedelt wurde.

Marginalisierte Männlichkeit

Als letzte Männlichkeit benennt Connell die marginalisierte. Marginalisierung bezeichnet den Prozess der Randgruppenbildung bzw. das Gedrängt werden an den Rand (margin) der Gesellschaft und wird von Connell benutzt, um die „Beziehungen zwischen Männlichkeiten dominanter und untergeordneter Klassen oder ethnischen Gruppen zu beschreiben" (Connell 1999: 102). Berücksichtigt wird hierbei die Interaktion zwischen dominanten Männlichkeiten mit anderen Strukturen, wie Klasse oder ethnischen Gruppen. Da den Männern, die der marginalisierten Männlichkeit angehören, soziale, habituelle und ökonomische Grundlagen fehlen, haben sie nicht die Möglichkeit, jemals der hegemonialen Männlichkeit anzugehören. Und obwohl Sportler, die beispielsweise aufgrund ihrer Nationalität oder ihrer Ethnie der marginalisierten Männlichkeit zugeordnet werden, ein Vorbild für die hegemoniale Männlichkeit darstellen könnten, werden dadurch andere Männer der gleichen Nationalität oder Ethnie nicht besser von der Bevölkerung wahrgenommen, so dass sie stets der marginalisierten Männlichkeit angehören (Heißenberger 2008: 23; Connell 1999: 101).

Hier sei exemplarisch und zur besseren Verdeutlichung der Nationalspieler Mesut Özil zu nennen, der durch seinen türkischen Hintergrund (sein Vater war als kleines Kind nach Deutschland ausgewandert) der marginalisierten Männlichkeit angehört. Und obwohl er vor allem seit der Weltmeistermeisterschaft in Südafrika für viele als ein wichtiger Spieler für Deutschland angesehen wird, werden andere Männer, die ebenfalls türkische Wurzeln und einen deutschen Pass haben, nicht anders wahrgenommen.

Die Homophobie ist, wie ausgeführt, ein zentrales Kriterium hegemonialer Männlichkeit. Wie verhält es sich dann mit der Homoerotik? Auch diese Ausdrucksform ist ein brisantes Thema im Fußballsport.

3.2 Legitimierte Homoerotik im Fußball

Nach einem erzielten Tor stellen Umarmungen zwischen Männern eine Normalität dar. Sie springen sich an, fallen übereinander her und küssen sich. Einen Klaps auf den Po während des Spiels gehört auf dem Platz ebenso dazu. Sowohl die Spieler als auch die Fans zeigen während des Spiels eine emotionale und körperliche Nähe zueinander. Dieses Verhalten wird nicht in Frage gestellt – es ist eben nichts Ungewöhnliches. Aber warum ist das in dem geschützten Raum des Fußballstadions möglich und wird nach dem Spiel nicht mehr legitimiert? Warum wird die gezeigte Körperlichkeit nicht wie in anderen gesellschaftlichen Sphären als Homosexualität interpretiert, sondern ist erlaubt und sogar erwünscht? Die Frage nach den Gründen der legitimierten Homoerotik im Fußball wird in der Literatur eher nur diffus oder vorläufig beantwortet, so dass nicht viele Erklärungsansätze vorhanden sind bzw. ausführlich ausgearbeitet wurden. Auf zwei Ansätze, die sich in der Literatur finden, sei jetzt Bezug genommen.

Fußballerische Kräfte der Vermännlichung

Dass in den Stadien verschiedene Verhaltensweisen ausgelebt werden können, ohne dass dies als unmännlich gilt, wird von einigen Autoren den „fußballerischen Kräften der Vermännlichung" zugeschrieben. Ein Mann wird, wie erwähnt, von vornherein als heterosexueller Mann wahrgenommen. Diese automatische Zuweisung würde jedoch bei engem gleichgeschlechtlichem Körperkontakt in der Öffentlichkeit aufgehoben werden. Der Fußball erdet die Männer jedoch zusätzlich als männlich. Durch die so genannten fußballerischen Kräfte der Vermännlichung dürfen im Fußball neben dem engen Körperkontakt auch die unterschiedlichsten Männlichkeiten ausgelebt werden. Laut Heißenberger schafft es der Fußball „unterschiedliche Männer und damit Männlichkeiten männlich zu machen" (Heißenberger 2008: 109). Dies erklärt auch, warum „Beckham in der femininen Welt der Popszene zwar präsent ist, aber nie in ihr aufgeht" (Böhnisch 2003: 230) – er ist über den Fußball als männlich geerdet[6]. Die knappe wie simple Formel lautet: „Fußball ist männlich, also sind Fußballer auch männlich" (Heißenberger 2008: 109). Durch diese Erdung ist auch die Homoerotik im Stadion möglich (Sülzle 2005: 181f.; Heißenberger 2008: 109; Meuser 2008: 121; Brändle/ Koller 2002: 231). Ebenfalls zeichnen sich die Fußballstrukturen durch eine strikte De-Sexualisierung aus, so dass jede gedankliche Verbindung mit homosexuellem Begehren von vornherein abgewendet wird. Der Fußball trennt die Körperlichkeit von der Sexualität, so dass homoerotische Körperkontakte im Fußball nicht als homosexuelle Verhaltensweisen angesehen werden. Eine solche Abgrenzung würde jedoch ohne Rasen und Trikot nicht mehr funktionieren (Obergföll 2009; Heißenberger 2008: 132).

Kameradschaftsideal

Connell beschreibt, dass Männer in einer patriarchalen Welt leben, wo ihnen keine bzw. kaum Gefühle zugestanden werden. Männer haben folglich kaum Räume, wo

---

6 Ohne diese Erdung wäre Beckham wohl auch ein Idol geworden, allerdings kein männliches.

sie legitim ihre positiven sowie negativen Gefühle ausleben dürfen. Es konstruiert sich in der patriarchalen Welt „ein Geschlecht ohne Emotionen" (Kreisky 2006: 32). Als Gegengewicht braucht es daher Männerreservate, in denen es Männern noch erlaubt ist, ihre echte männliche Leidenschaft auszuleben (Connell 1999: 107; Kreisky 2006: 32f.). Ein solches Männerreservat ist der Fußballplatz. Durch das in den Männerreservaten vorherrschende Kameradschaftsideal wird die alltägliche Homoerotik in der Literatur als männlich begründet. Kameradschaft gilt im Stadion als Schlagwort. Spieler untereinander und die Fans sollen sich gegenseitig als Kameraden wahrnehmen bzw. einander Kameraden sein (Schollas 2009: 12f.; Kreisky 2004: 47; Sülzle 2005:178). Blaschke spricht beim Fußball ebenfalls von einer „kumpelhaften, asexuellen Haltung" (Blaschke 2008b: 30).

Kameraden sind also „nur" platonische (enge) Freunde und keine Liebhaber, unter Kameraden darf und kann Homosexualität folglich nicht vorkommen. Deshalb gehören auch die Homoerotik in den Stadien, die Umarmungen und die Küsse bei einem Sieg oder nach einem Tor zur Fußballwelt, um die Verbundenheit und Treue unter Kameraden zu vermitteln. Sie werden als Beweis von Teamgeist und/oder Männlichkeit akzeptiert und nicht als homosexuelle Orientierung wahrgenommen. Außerhalb des Stadions bzw. der Fußballeuphorie sind Männern in der Regel solche Verhaltensweisen nicht erlaubt und werden als „unmännliches Verhalten" abgetan (Schollas 2009: 12f.; Heißenberger 2008:106f.).

4 Gründe für die Homophobie im Fußball

Auf Grundlage der skizzierten Erklärungsansätze werden im Folgenden die möglichen Gründe der Homophobie aufgezeigt. Auffällig ist, dass Homosexualität weiterhin im Fußball verpönt ist, jedoch Homoerotik dazu gehört und Umarmungen sowie Küsse als normal gelten. Also warum scheint es so schwer zu sein, Homosexuelle zu integrieren bzw. sichtbar zu machen und sie nicht totzuschweigen und/oder zu diskriminieren?

Eine mögliche Bedrohung der männlichen Geschlechtsidentität
Da der Fußball jahrzehntelang als Arbeitersport nur von Männern und deren Sichtweisen beherrscht wurde, scheinen andere Lebensweisen nicht hinein zu passen. Sie sind fremd und lösen somit auch gewisse Ängste aus. Dem Fremden wird dann zumeist intolerant und sogar aggressiv begegnet.

Und da der Fußball viel mit Körperlichkeit zu tun hat, werden hier vor allem Homosexuellen und deren Lebensweisen bestimmte Ängste entgegengebracht (Lück/ Schäfer 2004). Nach Schollas (2009:2) wird Homosexualität als „Bedrohung für die männliche Geschlechtsidentität der Spieler und Zuschauer in einem Sport, in dem Männlichkeit das Fundament des Spiels schlechthin zu sein scheint" (Schollas

2009: 2) wahrgenommen. Homosexuelle Spieler würden zudem die oben beschriebenen fußballerischen Kräfte der Vermännlichung sowie das vorherrschende Kameradschaftsideal zerstören. Würden sich homosexuelle Spieler outen, würden die anderen Profis nicht mehr „automatisch" als heterosexuelle Männer identifiziert, die fußballerischen Kräfte der Vermännlichung also nicht mehr gelten. Auch wäre das Kameradschaftsideal, das in Männerbünden vorherrscht, infrage gestellt (Kreisky 2004: 94; Lizas Welt 2008). Daher zeichnen sich „Männerbünde durch ausgeprägte Homophobie aus. Homophobes Klima diszipliniert Männer, keine zu engen Beziehungen in der Männergesellschaft auszubilden" (Kreisky 2004: 94).

Ein homosexueller Spieler würde folglich die Homoerotik in einem ganz anderen Licht erscheinen lassen. Da für viele Menschen Homosexualität auch immer etwas mit dem Ausleben der Sexualität zu tun hat, wird eine Verbindung mit dem eigentlichen Sport und der Sexualität hergestellt. So wird Homosexuellen unterstellt, Begehren und Erotik im Spiel ausleben zu wollen. Bei homosexuellen Männern wird gar von einer Wesensverschiedenheit ausgegangen: „Schwule interessieren sich nicht für das Spiel, sondern lediglich für die Körper der Spieler und haben keine Ahnung vom Regelwerk" (Walther 2006: 16). Foucault bringt es auf den Punkt: „Nichts von all dem, was er ist, entrinnt seiner Sexualität" (Foucault 1977 zitiert nach Heißenberger 2008: 70). Anders als die Heterosexualität wird die Homosexualität „automatisch" mit „ausgelebter Sexualität oder dem unaufhaltsamen Drang, dies immer und überall zu tun, assoziiert" (Eggeling 2010).

Jeder Körperkontakt eines homosexuellen Spielers würde somit als „Anmache" angesehen werden. Die Homoerotik unter den Spielern und auch unter den Fans müsste folglich anders wahrgenommen werden. Nur solange die „automatisch" auferlegte Heterosexualität jedes einzelnen Spielers unangefochten bleibt, ist die Homoerotik in den Stadien und auch abseits des Platzes möglich. Dies, so die Literatur, ist einer der Hauptgründe für die Homophobie.

Zurschaustellung und Abgrenzung

Ein weiteres Erklärungsmuster besagt, dass durch die Homophobie eine Abgrenzung von der Zurschaustellung der eigenen, „richtigen" Männlichkeit vollzogen wird. Um „latente und manifeste (homo- und hetero-)sexuelle Handlungen in Männerbünden oder männlich dominierten Organisationen" (Kreisky 2004: 94) nicht als Homosexualität deuten zu können, sind unter anderem Abwertung und Ausschluss von Homosexuellen sowie die Bestärkung der Heterosexualität notwendig. Klaus Walter spricht daher von einer „heteronormativen Selbstvergewisserung" (Walter 2006: 104).

„Homosexuelle (...) werden als ‚die anderen' konstruiert, die als Gegenbilder bzw. Komplementärfiguren ‚hegemoniale Männlichkeit' des Männerbunds widerzuspiegeln vermögen." (Kreisky 2004: 94)

In den Männerbünden ist folglich eine ausgeprägte Homophobie vorhanden. Da der Fußball sich zudem durch Charaktereigenschaften wie Stärke, Mut sowie Härte und Disziplin auszeichnet, sei hier kurz auf den geschlechtlichen Habitus verwiesen. Gewisse Eigenschaften werden einem bestimmten Geschlecht zugeordnet. Während die Charaktereigenschaften Schwäche, Zurückhaltung und Einfühlsamkeit eher dem weiblichen Geschlecht zugeordnet werden, erscheinen die oben genannten Eigenschaften vielmehr als männliche Wesenszüge. Wer dann dem männlichen Bild nicht entspricht, wird, wie bereits bei der unterdrückten Männlichkeit beschrieben, für verweiblicht gehalten und dementsprechend abgewertet. Homosexuelle Männer werden demnach weibliche Attribute nachgesagt, sie weisen eine „defizitäre Männlichkeit [auf], welche mit dem Fußball innewohnende Härteanforderungen gegenüber sich selbst und dem Gegner nicht kompatibel" (Heißenberger 2008: 65) zu sein scheint. Homosexuelle Männer müssen folglich für die Zuschaustellung der eigenen Männlichkeit und zur Abgrenzung herhalten (Heißenberger 2008: 65f.; Connell 1999: 60; Meuser 2006b:167f.; Schollas 2009: 12).

Zusammenfassend gesagt, dient:

> *„Homophobie mit ihren unterschiedlichen Ausdrucksformen und sozialen Verhaltensweisen (...) dazu, (...) das System der Heterosexualität zu stabilisieren und alle anderen Arten von Sexualität und Lebensformen als unnatürlich oder krank zu stigmatisieren" (Walther 2006: 7).*

Die Abwertung von Homosexualität gilt bei hegemonialer Männlichkeit als ein zentrales Merkmal. Da die hegemoniale Männlichkeit eine Idealvorstellung bzw. ein ideologisches Leitbild darstellt, übernimmt auch die komplizenhafte Männlichkeit dieses Merkmal.

Kulturelle Logik im Fußball

In der Literatur ist auch von Homophobie als Teil kultureller Logik im Fußball die Rede. Hierbei wird die Homophobie nicht als Diskriminierung wahrgenommen, sie habe sich „so weit eingebürgert, dass ihre Bedeutung nicht weiter hinterfragt wird" (Schwenzer o. J.). Homophobe Äußerungen bzw. Beleidigungen werden also oftmals nicht als Diskriminierung wahrgenommen (hier ist von der indirekten offenen Homophobie die Rede) und somit auch nicht als Homophobie erkannt. Den Gegner als „schwul" zu beschimpfen, wird oftmals weder als Ausgrenzung angesehen, noch sanktioniert, sondern als normal wahrgenommen. „Die an sich semantisch neutrale Bezeichnung wird als Abwertung der gegnerischen Fans benutzt, die schon in die Alltagssprache übergegangen ist" (Schwenzer o. J.). Ebenso ist ein schwach gespielter Pass ein schwuler Pass und ein zögerlicher Zweikampf ein schwuler Zweikampf. Diese und ähnliche homophobe Beleidigungen werden ohne Hintergedanken auch schon im Nachwuchsbereich benutzt (Walter 2006: 8, 104; Blaschke 2008b: 30f.; Schwenzer o. J.).

Während also Fremdenfeindlichkeit und Rechtsextremismus in den Stadien als Diskriminierung wahrgenommen werden, sieht dies bei Homophobie zumeist anders aus. Homophobe Fangesänge stellen in den Stadien nichts Ungewöhnliches dar. Die vom Bundesinstitut für Sportwissenschaften beauftragte Studie „Die Wandlungen des Zuschauerverhaltens im Profifußball - Notwendigkeiten, Möglichkeiten und Grenzen gesellschaftlicher Reaktion"[7] spricht von einer Hierarchie der Diskriminierungen. Obwohl Fremdenfeindlichkeit und Rechtsextremismus in der Hierarchie weit oben angesiedelt sind, sind Homophobie und Sexismus, die am unteren Ende der Hierarchie ihren Platz finden, in den Stadien verbreiteter (Pilz u.a. 2006: 12f.). Schwenzer interviewte zu diesem Thema einen Fan und fand heraus, dass die Erniedrigungen bzw. Beleidigungen an bestimmten „Schwachstellen" des jeweiligen Gegners festgemacht werden. Der Fan gab an, dass ein schwarzhäutiger Spieler von den gegnerischen Fans als „scheiß Schwarzer" beschimpft wird; wenn ein Spieler abstehende Ohren hätte, würde man ihn als „scheiß Segelflieger" beschimpfen. Eine „Schwachstelle" wird also analog zu anderen körperlichen Mängeln gesetzt (Schwenzer o. J.). Damit knüpft man an gesellschaftliche Ungleichheitsdiskurse an – die Bezeichnung als schwarz, Jude, schwul, Zigeuner, Asylant funktioniert u.a. deshalb als Beschimpfung, weil dies eine Chiffre für einen niederen gesellschaftlichen Status darstellt, der mit ethnischer Herkunft oder sexueller Orientierung verbunden wird (Schwenzer o. J.).

Fußball als freie Zone

Zudem scheinen im Fußball bzw. im Fußballstadion andere Regeln zu gelten als etwa in anderen gesellschaftlichen Bereichen. Viele Äußerungen und Verhaltensweisen werden in den Stadien bzw. im Fußballkontext toleriert. „Es gibt einen bewussten Verstoß gegen die bürgerliche Moral bzw. bestimmte tabuisierte Beschimpfungen" (Schwenzer o. J.). Im Stadion können sich die Fans „gehen lassen, obszön, vulgär und eben auch rassistisch und sexistisch sein" (Schwenzer o. J.). Viele Äußerungen, die im Alltag nicht toleriert werden, sind in den Fußballstadien erlaubt. Heißenberger spricht hier von einer „free zone, in der die Regeln des Alltags keine (große) Rolle spielen" (Heißenberger 2008: 109). Soziale Normen, die in der Alltagswelt gelten, dürfen übertreten werden. Wenn sich also Personen homophob äußern, zieht dies zumeist keine Sanktionen nach sich. Die Hürde, sich homophob zu äußern, liegt daher recht tief. Im Alltag wiederum würden sich die meisten nichts dergleichen von sich geben, da eine solche Äußerung in den meisten Fällen sanktioniert werden würde;

---

7 Das Bundesinstitut für Sportwissenschaften präsentierte 2006 die Studie „Die Wandlungen des Zuschauerverhaltens im Profifußball - Notwendigkeiten, Möglichkeiten und Grenzen gesellschaftlicher Reaktion". Unter anderem befassten sich dabei zwei der Forschenden mit dem fremdenfeindlichen, rassistischen und rechtsextremen Zuschauerverhalten (Pilz u.a. 2006).

die Hürde im Alltag liegt somit weitaus höher. Gestützt wird die These von einer repräsentativen Umfrage des Gewaltforschers Wilhelm Heitmeyer. Hierbei wurden 2006 3.000 Menschen telefonisch unter anderem über ihre Einstellung gegenüber Rassismus, Antisemitismus und Homophobie befragt. 21,8 Prozent der Befragten gaben an, dass sie Homosexualität für unmoralisch halten. Homophobie ist folglich auch in anderen Bereichen der Gesellschaft ein Problem und nicht nur im Fußball (Blaschke 2008b: 30f.). Allerdings ist sie im Fußball vermehrt anzutreffen, da durch die „free zone", in der sich die Fans und auch die Spieler bewegen können, Sanktionierungen ausbleiben. Bestimmte Aussagen und Wörter werden so schneller als in anderen gesellschaftlichen Räumen ausgesprochen. Auch „spielen Anonymität und Massen eine wichtige Rolle, wenn es um den Ausdruck von Frustration und Ressentiments geht" (Blaschke 2008b: 30f.).

5 Empirische Aussagen zur Homosexualität im Fußball

Offiziell gibt es im deutschen Profifußball keine homosexuellen Spieler. Fußball und Homosexualität gelten immer noch als unvereinbar. Verschiedene Statistiken und Schätzungen, die sich mit dem Thema Homosexualität (in Deutschland) beschäftigten, stützen diese Unvereinbarkeit jedoch nicht. Im Gegenteil: Laut Statistik ist es eine Unmöglichkeit, keine Homosexuellen im Fußball vorfinden zu können. Dem Journalisten Bogena zufolge ergeben Schätzungen in Deutschland rund zehn bis fünfzehn Prozent homosexuelle Männer (Bogena 2007). Tatjana Eggeling geht davon aus, dass fünf bis zehn Prozent in der Gesellschaft homosexuell seien (Schollas 2009: 15f.). Der Autor Hungermann spricht ebenfalls von fünf bis zehn Prozent, bezieht dies aber, wie der Journalist Bogena, auf die deutschen Männer (Hungermann 2009) ebenso wie Blaschke, der sich den Zahlen von Hungermann anschließt (Blaschke 2008b: 10). Tanja Walther gibt an, dass fünf bis zehn Prozent der Bevölkerung statistisch gesehen bi- oder homosexuell seien (Walther 2006: 6). Heißenberger spricht hier von ca. vier Prozent (Heißenberger 2008: 62).

Zusammenfassend: In Deutschland sind den meisten Schätzungen zufolge fünf bis zehn Prozent der Männer homosexuell. Die variierenden Angaben können dabei laut Heißenberger durch die gesellschaftliche Brandmarkung von gleichgeschlechtlichem Begehren entstehen, so dass die Befragten eventuell nicht immer ehrlich geantwortet haben (Heißenberger 2008: 62). Dass es also im Fußball keinen einzigen homosexuellen Mann geben soll, ist statistisch gesehen sehr unwahrscheinlich. Heißenberger verweist auf vier Spieler[8], die sich während ihrer aktiven Zeit outeten oder

---

8 Insgesamt gibt es laut Literatur fünf Spieler – die Bedeutung bzw. Aussage des Satzes wird dadurch jedoch nicht beeinträchtigt.

auch erst nach ihrer Karriere ihr Coming Out hatten bzw. geoutet wurden. Diese geringe Anzahl, so Heißenberger, ist in der 160-jährigen Fußballgeschichte statistisch gesehen unmöglich (Heißenberger 2008: 62). Daher veranschlagt auch Bogena einen schwulen Spieler in jeder deutschen Fußball-Profi Mannschaft (Bogena 2007). Tanja Eggeling kommt bei einer Hochrechnung sogar auf zwei bis drei Teams (Schollas 2009: 15f., Fn 40). Der Journalist Krull gibt an, dass mindestens jeder 20. Fußballprofi homosexuell sei, so dass auch er bei einer Hochrechnung auf zwei homosexuelle Teams in der Bundesliga kommt (Krull 2007). Ein interviewter Spieler verrät, dass ihm drei homosexuelle Bundesliga-Profis bekannt seien (Bogena 2007). Auch die Journalisten Lück und Schäfer sprechen statistisch gesehen von mindestens drei Bundesligavereinen (Lück/Schäfer 2007). Tanja Walther gibt an, dass in jeder europäischen Profiliga statistisch bis zu zwei homosexuelle Teams spielen müssten (Walther 2006: 9). Blaschke gibt allerdings zu bedenken, dass der Anteil der homosexuellen Spieler in den oberen Spielklassen geringer sein dürfte, da viele dem Druck nicht standhalten könnten und daher ihre Karriere schon in den Nachwuchsteams beenden (Blaschke 2008b: 10). Tanja Walther spricht ebenfalls von einer Selektion. Das System Fußball mit seinen Strukturen sortiere die Homosexuellen aus. Da viele den Druck und die Diskriminierungen nicht aushalten können und daher mit dem Fußball wenig kompatibel sind, schafften es homosexuelle Spieler selten in die Profiligen und/ oder beendeten ihre Karriere schon früh (Walther 2006: 10).

Das nun folgende Kapitel befasst sich ausführlich mit dem Thema Coming Out und zeigt unter anderem die möglichen Konsequenzen bei einem Coming Out auf; aber auch die Folgen bei dem Versuch, ein Doppelleben aufrechtzuerhalten.

6   Das Coming Out homosexueller Fußballspieler

6.1   Einzelbeispiele

Obwohl den soeben vorgestellten Angaben zufolge fünf bis zehn Prozent der Männer in Deutschland homosexuell sind und daher davon auszugehen ist, dass auch im Profifußball aktive homosexuelle Spieler vorhanden sind, gibt es bis heute keine aktiven Spieler in den Regional- und/oder Bundesligen, die sich offiziell zu ihrer Homosexualität bekennen. Auch in den europäischen Profiligen hatte bislang noch kein Spieler sein Coming Out (Schollas 2009: 1f.). Allerdings gab es in der Vergangenheit durchaus Spieler, die zu ihrer Homosexualität gestanden haben bzw. geoutet wurden: Heinz Bonn, der bis zu seinem Mord seine Homosexualität verbarg, Marcus Urban, der in den 90er Jahren aufgrund seiner Homosexualität seine Profikarriere beendete, Justin Fashanu, der sein Coming Out an die Boulevard-Presse verkaufte und sich acht Jahre danach selbst umbrachte und Marcos Vampeta und Túlio Maravilha, die

sich nach dem Ende ihrer europäischen Fußballkarriere gemeinsam zu ihrer Homosexualität bekannten.

- Der Profifußballer Heinz Bonn spielte in den 70er Jahren beim
  Hamburger SV. 1991 wurde er von einem Strichjungen ermor-
  det. Post mortem kam seine Homosexualität an die Öffentlichkeit.
  Heinz Bonn ist somit der erste und bisher einzige deutsche Profispieler, der geoutet wurde (Walther 2006: 10; DSF Reportage I;
  Blaschke 2008b: 30f.)
- Marcus Urban, der in den 80ern ein großes Talent in der DDR war,
  gab an, dass er schon immer Fußballprofi werden wollte. Er be-
  suchte die berühmte Kinder- und Sportschule in Erfurt, war Ju-
  gendnationalspieler, spielte bei Rot-Weiß-Essen und stand kurz da-
  vor in die zweite Bundesliga aufzusteigen. Mit Anfang 20 hielt er
  das Versteckspiel nicht mehr aus und verließ die Liga. Heute spielt
  er in einer Schwulenmannschaft (DSF Reportage I).
- Justin Fashanu, Profifußballer aus England und englischer Junioren
  Nationalspieler von Nottingham Forrest, bekannte sich als erster
  und bisher einziger europäische Fußballprofi zu seiner Homosexualität. Im Jahr 1990 verkaufte er sein Coming Out für 80.000 Pfund
  an die englische Boulevardpresse. Der Manager von Nottingham
  Forrest Brain Clough erfuhr von seiner Homosexualität und kün-
  digte dem Profispieler. Zudem wurde er nach seinem Coming Out
  von allen Seiten kritisiert. Der Engländer beging acht Jahre nach
  seinem Coming Out Suizid. Ob er dies wegen Diskriminierungen
  tat oder wegen der ihm angehängten Vergewaltigungsklage ist nicht
  geklärt (Walther 2006: 10; Dembowski 2002: 145; DSF Reportage
  I; Blaschke 2008b: 26f.).
- Die erfolgreichen brasilianischen Spieler Marcos Vampeta und
  Túlio Maravilha haben sich vor wenigen Jahren gemeinsam geoutet. Vorher beendeten sie jedoch ihre europäische Fußballlaufbahn
  und sind in die brasilianische Fußballliga zurückgekehrt (Schollas
  2009: 1f.).

Ähnlich sieht dies aus bei Schiedsrichtern. Der erste Profischiedsrichter, der sich
outete, war John Blankenstein. Er bekannte sich in den achtziger Jahren öffentlich
zu seiner Homosexualität. Daraufhin bekam der Niederländer Morddrohungen und
wurde auch von seinen Schiedsrichterkollegen ausgegrenzt. 1990 verweigerte der
Weltverband FIFA dem Schiedsrichter die Teilnahme an der WM, da ein Funktionär
den Schiedsrichter in seinem FIFA-Anzug in einer Schwulenbar gesehen hatte. Auch

wurden im Jahr 1992 vor seinem Einsatz in einem Länderspiel von England von dem englischen Boulevardblatt Daily Mirror mit der Überschrift „Tonight's referee is gay" Verhaltensregeln für die Spieler aufgestellt. Zwei Jahre später wurde ihm das Champions League Finalspiel AC Mailand gegen den FC Barcelona von der UEFA entzogen. Da beim FC Barcelona damals viele Niederländer spielten, wäre er nicht in der Lage gewesen, unparteiisch zu sein, so die Begründung (Blaschke 2008b: 32; Lorenz 2010; Lizas Welt 2008). Blankenstein äußerte allerdings in dem Interview mit dem Fußballmagazin RUND, dass er es als homosexueller Schiedsrichter leichter im Profifußball habe als ein homosexueller Spieler, da sowieso alle gegen den Schiedsrichter sind. Da, so Blankenstein, mache es keinen Unterschied, ob man dann auch noch schwul ist. John Blankenstein, der sich für die Gleichberechtigung von Homosexuellen engagierte, starb 2006 an Nierenleiden. Nach seinem Tod wurde er von der österreichischen Fußballzeitschrift Ballesterer als wichtigster Schiedsrichter bezeichnet. Die WDR Reportage „Schwuler Schiri" befasste sich ebenso mit dem Thema und begleitete den Schiedsrichter Hilko. Er äußerte ebenfalls, dass man es als Schiedsrichter bei einem Outing einfacher hätte, da man keinen direkten Körperkontakt zu den Spielern pflege und durch die Rolle des Schiedsrichters immer eine gewisse Distanz wahren müsse. Allerdings gibt er zu bedenken, dass er, wenn er nicht in der Amateurliga pfeifen würde, vorsichtiger mit dem Thema umgehen und vermutlich auch keine Interviews geben würde, da die mögliche Diskriminierung, die potenziell im Raum steht, in den höheren Ligen deutlich höher zu bewerten sei. Dies sieht auch Hans-Jürgen Gurtowski so, ebenfalls ein homosexueller Schiedsrichter. Er glaubt nicht, dass ein Profischiedsrichter heute offen zu seiner Homosexualität stehen kann (Lorenz 2010).

6.2 Konsequenzen bei einem Coming Out – Antworten auf eine Mailumfrage

Von einem Coming Out raten viele Insider und Experten den Betroffenen ab. Die Begründungen sind meist dieselben: die Medien, die Fans, die Gesellschaft. Während von den einen der mediale Druck bei einem Coming Out, das das letzte bestehende Tabu im Fußball zerstören bzw. durchbrechen würde, als zu groß angesehen und daher von einem Coming Out abgeraten wird (unter anderem wird festgestellt, dass bereits jetzt das mediale Interesse sehr hoch ist, da die Presse durch das Thema Leser anlocken und viele Auflagen verkaufen kann), beachten andere auch den Druck, der von Umstehenden erzeugt wird (Schollas 2009: 18; Bogena 2007; Lück/Schäfer 2006a; Blaschke 2008b: 11; Walther 2006: 13). „Die Strukturen des Fußballs mit seinen unterschiedlichen Organisationen und Menschen scheinen für ein Coming-Out noch nicht bereit zu sein" (Walther 2016: 18). Unter anderem wird der Druck von den Vereinen erzeugt, die das Thema Homosexualität im Fußball weiterhin tabuisieren. Der britische Radio-Journalist Williams versuchte 2005 auf verschiedene Fragen zur Homosexualität und Homophobie von den 20 Premier League Vereinen eine Antwort zu bekommen (u.a.: „Warum gibt es keinen offen schwul lebenden Profi? Könnte ein offen lebender schwuler Spieler sich in den Umkleideräumen wohl und sicher fühlen? Ist das eine Frage, um die sich der Fußball kümmern sollte?"). Keiner der 20 Vereine beantwortete seine Fragen. Da der englische Fußballverband eine Vorreiterrolle in der Bekämpfung der Homophobie einnimmt, ist das Ergebnis sehr verwunderlich. Auf die Fragen nach der Sicherheit in den Stadien, die Williams den Vereinen ebenfalls stellte, antworteten indes alle Vereine.

Ähnliche Fragen wie die von Williams wurden im Mai 2010 von der Verfasserin an alle Bundesligavereine, die 2010/2011 in der ersten Bundesliga spielen werden, geschickt. Bis Juni 2010 meldeten sich neun von 18 Vereinen, wovon vier Vereine per E-Mail ausrichteten, dass sie aus zeitlichen Gründen nicht auf die Fragen antworten könnten. Von den verbleibenden fünf Vereinen antworteten vier per E-Mail auf die Fragen. Ein Verein bat um ein Gespräch per Telefon. Obschon sich 50 Prozent der Vereine meldeten, antworteten nur 27,8 Prozent der Bundesligavereine auf die gestellten Fragen. 72,2 Prozent antworteten gar nicht bzw. waren nicht gewillt, die Fragen zu beantworten und sich gegen Homophobie zu positionieren.

Aus diesen Reaktionen entsteht der Eindruck, dass auch in den deutschen Bundesligavereinen das Thema Homophobie tabuisiert und verschwiegen wird, eine verdeckte Homophobie. Diese Diskriminierung macht es Spielern schwer, sich auch in der Öffentlichkeit zu ihrer Homosexualität zu bekennen. Aber auch die Fans zeichnen sich durch sowohl indirekte als auch direkte offene Homophobie aus. Viele Insider sowie ehemalige Trainer und Spieler verweisen auf die Dominanz der gegnerischen Fans, auf deren Sprechgesänge und weiteren Attacken. Hierbei sind neben homophoben Sprechgesängen und Äußerungen auch (offene) ablehnende Aussagen gegenüber homosexuellen Menschen zu nennen.

In der ersten DSF-Reportage zum Thema Homosexualität wurden einige Fans interviewt, um ein allgemeines Stimmungsbild zu erhalten. Die Zitate reichten von Akzeptanz bis Ablehnung. Für viele würde ein homosexueller Spieler kein Problem darstellen, andere wiederum würden dies auf keinen Fall akzeptieren bzw. tolerieren. Ein Zuschauer gibt als Begründung seiner Intoleranz an, dass Schwule keinen Fußball spielen. Auch müsste, wenn es nach einem anderen interviewten Fan geht, ein solcher Spieler sofort aus dem Kader fliegen, da ein Homosexueller einfach nicht dazu gehöre. Ein anderer gibt an, dass er dies nicht akzeptieren wolle, da er prinzipiell etwas gegen homosexuelle Leute habe. Ebenso gehen einige Interviewten, die angaben, kein Problem mit einem homosexuellen Spieler zu haben, bei ihren Antworten sowohl auf die gegnerischen als auch auf die eigenen Fans und deren Intoleranz ein. Die Fans versuchen den Gegner durch seine Schwachstellen zu erniedrigen.

Dies geschieht ohnehin in den Stadien, obwohl es noch keinen geouteten homosexuellen Profi gibt, der wohl eine (weitere) „Schwachstelle" wäre. Die zu erwartenden
Konsequenzen bei einem Coming Out reichen daher von beleidigendem Verhalten
seitens der gegnerischen und auch eigenen Fans über ein enormes mediales Spekta-
kel bis hin zu finanziellen Einbußen, die durch den sinkenden Marktwert oder einen
Vereinsausschluss entstehen könnten. Ein Spieler, der sich offen zu seiner Homosexualität bekennt, würde seine Karriere, für die er gearbeitet hat, aufs Spiel setzen, da
er im Vergleich zu heterosexuellen Fußballern als weniger belastbar gilt. Dies hätte
wiederum den Verlust der Freude an und den Verlust der persönlichen Bindung zum
Fußball zur Folge (Bachner 2009; DSF Reportage I; Lück/Schäfer 2006a; Eggeling
2010; Walther 2006: 7; Schollas 2009: 18; Bogena 2007).

Eine weitere Konsequenz betrifft nicht direkt den homosexuellen Spieler, sondern vielmehr das Umfeld, also auch die Mitspieler. Da die fußballerische Kompetenz nach einem Coming Out nicht mehr zentral wäre, würde ihre Sexualität nach
einem Coming Out ständig hinterfragt werden. Die Heteronormativität im Fußball
wäre in Frage gestellt. „Da ein Outing keine einmalige Sache sei, sondern beständig
wiederholt werden müsse, wenn Menschen aus der Umgebung eine homosexuelle
Beziehung als bloße Freundschaft abtun, sähen sie sich gleichzeitig in ihrer eigenen,
als gefestigt geglaubten, sexuellen Orientierung wiederholt befragt" (Sedgwick 2003
nach Schollas 2009: 15). Tanja Walther geht noch weiter und äußert, dass schon die
Geschlechteridentität bei einem Spieler, der sich mit Homosexuellen sympathisiert,
hinterfragt wird. Daher würden sich auch nur selten Profifußballer, wie etwa Philipp
Lahm, gegen Homophobie aussprechen (Walther o.J. nach Hungermann 2009).

6.3   Doppelleben statt Coming Out

Um die aufgezeigten Konsequenzen nicht spüren zu müssen, entscheiden sich daher die homosexuellen Fußballer neben der freiwilligen Beendigung der Profikarriere (hier sei Marcus Urban als exemplarisches Beispiel genannt) zum Führen eines
Doppellebens. In der Literatur heißt es: „Diese Spieler führen oft ein verzweifeltes
und absurdes Doppelleben zwischen dem Machosport Fußball und den eigenen Be-
dürfnissen" (Walther 2009: 9). Um der Norm und dem Idealbild des heterosexuellen
Sportlers zu genügen und die eigene Sexualität zu verstecken, werden Doppelidenti-
täten mit Frau und Kindern geschaffen (Walther 2006: 9; Lück/Schäfer 2004). Homosexuelle Spieler können sich nicht längere Zeit ohne eine Begleiterin zeigen. Die
Tatsache, dass die Spielerfrauen bei der letzten Weltmeisterschaft mehrmals während des Spiels von der Kamera eingefangen wurden, zeigt, welchen Stellenwert sie
in den Medien einnehmen. Wenn ein Spieler sich folglich nie mit einer Frau sehen
lässt, gerät er unter den Verdacht, homosexuell zu sein (Bachner 2009; Walter 2006:

134). Für einen versteckten homosexuellen Spieler wäre dies ein Alptraum. Damit ein solcher Verdacht erst gar nicht entsteht, werden erotische Abenteuer mit Frauen erfunden und Affären mit Frauen ausgedacht (Bogena 2007). Ein anonym bleibender homosexueller Profifußballer, den Lück und Schäfer (2004) „Enver" nennen, erzählt beispielsweise seinen Teamkollegen, dass er sich erst kürzlich von seiner Freundin getrennt habe und sich nun erst einmal nur auf den Verein konzentrieren wolle. Ebenso werden Hostessen oder Bekannte der Spieler als Alibi zu gesellschaftlichen Anlässen mitgebracht (Bachner 2009). Eine weitere Steigerung stellt der Ehemann mit Kindern dar. Einige homosexuelle Spieler, die nicht zu ihrer Sexualität stehen können, sind mit Frauen verheiratet und haben Kinder. Denn gerade Ehefrau und Kinder stehen laut Schollas besonders für den heterosexuellen Mann. Als Beispiel nennt sie David Beckham. Beckham, der sich zur Ikone der Metrosexualität etabliert hat und ein Idol für die Schwulenszene darstellt, wird nie ernsthaft eine Homosexualität nachgesagt. Er verkörpert einen neuen Spielertyp und spielt mit den Männlichkeitsbildern, zeigt sowohl maskuline als auch feminine Züge. Dennoch gilt er durch seine Zurschaustellung als Vater in einer „heterosexuellen Einehe"[9] als ein „vollständiger" bzw. männlicher Mann (Scholas 2009: 5,7,15f.). Auch Meuser berichtet, dass die „mediale Selbst- und Fremdinszenierung David Beckhams, der als Ikone des metrosexuellen Mannes gehandelt wird, den Ehegatten und Familienvater Beckham ins Licht der öffentlichen Wahrnehmung rückt" (Meuser 2008: 121), kein Zufall sei, sondern seine heterosexuelle Orientierung hervorheben soll. Frauen und Kinder sorgen somit dafür, dass ein Fußballer „unabhängig von seiner übrigen Darstellung, nicht so schnell in den „Verdacht" gerät, homosexuell zu sein (Scholas 2009: 8). Man wird durch die Familie als männlich angesehen. Ehefrau und mögliche Kinder erden den Mann zusätzlich als heterosexuell. Homosexuelle Männer, die in einem „closet"[10] leben müssen, leben ihre Sexualität anonym in der Schwulenszene aus. Sie gehen in Schwulen-Saunas, Sex-Kinos oder fahren ins Ausland. Andere nutzen das Internet und suchen dort anonym über Kontaktbörsen die Gesellschaft von anderen homosexuellen Männern (Lück/Schäfer 2004; Bogena 2007; Scholas 2009: 15f.).

Um das Doppelleben jahrelang aufrechterhalten zu können, müssen die Profis sehr viel Kraft und Selbstbeherrschung aufbringen und sind einer hohen Druck- und Belastungssituation ausgesetzt. Durch diese verschwendete Kraft fehlt die Konzentration auf dem Platz, so dass ihre fußballerischen Fähigkeiten eingeschränkt sind. Ihr Talent leidet (Bogena 2007; Friedebold 2010; Lück/Schäfer 2004; Blaschke 2008b: 9; Lizas Welt 2010). Eggeling berichtet ebenfalls, dass die homosexuellen Spieler

---

9 Hier verweist Scholas auf Foucault: „In Foucaults Auslegung der Entstehung ‚normaler' und ‚anormaler' Sexualitäten ist nämlich gerade die ‚heterosexuelle Einehe' mit der Familie als ‚Hauptagenten' (…) zur Norm geworden." (Scholas 2009: 7)

10 Closet (Wandschrank) ist der englische Ausdruck für das versteckte Leben Homosexueller als „Schrankschwuler" oder „Schranklesbe".

nicht ihre ganze Leistung abrufen könnten, da sie viel Energie für das Verdecken ihrer Sexualität aufbringen müssen. Dieser Verlust führt nicht selten zu Verletzungen im Wettkampf, da sie sich nicht voll und ganz auf das Spielgeschehen einlassen können (Eggeling 2010). Ebenso macht Rainer Schäfer in einem Interview mit dem „Stern" deutlich, dass ein homosexueller Spieler ein Teil seiner Persönlichkeit verbergen muss. Daher muss der Profi Verdrängungsmechanismen aufbauen. Dies kann zu großen sozialen und psychischen Problemen führen (Lizas Welt 2008). Ebenso ist die Angst und Unsicherheit vor einem unfreiwilligen Outing groß:

> *„Ausgeprägt bei homosexuellen Sportlern ist die Furcht vor der Beobachtung. Sie haben das Gefühl, jede Geste, jeder Blick, jede Berührung könnte sie bei ihren Mitmenschen enttarnen. Dieser psychische Druck bündelt Energie und Konzentration, die auf dem Spielfeld auf der Strecke bleibt." (Blaschke 2008b: 100)*

Enver gibt im oben erwähnten Interview an, dass die Angst vor einem Outing ihn beinah täglich begleite. Dabei ist Enver kein Einzelfall. Verschiedene AutorInnen berichten von ähnlich lebenden homosexuellen Fußballprofis, die den Druck und die Angst kaum aushalten. Dies kann laut dem Sportpsychologen Martin Schweer zu Identitätszweifeln und zu depressiven Verstimmungen führen (Lück/ Schäfer 2004; Walther 2006: 9; DSF Reportage II). Da inoffiziell laut Angaben von Insidern einige Namen von angeblich homosexuellen Fußballern durchaus bekannt sind, scheint die Angst nicht ganz unbegründet zu sein. Öffentlich werden die Namen jedoch nicht genannt. „Stattdessen wird weiter Verstecken gespielt und viel Energie darauf verwandt, Fußball als angeblich schwulenfreie Männerzone zu erhalten" (Lück/ Schäfer 2004). Dem Homosexualitätsverdacht wird (von Außenstehenden) mit einer Nihilierungsstrategie begegnet. Nihilierung, so Berger und Luckmann „leugnet die Wirklichkeit von Phänomenen (beziehungsweise ihrer Interpretationen), die nicht in die betreffende Sinnwelt hineinpassen" (Berger/Luckmann 1980 zitiert nach Heißenberger 2008: 68). Die Existenz von Homosexuellen im Fußball wird folglich verleugnet, die verdeckte Homophobie kommt zum Tragen, wie Kraß 2007, hier nach Heißenberg, ausführt:

> *„Eine Gesellschaft, die eine Monokultur des heterosexuellen Begehrens pflegt, wird blind für die Existenz von Schwulen und Lesben; in ihrem homogenen Welt und Menschenbild ist für Menschen, die nicht das andere, sondern das eigene Geschlecht begehren, kein Platz." (Kraß 2007, zitiert nach Heißenberger 2008: 68)*

So wird das auch von Marcus Urban eingeschätzt. Auf die Frage, ob seine Homosexualität nicht aufgefallen sei, äußert er, dass homosexuelle Fußballer immer ein

wenig auffallen würden, da man seine Neigung, vor allem wenn man in einem Fußballverein länger spielt, nie ganz verbergen könne. Es sei eigentlich unmöglich, nicht
von den Kollegen geoutet zu werden. „Nur, solange es nicht offen ausgesprochen
ist, wird es lediglich hinter vorgehaltener Hand vermutet" (Bogena 2007). Da die
Sportler ihr öffentliches heterosexuelles Leben und ihr verstecktes homosexuelles
Leben so vereinbaren müssen, dass sie den anhaltenden Druck aushalten können,
sind gravierende Folgen (Selbstverleugnung und Selbsthass sowie die damit verbundene Verdrängungsleistungen) möglich (Walther 2006: 9f.). Enver gibt in dem
Interview an, dass er sich manchmal dafür hasse, homosexuell zu sein (Lück/Schäfer
2004). Eggeling berichtet, dass die Spieler bewusst ihre Persönlichkeit spalten. Zum
einen gibt es die „echte" Persönlichkeit, die jedoch nicht an die Öffentlichkeit gelan-
gen darf. Zum anderen wird eine Persönlichkeit konstruiert, die so agiert, wie es von
dem Verein, den Mitspielern und auch den Fans erwartet wird. Viele geben sich dann
betont heterosexuell (Lück/ Schäfer 2004; DSF Reportage II). Allerdings kann es
laut Experten sein, dass ein Spieler durch die hohe Druck- und Belastungssituation
sein „closet" verlässt (alternativ wär hier die Beendigung der Karriere zu nennen).

Bei einem Coming Out kann der Spieler den Schaden geringer einschätzen als die
Folgen, denen er momentan durch das Führen seines Doppellebens ausgesetzt ist. Ein
Coming Out wäre somit möglich. Die Profis würden dabei eine Kosten-Nutzen-Ta-
belle aufstellen. Auf der Kosten-Seite würde jedoch nicht nur die Karriere und die
Öffentlichkeit stehen, sondern auch das soziale Umfeld, welches sie bei einem Coming
Out vor den Kopf stoßen würden, da sie sich ein komplettes heterosexuelles Umfeld
geschaffen haben (DSF Reportage I; Lizas Welt 2010; DSF Reportage II). Martin
Schweer rät daher nicht zu einem Coming Out, sondern „bevorzugt das Abwägen von
Argumenten" (Blaschke 2008b: 100). Die beiden brasilianischen Spieler Marcos Vampeta und Túlio Maravilha haben sich letztendlich für ein Coming Out entschieden und
bekannten sich nach der Beendigung ihrer europäischen Profikarriere zu ihrer Homosexualität. Vielleicht schätzten sie den Schaden bei einem Coming Out geringer ein als
die tatsächlichen Folgen ihres bisher geführten Doppellebens.

6.4   Möglichkeiten eines Coming Outs

Insider, unter anderem Conny Littmann, Jürgen Klopp und Ronny Blaschke, können
sich ein „Kollektivouting" ehemaliger sowie aktiver Spieler durchaus vorstellen. Ein
solches Gemeinschaftsouting könnte, da nicht ein Spieler allein das Tabu im Fußball
brechen würde, ohne schwere Folgen (z.B. das Ende der Fußballkarriere) geschehen.
Dabei ist jedoch von einer Größenordnung, die im zweistelligen Bereich liegt, die
Rede. „In welchem Rahmen und unter welchen Umständen sich aber eine Spieleran-
zahl in der Größenordnung von ein bis zwei Fußballmannschaften outen könnten"

(Schollas 2009: 18) wird von den Insidern nicht geklärt. Auch könnte sich ein beliebter oder ehemaliger Profispieler outen, ohne den oben beschriebenen Konsequenzen ausgesetzt zu werden. Unter anderem geben der ehemalige Bundesligatrainer Peter Neururer und auch der homosexuelle ehemalige Profifußballer Marcus Urban an, dass ein Coming Out eines Spielers, von dem man es überhaupt nicht erwarten würde, den anderen bisher versteckt lebenden homosexuellen Spielern gut den Weg ebnen würde. Exemplarisch benennt er hier als Ex-Spieler Franz Beckenbauer (Schollas 2009: 18; DSF Reportage I; DSF Reportage II; Bogena 2007).

7 Diskriminierung und Anti-Diskriminierung

7.1 Diskriminierungserfahrungen im Fußball

Da in den letzten Jahrzehnten in der Gesellschaft einiges für Homosexuelle getan und/oder von ihnen erkämpft wurde (unter anderem wurden ihnen in Westeuropa mehr Rechte eingeräumt, wie etwa in Deutschland, wo seit dem 01. August 2001 das Lebenspartnerschaftsgesetz gilt), sollte sich diese Entwicklung eigentlich auch im Fußball bemerkbar machen. Ob der Fußball allerdings ein Spiegelbild der Gesellschaft darstellt, ist in der Literatur umstritten. Da vergleichsweise wenige Frauen, Homosexuelle und auch Immigranten im Fußball bzw. unter den Fans vorzufinden sind, ist für viele der Fußball eben kein Spiegelbild der Gesellschaft (Blaschke 2008b: 29; Walther 2006: 17). Eher „gleicht der Fußball (...) einem Brennglas, in dem gesellschaftspolitische Probleme verschärft wahrgenommen werden" (Blaschke 2008b: 29). Bei dieser These kann auf die o.g. Umfrage von Heitmeyer verwiesen werden, wonach 21,8 Prozent der Befragten angaben, dass sie Homosexualität für unmoralisch halten. Und obwohl Homophobie folglich auch in der Gesellschaft vorzufinden ist, wird sie im Fußball verschärft wahrgenommen.

Der Fußball scheint in dieser Hinsicht veränderungsresistent zu sein. „Die Fußballwelt demonstriert somit eindrucksvoll, dass sie eine der konservativsten Bereiche unserer Gesellschaft ist" (Walther 2006: 6). Für viele sind die (prominenten) Outings in anderen männerdominierenden gesellschaftlichen Bereichen, exemplarisch wird dabei zumeist auf die Politik eingegangen, eben ein Argument dafür (Walther 2006: 6; Schollas 2009: 2; Sülzle 2005: 174; Lizas Welt 2008). Diese These stellt Blaschke jedoch infrage. Nur weil sich drei bundesweit bekannte Politiker geoutet haben, heißt dies für ihn nicht, dass die Politik mit dem Thema Homosexualität aufgeschlossener umgeht. Blaschke fragt sich daher, ob „das Verhältnis so einfach zwischen Fußball und dem Rest der Gesellschaft, zwischen Schwarz und Weiß" (Blaschke 2008b: 11) ist und beantwortet dies mit nein. Obwohl auch in der Kunst, Kultur und Unterhaltung einige Männer als schwul bekannt sind, würden viele Prominente ohne ihr Einverständnis geoutet oder müssten sich durch die vielen Gerüchte und/oder den öffentliche Druck outen. Charakterschauspieler sind ebenso wenig wie politische Kabarettisten und Topmanager in der Wirtschaft als homosexuell bekannt. Daher sieht Blaschke zwar eine Duldung der Homosexualität, jedoch noch lange keine Normalität im Umgang mit Homosexuellen. Der Fußball ist deshalb auch keine „Insel der Ignoranz". Gesellschaftliche Probleme treten im Fußball lediglich verschärft auf (Blaschke 2008b: 11). Der Fußball stellt in Europa die beliebteste Teamsportart dar. Er nimmt somit durchaus eine besondere Stellung in der Gesellschaft ein. Fußball ist „als Massenphänomen ein Ort, an dem gesellschaftlich wirksame kulturelle Vorstellungen geprägt werden" (Walther 2006: 4). Daher kann laut Walther der Fußball ein wichtiges Instrument sein, „um Menschen mit den verschiedensten Biographien, Lebenswirklichkeiten und Identitäten zu erreichen" (Walther 2006: 4). Für sie hat der Sport eben auch eine politische und soziale Funktion, und „Vereine, Verbände und Organisationen sind gewichtige und bedeutende gesellschaftliche Institutionen" (Walther 2006: 4). Da der Sport nah bei den Menschen und gesellschaftlich gut verankert ist, sieht auch der DFB-Präsident Theo Zwanziger, dass der Fußball auch eine gesellschaftliche und politische Rolle spielen muss. Zwar sollte der Sport nicht als eine „Reparaturwerkstatt gesellschaftlich produzierter Missstände" (Walther 2006: 4) angesehen werden, jedoch darf sich der Sport bzw. dürfen sich die Vereine und Verbände nicht gegenüber den gegenwärtigen Problemen verschließen.

Das European Commission Sport Barometer fand 2003 bei einer Befragung heraus, dass mehr als die Hälfte (59 Prozent) der europäischen Bürger und Bürgerinnen glauben, dass der Sport Diskriminierungen entgegenwirken kann (Walther 2006: 4; DSF Reportage I). Bei Rassismus und Rechtsextremismus scheint dies auch der Fall zu sein. Sie werden als Diskriminierung angesehen. Verschiedene Kampagnen und Initiativen setzen sich mit dem Thema Rassismus und Rechtsextremismus auseinander. Bei der Homophobie ist dies (noch) nicht der Fall. Homophobie wird oftmals (noch) nicht als Diskriminierung anerkannt und so auch nicht als solche bekämpft.

> *„Im Gegensatz zum Kampf gegen Rassismus, der weltweit von den Fußballverbänden getragen wird, scheint Homophobie immer noch ein (still) geduldeter Bestandteil des Fußballs zu sein." (Schollas 2009: 17)*

Sabine Schollas unterstreicht ihre Äußerungen mit einem Beispiel über die Entscheidung des Sportgerichts im Jahre 2007. Der Schalke Spieler Gerald Asamoah beschuldigte nach einem Spiel gegen Borussia Dortmund den Dortmunder Torwart Roman Weidenfeller, ihn mit den Worten „schwarzes Schwein" beleidigt zu haben. Roman Weidenfeller bestritt, jemals eine solche Aussage getätigt zu haben. In der darauf folgenden Verhandlung kam es zur folgenden Einigung: Roman Weidenfeller hatte Asamoah nicht als „schwarzes", sondern als „schwules" Schwein bezeichnet, so dass der Torwart lediglich wegen Beleidigung für drei anstatt für sechs Spiele (diese Strafe wird bei rassistischen Beleidigungen verhängt) gesperrt wurde (Schollas 2009: 17). Homophobie wird folglich noch nicht sonderlich als eine Diskriminierung wahrgenommen. Eine Lobby, wie z.b. im Fall von Rassismus, gibt es laut Viktoria Schwenzer (Schwenzer o. J.:2) nicht. Weiter findet sie „keinen Träger für einen antisexistischen Diskurs in diesem stark geschlechtsspezifisch strukturierten Feld" (Schwenzer o. J.). Homophobie wird zwar in der Regel von den Fans registriert, jedoch nur selten in Frage gestellt. Für viele Fans ist Homophobie ein „interner Bestandteil der Fußballkultur, der nicht zur Disposition steht" (Walther 2006: 16).

7.2 Rechtliche und andere Anti-Diskriminierungsvorgaben

In den Grundrechten der Europäischen Union wird in Artikel 21 die Nichtdiskriminierung behandelt. Im ersten Absatz heißt es:

> *„Diskriminierungen, insbesondere wegen des Geschlechts, der Rasse, der Hautfarbe, der ethnischen oder sozialen Herkunft, der genetischen Merkmale, der Sprache, der Religion oder der Weltanschauung, der politischen oder sonstigen Anschauung, der Zugehörigkeit zu einer nationalen Minderheit, des Vermögens, der Geburt, einer Behinderung, des Alters oder der sexuellen Ausrichtung, sind verboten." (Amtsblatt der Europäischen Gemeinschaft)*

Die Europäische Union verpflichtet sich in Artikel 21, gegen jegliche Art von Diskriminierung einzutreten. Die Diskriminierung aufgrund der sexuellen Ausrichtung wird explizit genannt. Folglich hat sich die Union dazu verpflichtet, gegen Homophobie einzutreten. Dies sollte auch für den Sport und somit auch für den Fußball gelten.

Der folgende Teil eruiert, wie die Verbände und die deutschen Bundesligavereine im Kampf gegen Homophobie positioniert sind[11]. Hierbei werden vor allem die Vereinssatzungen und die Stadionordnungen nach antisexistischen Formulierungen hin überprüft.

Anti-Diskriminierungs-Paragraphen bei den BundesligaVereinen – eine Durchsicht der Stadienordnungen und Vereinssatzungen
Die Profifußballvereine haben in ihren Stadionordnungen zumeist Anti-Diskriminierungs-Paragraphen verankert, die jedoch nicht alle auf Homophobie eingehen

---

11 Beschränkt sich auf Vereine, die in der Saison 2010/2011 in der ersten Bundesliga spielen.

und auch keine antisexistischen Formulierungen „in denen festgehalten wird, dass niemand wegen seiner/ ihrer sexuellen Orientierung (…) diskriminiert werden darf" (Walther 2006: 14), enthalten. In den Stadionordnungen der Bundesligavereine Bayer 04 Leverkusen, Eintracht Frankfurt, FC Bayern München, FC Schalke, Hamburger SV, Hannover 96, Werder Bremen, 1. FC Kaiserslautern, 1. FC Köln, 1. FC Nürnberg und 1899 Hoffenheim wird jeweils nur auf die Diskriminierungsformen Rassismus, Fremdenfeindlichkeit sowie Rechtsradikalismus – vereinzelt auch Linksradikalismus – Antisemitismus und Ausländerfeindlichkeit eingegangen. Die Stadionordnungen von Borussia Dortmund, Borussia Mönchengladbach und vom SC Freiburg gehen neben dem oben genannten Formen ebenfalls allgemein auf diskriminierendes sowie provokantes und beleidigendes Verhalten ein. Hier wird die Homophobie zwar nicht explizit genannt, jedoch findet sie sich unter „diskriminierendes, provokantes sowie beleidigendes" Verhalten wieder.

Nur drei Vereine haben in ihren Stadionordnungen darüber hinaus eine antisexistische Formulierung. Beim VfL Wolfsburg spricht sich die Stadionordnung im § 5 Abs. 8 „gegen Diskriminierung Dritter aufgrund deren Rasse oder ethischer Herkunft, der Religion oder Weltanschauung, des Alters, einer Behinderung oder der sexuellen Identität aus." Die Stadionordnung vom 1. FSV Mainz 05 geht im § 7 Abs. 2 ebenfalls auf Diskriminierungen aufgrund der Hautfarbe, der Religion, des Geschlechts und/oder der sexuellen Orientierung ein. In der Stadionordnung des 1. FC St. Pauli heißt es im § 6 Abs. 2a, dass es verboten ist „Parolen zu rufen, die nach Art oder Inhalt geeignet sind, Dritte aufgrund ihrer/ihres Hautfarbe, Religion, Geschlecht oder sexuellen Orientierung zu diffamieren". Die Stadionordnung des VfB Stuttgart geht auf keine Art von Diskriminierung ein. Diese erschreckende Erkenntnis könnte an den veralteten Stand der Stadionordnung liegen. Sie wurde seit 1996 nicht mehr überarbeitet.

Bei sechs Vereinen können die Zuschauer folglich für homophobe Verhaltensweisen bestraft werden (wobei bei drei Vereinen eine Bestrafung eine Auslegungssache darstellt). Bei den übrigen zwölf Bundesligavereinen geht die Stadionordnung nicht auf die Diskriminierung von Homosexuellen ein, so dass die Zuschauer bei homophobem Benehmen nicht bestraft werden können.

Auch in den von der Verfasserin gelesenen Vereinssatzungen[12] beziehen lediglich drei Vereine die sexuelle Identität mit ein:

Die Satzung von Borussia Dortmund gibt im § 2 Abs. 3 als Zweck und Aufgabe die Förderung „des Sports als verbindendes Element zwischen Nationalitäten, Kulturen, Religionen und sozialen Schichten" an. Darüber hinaus bietet der BVB „Kindern,

---

12 Satzungen der Vereine 1899 Hoffenheim, SC Freiburg und Bayern München waren der Verfasserin trotz Kontaktierung der Vereine nicht zugänglich. Bayer 04 Leverkusen teilte telefonisch mit, dass sie eine Kapitalgemeinschaft (GmbH) sind und daher keine Satzung besitzen.

Jugendlichen und Erwachsenen unabhängig von Geschlecht, Hautfarbe, Herkunft, Glauben, sozialer Stellung oder sexueller Identität eine sportliche Heimat." Ebenso kann ein Mitglied neben einem vorsätzlichen Verstoß gegen die Vereinssatzung und bei einer gröblichen Schädigung des Vereins auch aus dem Verein ausgeschlossen werden, wenn das Mitglied „eine mit § 2 Absatz (3) unvereinbare Gesinnung offenbart." (vgl. § 9 Abs. 3)

In der Vereinssatzung des 1. FSV Mainz 05 heißt es im § 1 Abs. 4, dass der Verein „Kindern, Jugendlichen, Erwachsenen und Menschen mit Behinderung unabhängig von Geschlecht, Abstammung, Hautfarbe, Herkunft, Glauben, sozialer Stellung oder sexueller Identität eine sportliche Heimat" bietet. Ein Mitglied kann laut § 7 Abs. 3a und 3b dann ausgeschlossen werden, wenn es gegen die Zwecke und oder gegen die Vereinsdisziplin gröblich verstößt oder das Ansehen sowie die Belange des Vereins schädigt.

Die Vereinssatzung von Werder Bremen bietet gemäß § 2 Abs. 5 ebenfalls Menschen unabhängig ihrer sexuellen Orientierung eine sportliche Heimat an. Darüber hinaus gibt die Vereinssatzung im § 10 Abs. 4 S. 1 an, dass unter anderem Mitglieder, die „eine mit § 2, Absatz 5 unvereinbare Gesinnung offenbaren" ausgeschlossen werden können.

Von den anderen eingesehenen Satzungen gehen lediglich einzelne noch auf andere Diskriminierungsformen ein. Der Hamburger SV, der VfL Wolfsburg, der 1. FC Köln und der 1. FC Kaiserslautern sowie der VfB Stuttgart gehen auf keinerlei Diskriminierung ein.

Mitglieder können zudem laut den Satzungen der Bundesligavereine bei groben Verstößen gegen die Vereinsinteressen oder bei Schädigung des Ansehens des Vereines sowie bei untragbarem Verhalten ausgeschlossen werden. Da das nicht näher erläutert bzw. definiert wird, sind diese Begriffe dehnbar, so dass bei allen Satzungen theoretisch ein Vereinsausschluss bei homophoben Verhaltensweisen möglich wäre. Lediglich die Satzungen von Borussia Dortmund und Werder Bremen benennen explizit homophobes Verhalten als einen möglichen Vereinsausschluss. Daher stellen Borussia Dortmund, Werder Bremen und der 1. FSV Mainz 05 eine Vorreiterrolle dar. Borussia Dortmund und der FSV Mainz gehen sowohl in der Stadionordnung als auch in ihrer Satzung auf die Diskriminierung von Homosexuellen ein[13]. Dies gilt in gleicher Weise für die Satzung von Werder Bremen.

Anti-Diskriminierungs-Paragraphen beim Deutschen Fußball-Bund

Da die Satzung des DFB laut den Vereinssatzungen für alle Vereine verbindlich ist, wäre eine antisexistische Formulierung in der DFB Satzung von großer Bedeutung. Diese sucht man jedoch vergeblich. Der DFB hat trotz Theo Zwanzigers Vorreiterrol-

---

13 Obwohl Borussia Dortmund in der Stadionordnung lediglich indirekt auf die Diskriminierungsform Homophobie eingeht, positioniert sich der Verein in der Satzung explizit gegen Homophobie.

le und Bemühungen (in der ersten DSF Reportage im Jahr 2008 hatte der Präsident geäußert, dass er die DFB Satzung auch auf die Homophobie ausweiten wolle) noch keine antisexistische Formulierungen in den Anti-Diskriminierungs-Paragraphen aufgenommen (Walther 2006: 14). So heißt es bis auf den heutigen Tag in Paragraph 2 der DFB-Satzung: „Der Deutsche Fußball-Bund (...) tritt rassistischen, verfassungs- und fremdenfeindlichen Bestrebungen und anderen diskriminierenden oder menschenverachtenden Verhaltensweisen entschieden entgegen." Die Homophobie findet sich also lediglich in „anderen diskriminierenden Verhaltensweisen" wieder und wird nicht, wie etwa der Rassismus, einzeln aufgeführt.

Die Abteilung Prävention und Sicherheit des DFB hat im November 2009 „Richtlinien zur einheitlichen Behandlung von Stadionverboten" für die Ligen herausgegeben. Dort heißt es in § 4 Abs. 2, dass Personen, die gegen die jeweilige Stadionordnung der Vereine bzw. deren Stadien verstoßen, mit einem örtlichen Stadionverbot bestraft werden können. Die Absätze 3 und 4 beschäftigen sich mit dem überörtlichen Stadionverbot. Demnach soll bei Personen, bei denen ein Ermittlungs- oder sonstiges Verfahren eingeleitet wird, ein überörtliches Stadionverbot verhängt werden (vgl. § 4 Abs. 3). Hierunter fallen neben Nötigung, Verstößen gegen das Waffengesetz und weiterer Zuwiderhandlungen auch rechtsextremistische Handlungen (DFB-Abteilung Prävention & Sicherheit 2009: 6f.). Ebenso kann nach § 4 Abs. 4 u.a. „bei Handlungen/Verhaltensweisen, die die Menschenwürde einer anderen Person in Bezug auf Rasse, Hautfarbe, Sprache, Religion, Geschlecht oder Herkunft verletzen, insbesondere durch herabwürdigende, diskriminierende, verunglimpfende Äußerungen oder entsprechende Aufschriften auf Transparenten" ein überörtliches Stadionverbot verhängt werden (DFB-Abteilung Prävention & Sicherheit 2009: 6f.).

Position der Verbände

Der europäische Fußballverband, die UEFA (Union of European Football Associations), stellte 2002 einen 10-Punkte-Aktionsplan gegen Rassismus im Fußball vor (Vereint gegen Rassismus 2003: 4). Obwohl Walther es so deutet, dass die UEFA in dem Aktionsplan auch die antisexistische Diskriminierung mit eingebunden hat (Walther 2006: 14), ist in den ersten acht Punkten nur von Rassismus und Fremdenfeindlichkeit die Rede. Lediglich die letzten beiden Punkte (9. und 10.) könnten sich auch auf die Diskriminierung von Homosexuellen beziehen:

- *„9. Verabschiedung einer Politik der Chancengleichheit in Bezug auf Anstellung und Erbringung von Dienstleistungen."*
- *„10. Zusammenarbeit mit allen anderen Gruppen und Verbänden (...), um Initiativen zu lancieren und den Nutzen von Kampagnen zu bekräftigen, die gegen rassistisches Verhalten und Diskriminierung gerichtet sind." (Vereint gegen Rassismus 2003: 4)*

Da die UEFA die Existenz von Homophobie erst im Jahr 2006 öffentlich anerkannt hat (Schollas 2009: 17) ist die Tatsache, dass die Homophobie nicht explizit genannt wurde, nicht weiter verwunderlich. Bei der im Jahr 2006 stattfindenden zweiten Konferenz „Vereint gegen Rassismus" in Barcelona gab der Verband das von FARE (Football Against Racism in Europe)[14] erstellte Handbuch für Vereine mit dem Titel „Bekämpfung von Rassismus im Klubfußball" heraus (FARE o.J; Schollas 2009: 17). Es enthält einen zweiseitigen Unterpunkt über den „Umgang mit Homophobie und Sexismus". Der Hauptteil des Handbuches (insgesamt 34 Seiten) beschäftigt sich jedoch mit den Punkten Rassismus und Umgang mit ethnischen Minderheiten, so dass Schollas' Einschätzung zugestimmt werden kann, dass die Fußballwelt noch weit davon entfernt ist, Homophobie richtig wahrzunehmen und zu bekämpfen (Schollas 2009:17). Positiv hervorzuheben ist, dass zwei Seiten des Handbuches den von FARE 2005 entwickelten 5-Punkte-Plan gegen Homophobie enthalten:

- Homophobie zu thematisieren
- die Verantwortung gemeinsam zu übernehmen
- gezielt vorzugehen,
- mit gutem Beispiel voranzugehen und
- das Thema Homophobie öffentlich zu machen (Vereint gegen Rassismus 2006: 11).

Ebenso werden im Handbuch die Aktivitäten des englischen Fußballverbands als vorbildlich hervorgehoben. Die Football Association (FA) leistet auf nationaler Ebene aktiv antisexistische Arbeit. Seit 2001 hat der englische Verband in seiner Satzung den Kampf gegen Diskriminierung aufgrund sexueller Orientierung verankert (Walther 2006: 14; Schollas 2009: 16; Lizas Welt 2008). Zu den Schlüsselaspekten seiner Strategie gehören

„Präsenz (z.B. durch nachahmenswerte Verhaltensweisen, Konferenzen, Rundtischgespräche und PR-Kampagnen), Beteiligung (z.B. durch die Schaffung von Breitenfussball-Organisationen und Fanklubs), Training und Ausbildung (z.B. von Trainern, Managern, Schiedsrichtern), Regeln und Vorschriften (z.B. um Verunglimpfung und Diskriminierung als Vergehen zu brandmarken) sowie Analysen und Überwachung" (Vereint gegen Rassismus 2006: 10).

---

14 FARE ist ein Netzwerk von Organisationen aus verschiedenen europäischen Ländern, die es sich zur Aufgabe gemacht haben, alle Arten von Diskriminierungen im Fußball zu bekämpfen, näheres dazu siehe unten.

Die FIFA (Fédération Internationale de Football Association) untergräbt jedoch die ersten Schritte, die auf europäischer Ebene eingeleitet wurden. Der Weltverband hält laut Schollas weiterhin daran fest, „dass sich Männer auf dem Spielfeld wegen einer vermeintlich bestehenden Gefahr, Geschlechtskrankheiten zu übertragen, nicht küssen dürfen" (Schollas 2009: 17). Dieses Verbot wurde auch von den beiden Journalisten Lück und Schäfer in ihrem Bericht aufgeführt (Lück/Schäfer 2006a). Blaschke sowie der Blog „Lizas Welt" berichten ebenfalls, dass die FIFA im Jahr 1981 noch verkündet habe, dass die Küsse unter den Spielern zu gefühlsbetont und daher unmännlich und unangebracht seien (Blaschke 2008b: 114f.; Lizas Welt 2008). Zudem ist auf der Homepage der FIFA bei der Suchmaschine unter dem Stichwort „Homophobie" lediglich ein Treffer zu verzeichnen. Dieser verweist auf die im Jahr 1997 gegründete Organisation Sport Against Racism Ireland (SARI) – Förderung von Integration und Kampf gegen Diskriminierung. Die Organisation gibt als Aufgabe den Kampf gegen Rassismus, Sektierertum und auch Homophobie sowie weitere Diskriminierungen an. Daher organisiert sie unter anderem Sportfeste und Fußballprogramme. Jedoch bezieht sich die Organisation, wie der Name sagt, nur auf Irland.

Auf eine Anfrage der Verfasserin mit der Bitte um Stellungnahme oder Unterlagen wurde schnell reagiert. Die E-Mail enthielt neben zwei Anhängen mit Artikeln aus dem FIFA Magazin auch einen Buchtipp. Der erste Artikel aus dem im April 2007, erschienen im FIFA Magazin, behandelt das französische Ensemble „Le Trimaran", das mit Theateraufführungen auf Gewalt, Rassismus, Diskriminierungen sowie Sexismus u.a. aufmerksam machen will. Unter anderem wird das Stück auch von der FIFA unterstützt. Im zweiten Artikel, der im Dezember 2008 erschien, geht es um das in den 90er-Jahren vom Osloer Klub Valerenga initiierte Projekt „Fargerik Fotball" („Bunter Fußball"). Das Projekt möchte neben Rassismus unter anderem auch auf die Diskriminierung von Homosexuellen aufmerksam machen. Ebenso beschäftigt sich das Projekt mit Diskriminierung von Menschen mit Behinderung. Homophobie wird nicht genannt und auch der Weltverband selbst findet keine Erwähnung. Darüber hinaus beziehen sich diese Artikel nicht auf Deutschland. Ebenso wurde das Buch „«Zarte Füßchen am Harten Leder …»" Frauenfußball in der Schweiz 1970 – 1999" von Marianne Meier empfohlen, wobei laut Inhaltsverzeichnis lediglich ein Kapitel (acht von insgesamt 307 Seiten, ohne Anhang) auf Homosexualität und Frauenfußball eingeht. Die FIFA benennt Homophobie, gestützt auf einzelne nationale Aktionen, Projekte und eine eher schmaler Literaturbasis, doch als Gegenstand von Antidiskriminierungsarbeit wird Homophobie noch nicht intensiv bearbeitet.

DFB-Präsident Theo Zwanziger gibt zu, Homophobie lange Jahre nicht beachtet zu haben. Obwohl der Präsident sich seit einiger Zeit intensiv gegen Homophobie einsetzt, gibt es zurzeit keine konkreten Pläne, die zur Unterstützung homosexueller Spieler beitragen könnten (Schollas 2009: 17). Positiv ist jedoch die Bereitschaft Zwanzigers, das Thema Homophobie offen anzusprechen und der Versuch, das Thema in den Mittelpunkt bzw. in die Öffentlichkeit zu bringen. Oftmals sprach er sich in jüngster Zeit gegen eine Diskriminierung homosexueller Spieler aus. „Mädchen und Jungs sollen Fußball spielen, ganz gleich, wie sie sexuell orientiert sind" (Friedebold 2010). Auch wolle er nicht zuletzt durch den Tod des Torwarts Robert Enke daran arbeiten, „dass jeder ohne Angst im Fußball leben könne, mit seinen Stärken, Schwächen und Neigungen" (Flohr 2009). Darüber hinaus versprach er jedem Profi, der sich zu einem Coming Out entscheidet, die Unterstützung und Hilfe des Deutschen Fußball-Bundes (Friedebold 2010). Dennoch führt auch die Antirassismus-Satzung, die der DFB auf der Grundlage des 10-Punkte-Aktionsplan der UEFA übernommen hat und die Vereine zum Handeln aufrufen soll, nichts weiter zur Homophobie auf, sondern bezieht sich in neun Punkten nur auf Rassismus und Fremdenfeindlichkeit und geht lediglich im letzten Punkt auf „Diskriminierung und Rassismus" („Einblendungen auf der Anzeigetafel, dass der Verein und die Fußballfans gegen Diskriminierung und Rassismus sind"; Vereint gegen Rassismus 2003: 31) ein, wo sich die Homophobie wieder finden könnte.

8 Gegenstrategien

Auf der europäischen Ebene ist der Einsatz zur Beseitigung von Diskriminierungen jeglicher Art durchaus hoch zu veranschlagen; in diesem Kontext wird auch Homophobie genannt und bekämpft:

> „Die Europäische Union hat sich verpflichtet, Homophobie zu bekämpfen. Diese Verpflichtung gilt auch für den Sport bzw. Fußball. Die nationalen und internationalen Verbände als Dachorganisationen des Fußballs müssen dafür sorgen, dass ihre Mitgliedsvereine Themen wie sexuelle Orientierung und Homophobie aufgreifen. Kampagnen, die von den nationalen und internationalen Verbänden initiiert und gefördert werden, haben Vorbildcharakter und helfen die Unsichtbarkeit und das Schweigen zu beenden." (Walther 2006: 15)

Um dies zu erreichen, sind noch weitere Strategien, die sich gegen Homophobie im Fußball einsetzten, notwendig.

Die nun folgenden Gegenstrategien beruhen auf verschiedenen in der Literatur zu findenden Handlungsempfehlungen. Dabei wird vor allem auf den entwickelten 5-Punkte-Plan (s.o.) sowie auf die Antidiskriminierungsarbeit „Fußball für Alle" des englischen Fußballverbandes und auf die Studie „Die Wandlungen des Zuschauerverhaltens im Profifußball - Notwendigkeiten, Möglichkeiten und Grenzen gesellschaftlicher Reaktion" des Bundesinstituts für Sportwissenschaften zurückgegriffen.

8.1 Homophobie als Diskriminierung anerkennen

Im Juni 2007 hielt der DFB Präsident in Leipzig auf dem Fankongress eine halbstündige freie Rede. Hierbei erwähnte er unter anderem Rassismus sowie gewaltbereite Fans. Das Thema Homophobie thematisierte er allerdings nicht. Obwohl der Präsident nur ein Jahr später zugestand, das Thema Homophobie zu wenig beachtet zu haben (Blaschke 2008b: 112), zeigt die Rede exemplarisch, wo die Antidiskriminierungsarbeit noch vor wenigen Jahren gestanden hat. Zu Anfang ist es daher wichtig, Homophobie als Problem zu benennen und auch als Thema zu etablieren. Laut Walther beginnt die Antidiskriminierungsarbeit bereits „mit der Einsicht, dass es Homosexualität gibt und dass es sie auch im Fußballsport gibt" (Walther 2006: 13). Dabei können neben Spielern auch andere Akteure des Fußballs, unter anderem die medizinische Betreuung oder der Platzwart, homosexuell sein.

„In diesem Zusammenhang muss deutlich werden, dass Homosexualität genauso normal ist wie Heterosexualität. Sexualität ist eine Orientierung, keine Wahl" (Walther 2006: 13). Auch der 5-Punkte-Plan benennt die Etablierung des Themas als ersten Punkt (Vereint gegen Rassismus 2006: 11). Dabei könnten offene Gespräche auf allen Ebenen bereits einen ersten Schritt in die richtige Richtung weisen. Positiv ist anzumerken, dass der DFB seit einiger Zeit ExpertInnen um Rat fragt. Bei dem ersten internen Arbeitstreffen führte der Sicherheitschef des DFB Helmut Spahn sowie weitere Mitarbeiter der DFB Abteilung Sicherheit und Prävention Gespräche mit den Protagonisten der Schwul-lesbischen Fußballbewegung (DSF Reportage II). An diesem positivem Beispiel ist gut zu erkennen, dass eine Veränderung in der Antidiskriminierungsarbeit nicht von selbst passiert.

„The will to change" (Hooks 2004, zitiert nach Heißenberger 2008: 141) muss auf mehreren Ebenen vorhanden sein. Eine Verantwortung sollte dabei jede/r AkteurIn im Fußball übernehmen. Hier appelliert auch der 5-Punkte-Plan an das Bewusstsein eines jeden. „Anfeindungen im Zusammenhang mit Sexismus und Homophobie betreffen jeden im Fußball, nicht nur Homosexuelle und Frauen" (Vereint gegen Rassismus 2006: 11). Die Dachorganisationen sollten daher die Antidiskriminierungsarbeit ernst nehmen und mittragen, so dass auch regionale Verbände mitziehen (Walther 2006: 19). Ebenso sind die verschiedenen Initiativen „ehrenwert und eindrucksvoll, doch in das Bewusstsein einer breiten Öffentlichkeit schaffen sie es nicht, zu gering ist die Unterstützung von Politik, Wirtschaft und Medien" (Blaschke 2008b: 117). Das Thema Homophobie muss daher auch in der Öffentlichkeit und bei den Fans sichtbar gemacht werden. Die Antidiskriminierungsarbeit „Fußball für Alle" gibt dabei unter anderem Presse- sowie Öffentlichkeitskampagnen als Mittel der Sichtbarmachung an (Walther 2006: 19). Ebenfalls appelliert der 5-Punkte-Plan daran, die „Vielfalt im Fußball als Selbstverständlichkeit [zu] präsentieren" (Vereint gegen Rassismus 2006: 11). Exemplarisch wird eine regelmäßige Berichterstattung über homosexuelle Fußballer vorgeschlagen. Auch wenn viele den Fußball gerne als unpolitisch ansehen, ist dies laut Tanja Walther nicht der Fall. Bestätigt wird Walther von der vom Bundesinstitut für Sportwissenschaften herausgegebenen Studie zum Zuschauerverhalten. Dass die Politik nicht ins Stadion gehört, gilt neben der Unterbindung von rassistischen und rechtsextremen Äußerungen eben auch zu den Argumentationen, um antirassistische Initiativen zu verhindern (Pilz u.a. 2006: 13). Die Tatsache, dass der Sport und daher eben auch der Fußball „Einfluss auf das Miteinander von Menschen" (Walther 2006: 20) haben, muss genutzt werden.

> *„Antidiskriminierungsarbeit heißt, konkrete Lebenshilfen anzubieten oder aktiv mit Jugendlichen, Fans, SpielerInnen, TrainerInnen etc. zu arbeiten und positive Akzente zu setzen." (Walther 2006: 20)*

Hier stehen die Vereine und Verbände in der Verantwortung. Diese Verantwortung müssen die Vereine wahrnehmen und auch öffentlich übernehmen. Hierbei bieten sich für Vereine und Verbände verschiedene Wege an, sich gegen Homophobie im Fußball einzusetzen.

Bei den meisten Vereinen findet man in den Stadionordnungen lediglich ein Engagement gegen Rassismus, Rechtsradikalismus und Fremdenfeindlichkeit. Gleichermaßen fehlt in der Satzung des DFB ein antisexistischer Paragraph. Ziel sollte es daher sein, den Nichtdiskriminierungsparagraphen der Europäischen Union auch im Fußballsport einzuführen. „Fußball als europäischer Massensport muss für alle offen sein. Sport ist ein Schlüsselfaktor, wenn es um soziale Integration geht" (Walther 2006: 15). Die Satzungen der Verbände sowie die Stadionordnungen der Vereine müssen hierfür einen antisexistischen Paragraphen aufnehmen. Vereine, die schon antisexistische Paragraphen in ihren Stadionordnungen und Satzungen verankert haben, müssen eben diese Paragraphen den Spielern und den Fans durch aktive Öffentlichkeitsarbeit geläufig machen. Es nützt nichts, wenn antisexistische Paragraphen vorhanden sind, aber von den Fans nicht mitgetragen werden. Hier muss an das Pflichtbewusstsein der Fans und Zuschauer appelliert werden. Homophobie sollte dabei nicht nur eine Sache von Homosexuellen sein, sondern jedem und jeder als Diskriminierung auffallen. Gegen Homophobie muss daher gemeinschaftlich vorgegangen werden.

8.2 Antidiskriminierungsarbeit

In „rigiden, hegemonial organisierten Settings besteht die Gefahr einer unreflektierten Tradierung herkömmlicher Männlichkeitsbilder" (Neuber 2006, zitiert nach Heißenberger 2008: 143). Ebenso ist die Männlichkeit beim Fußball für die Akteure und

deren Handeln und Denken von großer Bedeutung. Daher muss die Antidiskriminierungsarbeit auch gerade dort ansetzen.

*„Durch den Abbau des eingefahrenen Männerbundes zugunsten einer
neuen Solidarität kann sowohl auf dem Platz als auch in den Fankurven
eine Atmosphäre geschaffen werden, in der unterschiedlichste Lebensweisen jedem und jeder selbst überlassen sind, ohne mit den eventuell
unliebsamen Konsequenzen alleine gelassen zu werden. (Walther 2006:
18)*

Wichtig ist, dass Homosexuelle nicht unvermeidlich in der (männlichen) Geschlechterhierarchie den letzten Platz einnehmen. Zugleich sollte die Antidiskriminierungsarbeit auch bei den TrainerInnen und BetreuerInnen sowie SchiedsrichterInnen ansetzen.
Hierbei können laut der Antidiskriminierungsarbeit des englischen Verbandes besondere Ausbildungen und Schulungen angeboten werden. Da vor allem die TrainerInnen
und auch BetreuerInnen „in der besonderen Situation [sind], ihren SpielerInnen etwas
über soziale Gerechtigkeit, Fairness und Vielfalt zu vermitteln" (Walther 2006: 13)
und sich so aktiv gegen Homophobie einsetzen können, sieht Heißenberger besonders
Bedarf an TrainerInnen-Schulungen, die auf das Thema Homophobie eingehen (Heißenberger 2008: 143). Schließlich, so Tanja Walther, kann nur durch kontinuierliche
Gespräche über Homophobie und Homosexualität im Fußball eine „Selbstverständlichkeit im Umgang mit Homosexualität (…) erreicht werden" (Walther 2006: 14). Da der
„Sport für die männliche Identitätsentwicklung von großer Bedeutung" (Heißenberger
2008: 143) ist (der Autor beruft sich dabei auf den Sportwissenschaftler Nils Neuber),
sind besonders die Trainer im Jugendbereich mit einzubeziehen. Die Trainer sind dort
nicht nur Übungsleiter, sondern stellen auch ein Vorbild, einen Ratgeber dar. Zugleich
sind die Trainer auf dem Platz „die maßgebenden Autoritätspersonen und geben vor,
welches Verhalten passend und unpassend ist" (Heißenberger 2008: 143). Wenn dann
ein Spieler im Jugendbereich von seinem Trainer hört, dass dieser einen Fehlpass als
„schwulen Pass" tituliert, ist dies selbstverständlich ein Nährboden für Homophobie.
Im Jugendalter werden durch verschiedene Beschimpfungen Homosexuelle als min-
derwertig dargestellt. Wenn die TrainerInnen das Wort schwul aus ihrem Repertoire
pejorativer Bezeichnungen streichen würden, wäre dies ein bedeutender Schritt, um
Vorurteile und vorhandene Stereotypen abzubauen (Walther 2006: 13; Heißenberger
2008: 143; Eggeling 2010).
Antisexistische Aussagen sollten sich laut Walther „in der alltäglichen Vereinsarbeit,
gerade mit Jugendlichen, durch eine kontinuierliche Aufklärung über Homosexualität wieder finden" (Walther 2006: 14). Theo Zwanziger, der die Stimmung in den
Stadien dauerhaft verändern bzw. beeinflussen will, möchte hierbei ebenfalls bei den
Jugendlichen ansetzen (DSF Reportage I). Ein psychologisches Basiswissen in der

Betreuung von Sportlern wird daher für unverzichtbar gehalten (Blaschke 2008b: 102). „Um jugendlichen Fußballern mehr Spielraum im Umgang mit ihrer Männlichkeit zu geben" (Heißenberger 2008: 143), schlägt Heißenberger als sinnvolle Hilfestellung das von Winter und Neubauer (2001) entwickelte Variablenmodell vor, das die unterschiedlichen Fähigkeiten der Kinder und Jugendlichen und nicht deren Defizite in den Mittelpunkt stellt. Dadurch wird eine Kommunikation über Männlichkeitsvorstellungen ohne abwertende Formulierungen möglich. So können die Trainer den Jugendlichen „Möglichkeiten für den Umgang mit Homosexualität und Homosexuellen anbieten" (Heißenberger 2008: 143). Sie können den Jugendlichen zeigen, dass „die Diffamierung von Schwulen kein notwendiger Bestandteil von Männlichkeit (im Fußball) sein muss" (Heißenberger 2008: 143) und Zivilcourage auch männlich sein kann.

8.3   Sanktionierung homophober Verhaltensweisen

Da der Rassismus durch viele Maßnahmen bekämpft wird (rassistischen Gesängen und Sprüchen wurde in den letzten Jahr entgegengetreten, die Vereine müssen bei Verstößen ihrer Fans mit hohen Strafen rechnen) flüchten sich laut Blaschke viele Fans stattdessen in die Homophobie, da diese Diskriminierungsform kaum Strafen nach sich zieht. In den Fußballstadien werden wöchentlich homophobe Verhaltensweisen ausgelebt und homophobe Äußerungen getätigt (s.o.). „Es darf nicht der Eindruck entstehen, dass es weniger schlimm wäre, jemanden wegen seiner Sexualität, statt wegen seiner Hautfarbe oder seiner Religion auszugrenzen." (Blaschke 2008b: 132) In England werden homophobe Auftritte bereits mit einer Geldstrafe belegt (Bachner 2009). 2006 wurden zwei Fans wegen homophober Äußerungen verhaftet und zu einem Jahr auf Bewährung verurteilt. Weitere Fans wurden wegen homophober Beleidigungen des Stadions verwiesen (Schollas 2009: 16; Blaschke 2008b: 117; Lück/Schäfer 2006b). In den Handlungsempfehlungen des englischen Fußballverbandes ist daher unter dem Punkt „Spielregeln" auch von „Sichtbarmachen von Missbrauch und Diskriminierung, Überprüfung von Prinzipien im Fußball" (Walther 2006: 19) die Rede. Obwohl laut Blaschke seit der Erweiterung des englischen Strafkataloges die Homophobie zumindest in den Stadien zurück geht (Blaschke 2008b: 117), weist Schollas darauf hin, dass sich „an der Alltagspraxis im Umgang mit schwulen Spielern wenig geändert" (Schollas 2009: 16) habe.

Dennoch wird in einigen deutschen Vereinen (z.B. bei Hertha BSC) über eine mögliche Sanktionierung bei homophoben Äußerungen nachgedacht. Dabei ist von Geldstrafen sowie von Stadionverboten die Rede. Und obwohl, wie bereits gezeigt wurde, in drei bzw. sechs Vereinen eine Sanktionierung laut Stadionordnung möglich wäre, wurde bisher in Deutschland noch kein Fan wegen einer homophoben Äußerungen bestraft. Auch wurde der Strafkatalog des DFB bis jetzt noch nicht verändert (Bachner 2009; Schollas 2009: 16; Blaschke 2008b: 117). Experten gehen davon aus, dass der Strafkatalog wegen der dann zwangsläufig folgenden häufigen Spielabbrüche noch nicht um den Tatbestand Homophobie erweitert wurde. Kein Profiligaspiel findet heutzutage ohne homophobe Äußerungen statt, so dass bei einer Aufnahme in den Strafkatalog jedes zweite Spiel abgebrochen werden müsste (Blaschke 2008b: 117; Lück/Schäfer 2006b; Blaschke 2008a: 142). Dennoch spricht sich auch Volker Beck, Grünen-Politiker, für Strafen bei homophoben Verhaltensweisen aus. Dies solle im Extremfall bis hin zu einer roten Karte oder auch Punktabzug führen (DSF Reportage I).

8.4 Positionierung gegen Homophobie

Die Studie über die Wandlung des Zuschauerverhaltens benennt im Kampf gegen Diskriminierungen[15] unter anderem die Fanprojekte, Faninitiativen und Fans sowie Vereine und Verbände als wichtige Akteure (Pilz u.a. 2006: 13). „Von der aktiven Teilnahme über die Unterstützung der (hier aufgeführten schwul-lesbischen, d. Verf.) Sportereignisse durch Veröffentlichung von Artikeln in den Vereins- oder Verbandszeitungen oder Hinweise auf Webseiten und die finanzielle Unterstützung bis hin zu Partnerschaften mit teilnehmenden Teams/Vereinen inklusive gemeinsamer Medienauftritte" (Walther 2006: 19 f), bieten sich vielseitige Wege an, beim Kampf gegen die Homophobie anzusetzen und Homosexuellen gegenüber Respekt zu zeigen. Exemplarisch soll hier die finanzielle Unterstützung des schwul-lesbischen Wagens der Fanclubs auf dem Christopher Street Day 2008 in Köln genannt werden (Blaschke 2008b: 118, DSF Reportage II).

Weiter könnten sich sowohl Vereine als auch heterosexuelle Fangruppen sowie Profispieler öffentlich als „gay-friendly" bekennen (Heißenberger 2008: 145). Der englische Club Manchester City kann dabei als Vorbild dienen. Er setzt sich durch Kampagnen gegen Homophobie im Fußball ein und gab die Broschüre „Tackling Homophobia" heraus. Der Verein unterschrieb zudem eine Charta, welche ihn zum „gay friendly"-Club auszeichnet. Des Weiteren unterstützt der Verein durch finanzielle Mittel die Organisation „Stonewall", die sich für die Rechte der Homosexuellen in Großbritannien einsetzt. Ebenso wird homosexuelles Personal eingestellt und die Schwulenszene aus Manchester eingeladen (Lück/ Schäfer 2006b; Walther 2006: 19; Blaschke 2008b: 115f.). Auch wenn Schollas negativ anmerkt, dass die homosexuellen Mitarbeiter nur für Aufgaben außerhalb des Feldes eingestellt werden (Schollas

---

15 Obwohl die Studie vor allem auf die rassistische und fremdenfeindliche Diskriminierung eingeht, werden die Passagen von der Verfasserin dennoch auf die Homophobie bezogen, da auch diese Form der Diskriminierung in der Studie eine Erwähnung findet.

2009: 16), setzt sich dieser Club offensiv gegen Homophobie im Fußball ein. Gleichermaßen könnten Profispieler eine klare Position beziehen und sich als „gay-friendly" outen. Vorreiterrollen nehmen der englische Spieler David Beckham und der italienische Spieler Alberto Gilardino ein. Die beiden setzten sich gegen Diskriminierung aufgrund der sexuellen Orientierung ein. In Deutschland ist es vor allem Philipp Lahm, zurzeit Spieler beim Erstligisten FC Bayern München und während der WM 2010 Kapitän der deutschen Männernationalelf, der sich offiziell als „gay-friendly" outet und sich als einer der ersten Profifußballer gegen Homophobie im Fußball („wenn ein Spieler schwul ist, ist er trotzdem mein Mannschaftskollege, und für mich würde sich im Umgang mit ihm nichts ändern", Heißenberger 2008: 142) positioniert. Unter anderem gab er der homosexuellen Zeitschrift „Front" ein Interview, das auch Thema in der Mannschaft gewesen sei. Mit seinem Engagement hofft er, vor allem jüngeren Leuten zeigen zu können, dass man mit dem Thema Homosexualität im Fußball offen umgehen kann. 2008 erhielt er für sein Engagement neben Theo Zwanziger und Tanja Walther, wegen des „besonderen und herausragenden Einsatz[es] gegen Intoleranz und Homophobie im Breitensport, hier insbesondere im Fußballsport"(Heißenberger 2008: 142), den Tolerantia-Preis. Bis dahin äußerte sich kaum ein Protagonist des Fußballs über das Thema Homosexualität im Fußball (Heißenberger 2008: 142; DSF Reportage I; DSF Reportage II; Lizas Welt 2008). Heißenberger bemerkt hierzu, dass, wenn „allein schon eine Unterstützungserklärung (Zwanziger) bzw. ein Nichtdiskriminierungsvorhaben (Lahm) einen 'besonderen und herausragenden Einsatz' bedeuten, (...) dies zugleich auch Aufschluss auf die Norm- und Wertvorstellungen im Fußball allgemein" (Heißenberger 2008: 142) gibt. Auch Philipp Lahm äußerte gegenüber Tanja Walther, dass er nicht wisse, warum er den Preis eigentlich bekommen habe, da er nur seine Meinung gesagt habe. Tanja Walther stellt jedoch klar, dass dies im Zusammenhang mit Homophobie etwas besonders darstelle, da andere ihre Meinung nicht öffentlich vertreten würden. Dass nun öffentlich über Homosexualität im Fußball gesprochen werden kann und so ein Tabu gebrochen wurde, ist den wenigen Vorreitern zu verdanken (DSF Reportage II).

8.5 Initiativen der homosexuellen Community

Die Rechte der Homosexuellen sind in den vergangenen Jahren gestärkt worden. Unter anderem hat auch der Sport zu dieser Entwicklung beigetragen, wie einige ForscherInnen befinden, wie hier Blaschke (2008b: 66):

> *„Diese Bewegung geht auf die Initiativen der USA zurück, wo Homosexuelle in den siebziger und achtziger Jahren begannen, eigene Veranstal-*

tungen zu organisieren, um gegeneinander zu laufen, zu schwimmen und zu spielen – aber auch, um miteinander für mehr Toleranz zu werben. "

In Deutschland gibt es ebenfalls Initiativen, die sich im Fußball gegen die Diskriminierung von Homosexuellen einsetzten. Die Abwesenheit von Homosexuellen im Fußball „führt bei vielen zu dem Umkehrschluss, dass Schwule von Natur aus gar nicht Fußball spielen können" (Walther 2006: 10) oder nicht spielen wollen (Heißenberger 2008: 67). Obschon sowohl für die männerbewegte Linke als auch für die Schwulenbewegung „die Ablehnung von hegemonialer Männlichkeit lange Zeit synonym mit der Ablehnung von Fußball" (Sülzle 2005: 174) war und viele homosexuelle Männer laut Dembowski (2002: 142) Fußball negativ gegenüber stehen, da sie in der typischen Rollenverteilung erzogen wurden, gibt es heute dennoch homosexuelle Fans und auch Fußballspieler . Daher sind neben Initiativen von Verbänden und Vereinen so genannte „Self-organized"-Initiativen besonders wichtig. Hier setzen sich homosexuelle Sportler durch verschiedene Aktionen und Vereinsgründungen selbst gegen Homophobie im Sport ein und werben für (mehr) Anerkennung und Toleranz. Zudem können sie zeigen, dass Homosexualität und Fußball sehr wohl zusammenpassen und Homosexualität kein Ausschlusskriterium darstellt. Die nun aufgeführten Initiativen verschaffen lediglich einen Einblick in die Vielfalt der Aktionen, die sich gegen Diskriminierung und auch gegen Homophobie im Fußball einsetzen.

Schwul-lesbische Fanclubs
Seit 2001 gibt es den ersten offiziellen schwulen Fanclub in Deutschland: die „Hertha Junxx". Neun Jahre später bestehen viele weitere schwul-lesbische Fanclubs. Von den 18 Bundesligavereinen, die in der Saison 2010/2011 in der ersten Bundesliga spielen, haben etwas mehr als 60 Prozent einen offiziellen schwul-lesbischen Fanclub, darunter Querpass (St. Pauli), Rainbow-Borussen (Borussia Dortmund), Stuttgarter Junxx (VfB Stuttgart), Bunte Fohlen (Borussia Mönchengladbach) und Andersrum Rut-Wiess (1. FC Köln). Sie wollen mit ihrer Existenz beweisen, dass Homosexualität und Fußball doch zusammen passen und für Akzeptanz und Toleranz werben. „Die Gruppe ermöglicht eine bessere Darstellung, mehr Bekanntheit und Anerkennung und sie schafft Sicherheit" (Walther 2006: 16). Die Teilnahme an Auswärtsspielen stellt noch eine Ausnahme dar, da nicht in allen deutschen Stadien laut Günter Schlögel, Gründungsmitglied der Hertha Junxx, eine tolerante Atmosphäre herrscht. Auswärtsspiele nach Cottbus oder Rostock würde sein Fanclub nicht antreten. Dies, so Schlögel, trauen sie sich nicht und sollte man als Schwuler meiden (DSF Reportage I; Lück/ Schäfer 2004; Dembowski 2002: 143; Walther 2006: 16; Queer Football Fanclubs). Zudem schlossen sich die Fanclubs zu einem Netzwerk zusammen, dem Queer Football Fanclubs (QFF). Dieses Netzwerk setzt sich ein für:

- Toleranz,
- Integration von homosexuellen Fanclubs in die gesamte Fan-Szene,
- Vernetzung der nationalen und internationalen homosexuellen Fanclubs sowie
- Unterstützung bei der Gründung und Weiterentwicklung homosexueller Fanclubs und
- Sichtbarkeit durch verschiedene Aktionen (Queer Football Fanclubs - Satzung: 1).

Schwul-lesbische Sportvereine

In den 80er Jahren gründeten sich viele homosexuelle Sportvereine (u.a. Seitenwechsel Berlin – der größte europäische Lesbensportverein, Vorspiel Berlin – der größte europäische Schwulensportverein, Aufruhr in Bochum, Warminia in Bielefeld, Startschuss in Hamburg, Janus in Köln, Querschläger in Chemnitz, Rosalöwen in Leipzig). In den Vereinen spielt natürlich der sportliche Aspekt eine wichtige Rolle. Darüber hinaus verfolgen die Vereinsmitglieder jedoch auch politische Ziele und setzten sich gegen Homophobie im Sport ein. Sie werben zudem für Toleranz und Anerkennung der homosexuellen Lebensformen (Blaschke 2008b: 67; Walther 2006: 14f.; Dembowski 2002: 141). In den Sportvereinen wird selbstverständlich auch Fußball angeboten. Dieses Angebot wird von den homosexuellen Spielern gerne angenommen, da sie hier offen zu ihrer Sexualität stehen können. Die meisten von ihnen haben zuerst in „Heterovereinen" gespielt. Diese haben sie jedoch verlassen, da sie sich dort aufgrund von Diskriminierungen nicht wohl gefühlt haben. Nun gibt es europaweit

„schwul-lesbische Vereine, in denen Schwule, Lesben, Bi- und Transsexuelle sowie manche/r Heterosexuelle gemeinsam Sport treiben und gleichzeitig gegen Diskriminierungen kämpfen" (Dembowski 2002: 141).

Meuser nennt sie die „bunten Ligen", bei denen es sich, wie er eher skeptisch befindet „in der Regel um großstädtische Nischen einer alternativen (Sport-)Kultur [handelt], die weder die Geschlechterordnung des in DFL und DFB organisierten Fußball tangiert noch in die massenmediale Präsentation und in die Narrative des Fußballs Eingang findet" (Meuser: 2008: 120).

Gay Games

Zudem gibt es viele Turniere, die von und für homosexuelle SportlerInnen organisiert werden, unter anderem die EuroGames und die Gay Games. Die EuroGames sind jährlich stattfindenden europäischen Meisterschaften von Lesben, Schwulen,

Bisexuellen und Transsexuellen (LGBT[16]) und werden seit 1992 von der European Gay & Lesbian Sport Federation (EGLSF) vergeben. Sie sind mit 3.000 bis 5.000 TeilnehmerInnen in diversen Sportarten ein sportliches Großereignis für „alle SportlerInnen Europas ungeachtet ihrer sexuellen Orientierung, auch wenn der Kontext der Veranstaltung zunächst homosexuell ist" (Walther 2006: 14f.). Zukünftig wird die EGLSF zudem den Sonderpreis „Challenge Cup" für herausragende Leistungen im Kampf gegen Homophobie im Fußball bei den EuroGames vergeben.

Die Gay Games finden seit 1982 alle vier Jahre statt und werden von der Federation of Gay Games (FGG) für homosexuelle Sportler organisiert. Der amerikanische olympische Zehnkämpfer Tom Waddell erdachte 1980 „die Spiele als eine Möglichkeit, für Schwule und Lesben ihr Können zu zeigen" (Gay Games Cologne), ohne der Homophobie ausgesetzt zu sein. Bei den ersten Gay Games in San Francisco, die den Olympischen Spielen nachempfunden wurden, nahmen 1.350 Sportler teil. 1998 fanden die Gay Games mit ca. 15.000 Teilnehmern aus 88 verschiedenen Ländern zum ersten Mal in Europa (Amsterdam) unter dem Motto „Friendship" statt. Das ausgetragene Fußballturnier, ein Teil der Gay Games, bestritten insgesamt 86 Teams aus 14 Ländern. In 2010 waren die Gay Games unter dem Motto „Be part of it" zwischen dem 31. Juli und dem 07. August in Köln (Walther 2006: 14f.; Gay Games Cologne).

Darüber hinaus organisieren die homosexuellen Vereine Turniere, in denen Homosexuelle ohne Diskriminierungen ihren sportlichen Ambitionen nachgehen können. Bei dem Internationalen Hallenturnier 2008 des Berliner Vereins Vorspiel nahmen insgesamt zwölf Teams aus vier verschiedenen Ländern teil. Darunter befanden sich auch gemischte Teams mit heterosexuellen Fußballern, die keinerlei Berührungsängste zeigten (DSF Reportage I). Ebenso finden seit 1992 schwul-lesbische Weltmeisterschaften und seit 1993 schwul-lesbische Europameisterschaften statt (Dembowski 2002: 142; Walther 2006: 15).

8.6   Football Against Racism in Europe

„Football Against Racism in Europe" (FARE) entstand 1999 als internationales Netzwerk, „um eine gemeinsame Strategie und ein Grundsatzprogramm gegen Rassismus und Fremdenfeindlichkeit zu entwickeln" (FARE). FARE kann in mehr als 37 Ländern aktive Partner vorweisen und arbeitet auf allen Ebenen mit Akteuren des Fußballs, sprich sowohl mit Fans und Spielern als auch mit den Verbänden (darunter sind auch die UEFA und FIFA), zusammen. FARE initiiert jährlich im Oktober

---

16 LGBT ist eine Abkürzung für Lesbian, Gay, Bisexual und Trans(gender) – im Deutschen auch LSBT (Lesben, Schwule, Bisexuelle und Transsexualität) abgekürzt (Human Rights Watch o.J.).

eine Aktionswoche gegen Rassismus im Fußball. 2001 begann die Kampagne „Vereint gegen Rassismus" in neun Ländern, sieben Jahre später fanden in insgesamt 37 europäischen Ländern 700 Veranstaltungen statt. Ebenso nahmen neben mehreren Topstars aus Europa alle 32 Mannschaften der UEFA Champions League an der Kampagne teil.

> *„Die Idee hinter der FARE-Aktionswoche ist, dass durch breit gefächerte Initiativen und Aktivitäten lokale Probleme bei den Vereinen oder in den Gemeinschaften angesprochen werden und gleichzeitig mit Gruppen auf dem ganzen Kontinent zusammengearbeitet wird, um vereint Stellung gegen den Rassismus im Fußball zu beziehen."* (FARE)

Dabei bezieht sich das Netzwerk auch auf die Homophobie im Fußball. Unter anderem entwickelten sie den oben bereits genannten 5-Punkte-Plan, der sich mit der Bekämpfung von Homophobie und Sexismus befasst.

8.7 Vereins-, Verbands- und Fan(club)aktionen

Der Club FC St. Pauli ist einer der wenigen Vereine, die sich aktiv gegen Homophobie einsetzten. Allgemein ist der Verein, der mit Conny Littmann auch einen homosexuellen Präsidenten hat, als ein toleranter Club bekannt, der sich gegen jede Form von Diskriminierung einsetzt. Die Spieler des Vereins sind unter anderem mit einem Banner mit der Aufschrift „Schwulenhatz ist fehl am Platz" aufgelaufen. Solche Aktionen sind in den Bundesligen jedoch selten (DSF Reportage I; Heißenberger 2008: 142). Ebenso setzt sich der DFB-Präsident seit mehr als zwei Jahren für das Thema Homosexuelle im Fußball ein. So wurde 2009 ein Länderspiel der Nationalmannschaft gegen Finnland unter das Motto „Gegen Homophobie im Fußball" gestellt. Hierbei widmeten sich die Stadionzeitschrift und die Flyer, die jeder Besucher erhielt, dem Thema. Die UEFA bemüht sich ebenfalls, neben den bereits erwähnten Zehnpunkteplan und der Verabschiedung des Handbuches (s.o.), wurde im März 2009 auf der dritten Konferenz gegen Diskriminierung im Fußball Homophobie als Thema in Workshops aufgenommen (Blaschke 2008b: 117; Eggeling 2010).

Darüber hinaus gibt es auch Initiativen seitens der Fans bzw. der Fanclubs. Unter anderem wurde eine Erklärung „Gegen Diskriminierung", die auf dem 5-Punkte-Plan basiert, von der EGLSF und dem Netzwerk Frauen im Fußball (F_IN) 2007 auf dem Fankongress des DFB vorgestellt. Die Unterzeichnenden verpflichten sich in der Erklärung alle Formen von Diskriminierung, also auch die Homophobie, anzuerkennen. Ebenso verpflichten sich die Unterzeichnenden in ihren Stadionordnungen und Vereinssatzungen einen Antidiskriminierungsparagraphen aufzunehmen.

Hierbei soll auch explizit darauf hingewiesen werden, dass keine/r aufgrund ihrer/ seiner sexuellen Orientierung (...) diskriminiert werden darf" (Erklärung „Gegen Diskriminierung im Fußball" 2010: 1). Darüber hinaus sollen die eingeführten Paragraphen durch eine aktive Öffentlichkeitsarbeit bekannt gemacht werden. Des Weiteren sollen Vorurteile durch regelmäßige Berichterstattungen, beispielsweise über homosexuelle Turniere sowie gemeinsame Aktionen und Kooperationen unter anderem mit homosexuellen Organisationen, abgebaut werden. Zum Schluss verpflichten sich die Unterzeichnenden, jedes diskriminierende Verhalten zu dokumentieren und zu melden, so dass die Vorfälle „untersucht werden können, um so Lösungsansätze zu erarbeiten und/oder Sanktionen gegen den/die ÜbeltäterIn bzw. die betreffende Einrichtung ergreifen zu können" (Erklärung „Gegen Diskriminierung im Fußball" 2010: 1). Die Erklärung wurde neben anderen Fußballvereinen und Faninitiativen sowie Sportorganisationen von folgenden Bundesligavereinen, die 2010/ 2011 in der ersten Bundesliga spiel(t)en, unterschrieben: 1. FC Kaiserslautern, 1. FC Köln, 1. FSV Mainz 05, Borussia Mönchengladbach, FC Bayern München, FC Schalke 04, FC St. Pauli, Hamburger SV, VfB Stuttgart und Werder Bremen sowie die Kommanditgesellschaft von Borussia Dortmund. Ebenfalls unterschrieb der Deutsche Fußball-Bund die Erklärung. Obwohl die EGLSF auf die Umsetzung achtet, erfüllt nicht jeder Unterzeichnende die aufgelisteten Punkte. Dennoch ist eine solche Erklärung, die auch auf die Homophobie im Fußball eingeht, im Kampf gegen die Diskriminierung von Homosexuellen von immenser Bedeutung und bildet einen wichtigen Schritt in der Antidiskriminierungsarbeit.

8.8   Widersprüchliches

„Vorfälle am Rande können die Stimmung nicht trüben, sollen aber kurz erwähnt werden und verdeutlichen, wie wichtig Antidiskriminierungsarbeit ist" (Walther 2006: 15). Unter diesem Motto werden anekdotisch verschiedene Stationen im Umgang mit dem Thema Homosexualität erkennbar. Bei der ersten schwul-lesbischen Fußball Weltmeisterschaft 1995 in Berlin war die Kooperation mit den Verbänden und den Behörden schwierig. Daher gab es nur eine geringe finanzielle Unterstützung seitens des Sportsenats – und dies sogar nur unter heftigen Protesten des Landessportbundes. Ebenso war es dem Berliner Fußballverband durch eine fadenscheinige Begründung nicht möglich, bei dieser Weltmeisterschaft SchiedsrichterInnen zu stellen.

Auch hatten es einige homosexuelle Fanclubs zu Anfang nicht leicht. Die Rainbow Borussen (Dortmund) wurden vom Verein erst nicht als offizieller Fanclub anerkannt, nach der Anerkennung wurde die Homosexualität des Fan-Clubs verschwiegen und danach wurde ihm die Merchandising-Rechte verweigert (Walther 2006:

16; Blaschke 2008b: 49; Lizas Welt 2008). Auch bilden homosexuell ausgerichtete Turniere laut der DSF-Reportage zwar nicht mehr die Ausnahme, sind aber dennoch noch nicht überall möglich (DSF Reportage I). Der Europäische Schwul-lesbische Fußballverband lud am 23. Mai 2008 zum zweiten Aktionsabend gegen Schwulen- und Lesbenfeindlichkeit im deutschen Fußball ins Kölner Rheinenergiestadion ein. Eingeladen waren die Vertreter aller Bundesligavereine, erschienen war davon keiner. Positiv hervorzuheben war jedoch die Teilnahme von Theo Zwanziger sowie die Verabschiedung einer Erklärung „Gegen Diskriminierung im Fußball", die die Grundlage bilden soll, gegen schwulen- und lesbenfeindliche Vorfälle reagieren zu können (DSF Reportage I).

9   Frauenfußball

Im Männerfußball scheint ein Coming Out eines homosexuellen Spielers noch nicht möglich zu sein. Aber wie sieht es bei den Frauen in den Profiligen aus? Da einigen Spielerinnen nachgesagt wird, lesbisch zu sein, müsste es doch als Frau eigentlich kein Problem darstellen, sich im Fußball offen zur Homosexualität zu bekennen. Auch sollte das Thema Homophobie nicht so tabuisiert sein. Dass dies jedoch nicht der Fall ist, zeigt dieses Kapitel.

Die Journalisten Lück und Schäfer schreiben in ihrem Artikel, dass in den Bundesligavereinen und in der Frauennationalelf viele homosexuelle Fußballerinnen und auch Trainerinnen vorhanden wären (Lück/Schäfer 2004). Ebenso gehen sie und auch die DFB-Reportage bei lesbischen Spielerinnen in der Nationalmannschaft von einem offenen Geheimnis aus. Die DSF-Reportage beruft sich dabei unter anderem auf Tanja Walther. Sie äußerte im zweiten Teil der Reportage, dass, wenn alle lesbischen Spielerinnen aus dem Kader geworfen werden würden, die deutsche Frauennationalelf nicht mehr bestehen könnte (DSF Reportage 2). Ebenfalls äußert die ehemalige Bundestrainerin, Tina Theune-Meyer, dass zu ihrer Zeit ca. sechzig bis siebzig Prozent der Nationalmannschaft lesbisch gewesen seien (Blaschke 2008b: 83f.). Aber warum gehen überhaupt so viele davon aus, dass Fußballerinnen lesbisch sind? Laut Degele wählen die Frauen mit Fußball im Gegensatz zu den Männern keinen geschlechterkonformen Sport. „Daraus könnte man schließen: Wer schon Geschlechterregeln bricht, tut das auch in der Sexualität. Dann ergäben zwei Tabubrüche wieder etwas "Passendes": Fußballerinnen sind lesbisch" (Degele im Interview mit Obergföll 2009). Dass die Annahme, viele Fußballerinnen seien lesbisch, nicht unbedingt falsch war, belegt die Studie von Birgit Palzkill. Sie fand in den 90er Jahren heraus, dass im Leistungssport viele homosexuelle Frauen anzutreffen sind, da sie dort nicht als Frau, sondern als Sportlerin wahrgenommen werden. Daher fühlen sie sich auch im Fußball wohl (Öhlschläger 2007b). Walther (2006) vermutet zudem, dass die Prozentzahl der lesbischen Spielerinnen beim Profifußball wohl höher ist als in den unteren Ligen. Als Begründung gibt sie die Identität der Frau an, da Frauen jahrelang gewisse Rollenmuster zugeschrieben wurden. Im Fußball kann die Frau sich dann, wie Palzkill in ihrer Studie verdeutlichte, als Sportlerin sehen und nicht als Frau, die rollenbedingt bestimmte Erwartungen erfüllen soll. Und da in den oberen Ligen als männliche geltende Eigenschaften gefordert werden, sind laut Walther daher auch besonders viele lesbische und bisexuelle Frauen mit den o.g. eher geschlechter-untypischen Verhaltensweisen anzutreffen (Blaschke 2008a: 138 f.). Dennoch gibt es im Frauenfußball so gut wie kein öffentliches Coming Out. Auch hat sich bisher noch keine aktive Nationalspielerin geoutet. Tanja Walther, die in den Neunzigern beim Tennis Borussia Berlin und Turbine Potsdam als Spielerin aktiv war, hielt ihre Homosexualität nie geheim und nahm auch an schwul-lesbischen Turnieren teil. Da der Frauenfußball nicht so populär war wie heute, interessierte dies kaum jemanden – weder Journalisten, Funktionäre noch Zuschauer. Dennoch gab es Widerstand. Dieser kam aus den eigenen Reihen. Ein Trainer forderte sie z.B. dazu auf, ihren Freund auf der Weihnachtsfeier mitzunehmen. Eine andere Trainerin, die selbst lesbisch war, untersagte den lesbischen Spielerinnen, mit ihrer Freundin auf dem Trainingsgelände Händchen zuhalten, da die Mädchen aus der Jugendabteilung und deren Eltern nichts bemerken sollten (Blaschke 2008b: 80).

Im Frauenfußball stellt ein Coming Out laut Walther zwar kein existenzbedrohendes Ereignis für die Sportlerin dar, dennoch wurde den Frauen von Seiten des Vereins lange genug eingeredet, ihre Homosexualität nicht publik zu machen. Das Fußballmagazin RUND und Eggeling sprechen daher von einem so genannten Stillhalteabkommen, das besagt, „dass die Spielerinnen privat tun können, was sie wollen, solange es nicht zum öffentlichen Thema und Ärgernis wird" (Lück/Schäfer 2004). In den Vereinen ist bekannt, welche Spielerinnen lesbisch sind. Ihre Sexualität sollen sie jedoch nicht zeigen und vor der Öffentlichkeit geheim halten. Ebenso wie im Männerfußball wird somit auch im Frauenfußball die heteronormative Ordnung aufrechterhalten. Dies bestätigt auch Verena Berchtold, eine Sportlerin aus der Schweiz. Sie erklärte 2000 in einem Interview mit dem „Tages-Anzeiger", dass sie ihre Freundin zwar mitnehmen, sie jedoch nicht küssen dürfe (Dembowski 2002: 143). Ebenfalls sagt die Geschichte über Martina Voss, ehemalige Nationalspielerin und 1996 sowie 2000 Fußballerin des Jahres, einiges über die (frühere) Haltung des DFB aus. Sie hatte sich im Jahr 2000 in ihrer noch aktiven Zeit als Fußballerin geoutet. Nach ihrem Coming Out wurde sie jedoch nicht mehr als Nationalspielerin aufgestellt. Der DFB benannte hierfür sportliche Gründe (DSF Reportage II; Dembowski 2002: 143), allerdings wurde Voss 2000 noch zur Fußballerin des Jahres gekürt, so dass nicht auszuschließen ist, dass die Nichtnominierung doch an ihrem Coming Out gelegen haben mag. Eine andere Geschichte besagt, dass einige Nationalspielerinnen 1995 vor einer Frauenweltmeisterschaft an den oben beschriebenen schwul-lesbischen EuroGames teilnehmen wollten. Der DFB drohte daraufhin sogar mit dem Rauswurf aus dem Kader, so dass die Spielerinnen letztendlich nicht bei den EuroGames antraten (DSF Reportage I; Dembowski 2002: 144; Blaschke 2008b: 115). Dies, so die ehemalige Nationalspielerin Anuschka Bernhard, die sich 2008 outete (Blaschke 2008b: 84), wäre jedoch für die heutige Zeit nicht mehr denkbar. Sie ist der Meinung, dass sich der DFB heute anders verhalten hätte. Tanja Walther begrüßt ebenfalls das Umdenken des DFB und die Zusage, dass einem Coming Out einer Nationalspielerin nichts mehr im Weg steht. Es wäre gut als Nationalspielerin zu wissen, so Walther, dass der Verband auch bei einem Coming Out hinter einem stehe (DSF Reportage I).

Warum es dennoch bis heute kein öffentliches Coming Out einer aktiven Nationalspielerin gibt, erklärt Linda Bresonik, Weltmeisterin 2003 und 2007, mit der Zunahme des öffentlichen Interesses. Weiter sagt sie, dass je bekannter eine Spielerin ist, desto schwieriger ein Coming Out wird. Ebenfalls sieht Inka Grings die Öffentlichkeit als eines der Hauptprobleme bei einem Coming Out an (DSF Reportage II). Wie im Männerfußball sind auch die Frauen der Homophobie, die hier in Zusammenhang mit Sexismus zu sehen ist, ausgesetzt. Unter den Narrativen des „starken" und des „schwachen" Geschlechts werden im Prinzip alle Frauen subsummiert. Der Fußball gilt jedoch als Männersport, als hart und schmerzintensiv, als Sport für das „starke" Geschlecht. Fußballspielenden Frauen wird daher oft unterstellt, vermännlicht und rustikal zu sein (Blaschke 2008b: 81f.).

Wenn Fußballerinnen ein von Männlichkeitswerten geprägtes Spiel betreiben, werden sie zudem immer noch von vielen nicht als „echte" Frauen betrachtet, dazu sind sie ihnen zu ‚kerlig', robust, roh und damit unattraktiv – Attribute, die Lesben in großen Teilen der Öffentlichkeit immer noch zugeschrieben werden. Wenn Fußballerinnen dann pauschal als „Kampflesben" bezeichnet werden, sieht man auch hier die Homophobie im Fußball. Da die Zuschauerzahlen zumeist geringer sind als beim Männerfußball und die Publikumsstrukturen Unterschiede aufweisen („große Gruppen alkoholisierter Jugendlicher, die feindselige Sprechchöre anstimmen könnten, besuchen diese Stadien nicht"; Eggeling 2010: 81), zeigt sich die Homophobie und der Sexismus meist auf subtile Art, u.a. durch das Schweigen bzw. Leugnen der Funktionäre (exemplarisch kann hier das Bitten von Walthers Trainer, ihren Freund mitzunehmen, stehen). Auch wollen viele Spielerinnen zwar mit Tanja Walther über Homosexualität und Homophobie im Fußball sprechen, jedoch wollen sie aus Angst vor dem Verlust der Sponsoren nicht namentlich genannt werden (Eggeling 2010: 81ff.).

Die Tatsache, dass sich sogar im Frauenfußball, bei dem lesbische Spielerinnen ein offenes Geheimnis zu sein scheinen, noch keine aktive Nationalspielerin zu einem Coming Out durchringen konnte und auch hier Homophobie anzufinden ist, zeigt sehr gut, wie schwer es ist, im Fußball, egal ob Männer- oder Frauenfußball, offen mit der Homosexualität umzugehen.

10   Ausblick

Abschließend betrachtet scheint das Ziel, dass die sexuelle Orientierung eines Spielers/einer Spielerin keine Rolle spielt, noch nicht in Reichweite zu sein. Es bleibt jedoch „die Hoffnung, dass durch den sich langsam vollziehenden Generationswechsel im Trainergeschäft sowohl innere Strukturen in Richtung eines homophileren Umfeldes gelockert werden, als auch, dass dieser Wandel adäquat nach außen vermittelt und aufgegriffen wird und das Bild vom Fußballer sich einer sozialen Realität, wie sie in anderen Gesellschaftsbereichen gang und gäbe ist, anpassen kann" (Schollas 2009: 19).

Diese Hoffnung scheint gerechtfertigt zu sein. In den vergangenen Jahren hat sich, wenn auch nur schrittweise, bezüglich des Themas einiges im Fußball verändert. Die Verbände und auch die Vereine werden sensibler und fangen an, über Homosexualität im Fußball zu sprechen. Einige Satzungen und Stadionordnungen haben das Thema bereits aufgenommen, andere Vereine haben sich durch unterschreiben der Erklärung „Gegen Diskriminierung" dazu verpflichtet, ebenfalls ihre Satzungen und Stadionordnungen zu ändern und eine antisexistische Formulierung aufzunehmen. Außerdem wird durch verschiedene Initiativen auch vermehrt die Öffentlichkeit erreicht.

Trotz positiver Ansätze werden wohl noch einige Jahre verstreichen, bevor sich das Thema Homophobie wie andere Diskriminierungsformen als offensiv zu bekämpfende Diskriminierung im Fußball etabliert hat. Gewisse Männerbünde und ihre Vorstellungen von Männlichkeit sind zu eingefahren, die kulturelle Logik des Fußballs ist zu stark in den Köpfen der Menschen verankert, so dass, ebenso wie beim Kampf gegen den Rassismus, ein Umdenken noch viele Initiativen und Gegenstrategien bedarf. Aber, und dies soll Mut machen, die ersten Schritte hin zum Fußball ohne Diskriminierung (in jeder Form) werden getan.

Literaturverzeichnis

Amtsblatt der Europäischen Gemeinschaft. [online] Homepage: Europarl URL: http://www.europarl.europa.eu/charter/pdf/text_de.pdf [26.05.2010]

Bachner, Frank (2009): Manche steigen betont hart ein. In: Tagesspiegel [online] Homepage: Der Tagesspiegel URL: http://www.tagesspiegel.de/sport/Fussball-Bundesliga-Homosexualitaet-Schwule-Fussballer-Eggeling;art133,2787591 [Stand 27.01.2010]

Blaschke, Ronny (2008a): Im Schatten des Spiels. Rassismus und Randale im Fußball. Göttingen

Blaschke, Ronny (2008b): Versteckspieler. Die Geschichte des schwulen Fußballers Marcus Urban. Göttingen

Bogena, K.N. (2007): Drei homosexuelle Profis sind mir bekannt. [online] Homepage: Welt Online Sport URL: http://www.welt.de/sport/article1350213/Drei_homosexuelle_Profis_sind_mir_bekannt.html [Stand 07.01.2010]

Böhnisch, Lothar (2003): Die Entgrenzung der Männlichkeit. Verstörungen und Formierungen des Mannseins im gesellschaftlichen Übergang. Opladen

Brändle, Fabian/ Koller, Christian (2002): Goal! Kultur- und Sozialgeschichte des modernen Fußballs. Zürich

Büse, Heinz (1999): „Heulsuse" Möller kampft um guten Ruf. [online] RZ-Online. URL: http://www1.rhein-zeitung.de/on/99/04/14/sport/news/moeller.html [19.06.2010]

Connell, Robert W. (1999): Der gemachte Mann. Konstruktion und Krise von Männlichkeiten. Opladen

Degele, Nina (2009): Wenn das Runde ins Eckige muss – Stereotypisieren, Reifizieren und Intersektionalisieren in der Geschlechterforschung. In: Baer, Susanne/ Symkalla, Sandra/ Hildebrandt Karin (Hrsg.): Schubladen Schablonen Schema F. Stereotype als Herausforderung für Gleichstellungspolitik. Bielefeld, S. 146 - 160

Dembowski, Gerd (2002): Von Schwabenschwuchteln und nackten Schalkern. Schwulenfeindlichkeit im Fußballmilieu. In: Dembrowski, Gerd/ Scheidle, Jürgen (Hrsg.): Tatort Stadion. Rassismus, Antisemitismus und Sexismus im Fußball. Köln, S. 140 -146

DFB-Abteilung Prävention & Sicherheit (2009): Richtlinien zur einheitlichen Behandlung von Stadionverboten [online] Homepage: KOS-Fanprojekt URL: http://www.kos-fanprojekte.de/fileadmin/user_upload/media/regeln-richtlinien/pdf/201002-richtlinien-stadionverboten.pdf [27.05.2010]

DFB Satzung (2007) [online] Homepage: DFB URL: http://www.dfb.de/uploads/media/02_Satzung_01.pdf [26.05.2010]

DSF-Reportage I (2008): Das große Tabu: Homosexualität im Fußball. [online] Homepage: Youtube. URL: http://www.youtube.com/watch?v=g4AOVX-4qW4 [12.11.2009]

DSF-Reportage II (2009): Tabubruch – Der neue Weg von Homosexualität im Fußball [online] Homepage: Youtube. URL: http://www.youtube.com/watch?v=B1FJ2jLfdV8 [17.11.2009]

DWDS: Kamerad. [online] Homepage: DWDS. Das digitale Wörterbuch der deutschen Sprache des 20. Jh. URL: http://www.dwds.de/?kompakt=1&qu=Kamerad [10.06.2010]

Eduhi: Balancierte Männlichkeit. [online] Homepage: Education Highway. Innovationszentrum für Schule und neue Technologie GmbH. URL: http://www.eduhi.at/dl/B_Winter_Balancierte_Maennlichkeit.pdf [05.07.2010]

Eggeling, Tatjana (2010): Homosexualität im Fußball – ein Widerspruch? [online] Homepage: Bundeszentrale für politische Bildung. URL: http://www.bpb.de/themen/ SRKA6H,0,Homosexualit%E4t_und_Fu%DFball_ein_Widerspruch.html [04.07.2010]

EGLSF [online] Homepage: The official website for the European Gay & Lesbian Sport Federation. URL: http://www.eglsf.info/eglsf-about-german.php [26.06.2010]

Erklärung „Gegen Diskriminierung im Fußball" (2010) [online] Homepage: Queer Football Fanclubs. URL: http://queerfootballfanclubs.com/qff/index2.php?option=com_ content&do_pdf=1&id=17 [09.07.2010]

EuroGames [online] Homepage: The official website for the European Gay & Lesbian Sports Championship. URL: http://www.eurogames.info/eurogames-about-german. html [23.06.2010]

FARE [online] Homepage: Football against Racism in Europe [online] Homepage: http:// www.farenet.org/ [01.06.2010]

FIFA – Sport against Racism Ireland [online] Homepage: FIFA.com. URL: http://de.fifa. com/worldcup/organisation/footballforhope/festival/zone/europe.html [29.06.2010]

Flohr, Sven (2009): Fußball bleibt eine Männerwelt mit vielen Tabus. [online] Homepage: http://www.welt.de/sport/fussball/article5214141/Fussball-bleibt-eine-Maennerwelt-mit-vielen-Tabus.html [13.11.2009]

Friedebold, Fritz (2010): Zwanziger sagt schwulen Fußballspielern Hilfe zu. [online] Homepage: Spiegel Online URL: http://www.welt.de/sport/fussball/article5981488/ Zwanziger-sagt-schwulen-Fussballspielern-Hilfe-zu.html [Stand 26.01.2010]

Gay Games Cologne [online] Homepage: Gay Games Cologne. URL: http://www.games-cologne.de/de/gay-games/ [23.06.2010]

Hall, Stuart (2000): Rassismus als ideologischer Diskurs. In: Räthzel, Nora (Hrsg.): Theorien über Rassismus. Hamburg, S.7 - 16

Heißenberger, Stefan (2008): Ein ernster Spielplatz der Männlichkeit. [online] Homepage: Universitätsbibliothek Wien. URL: http://othes.univie.ac.at/2968/1/2008-12-02_0216979.pdf [25.01.2010] hier und heute. Die Reportage (2010): „Schwuler Schiri" [online] Homepage: 1Live. URL: http://www.einslive.de/medien/ html/1live/2010/06/18/hier-und-heute-schwuler-schiri.xml [01.07.2010]

Hungermann, Jens (2009): Warum Homophobie im Fußball weit verbreitet ist. [online] Homepage: Spiegel Online URL: http://www.welt.de/sport/fussball/article5071982/ Warum-Homophobie-im-Fussball-weit-verbreitet-ist.html [Stand 26.01.2010]

Human Right Watch (o.J.): LGBT, URL: http://www.hrw.org/de/category/topic/lgbt-rights

[Stand 26.01.11]

Krull, Patrick (2007): Outing wäre für Fußballer ein enorm hohes Risiko. [online] Homepage: Welt Online Sport. URL: http://www.welt.de/sport/article1260286/Outing_wae-
re_fuer_Fussballer_ein_enorm_hohes_Risiko.html [Stand 26.01.2010]

Lehnert, Esther (2006): Auf der Suche nach Männlichkeiten in der sozialpädagogischen
Arbeit mit Fans. In: Kreisky, Eva/ Spitaler, Georg (Hrsg.): Arena der Männlichkeit –
Über das Verhältnis von Fußball und Geschlecht. Frankfurt/ Main, S. 83 - 96

Lizas Welt (2008): Football's coming out? [online] Homepage: Lizas Welt. Ansichten
zu Politik und Fußball. URL: http://lizaswelt.net/2008/02/19/football%E2%80%99s-
coming-out/ [07.07.2010]

Lorenz, Ralf (2010): Homophobie im Fußball. „Ich wollte kein Versteckspiel mehr". [on-
line] Homepage: die Tageszeitung. URL: http://www.taz.de/1/nord/artikel/1/%5Cich-
wollte-kein-versteckspiel-mehr%5C/ [06.07.2010]

Lück, Oliver/ Schäfer, Rainer (2004): Homosexualität im Fußball – Warten auf das Coming Out. In: Fußballmagazin RUND. [online] Homepage: Spiegel Online URL: http://
www.spiegel.de/sport/fussball/0,1518,324932,00.html [13.11.2009]

Lück, Oliver/ Schäfer, Rainer (2006a): Schwule Fußballer. Geschäfte mit der Angst vorm
Outing. In: Fußballmagazin RUND. [online] Homepage: Spiegel Online URL: http://
www.spiegel.de/sport/fussball/0,1518,453793,00.html [13.11.2009]

Lück, Oliver/ Schäfer, Rainer (2006a): Schwule Fußballer. Geschäfte mit der Angst vorm
Outing. In: Fußballmagazin RUND. [online] Homepage: Spiegel Online URL: http://
www.spiegel.de/sport/fusball/0,1518,453793,00.html [13.11.2009]

Lück, Oliver/ Schäfer, Rainer (2006b): Schwule Fußballer. Models als Schutzschild. In:
Fußballmagazin RUND. [online] Homepage: Spiegel Online URL: http://www.spiegel.
de/sport/fussball/0,1518,453801,00.html [06.07.2010]

Meuser, Michael (2008): It's a Men's World. Ernste Spiele männlicher Vergemeinschaftung. In: Klein, Gabriele/ Meuser, Michael (Hrsg.): Ernste Spiele. Zur politischen
Soziologie des Fußballs. Bielefeld, S. 113 -134

Meuser, Michael (2006a): Geschlecht und Männlichkeit. Soziologische Theorie und kulturelle Deutungsmuster. Wiesbaden

Meuser, Michael (2006b): Riskante Praktiken. Zur Aneignung von Männlichkeit in den
ernsten Spielen des Wettbewerbs. In: Bilden, Hilga und Dausein, Bettina (Hrsg.):
Sozialisation und Geschlecht. Theoretische und methodologische Aspekte. Opladen &
Farmington Hills, S. 163 -178

Meuser, Michael/ Scholz, Sylka (2005): Hegemoniale Männlichkeit. Versuch einer Be-
griffserklärung aus soziologischer Perspektive. In: Dinges, Martin (Hrsg.): Männer
– Macht – Körper. Hegemoniale Männlichkeiten vom Mittelalter bis heute. Frankfurt/
New York, S. 211 -228

Müller, Peter (2009): Als Andy Möller ein Schalker wird. [online] Homepage: Der Westen.
Das Portal der WAZ Mediengruppe. URL: http://www.derwesten.de/sport/fussball/der-

bys/Als-Andy-Moeller-ein-Schalker-wird-id238294.html [19.06.2010]

Nottebaum, Anni (1998): Homophobie – eine Waffe des Sexismus. In: Franke, Pia/ Schanz, Barbara (Hrsg.): Frauen Sport Kultur. Beiträge zum 1. Frauen-Sport- und Kulturfestival des adh. Butzbach-Griedel, S. 67 - 78

Obergföll, Laetitia (2009): Von Lesben und Schwulen. [online] Homepage: Badische Zeitung URL: http://www.badische-zeitung.de/deutschland-1/von-lesben-und-schwulen--18165706.html [Stand 07.01.2010]

Öhlschläger, Katja (2007a): Tanja Walther: „Sexismus und Homophobie müssen thematisiert werden!" [online] Homepage: Womensoccer. URL: http://www.womensoccer.de/2007/06/24/tanja-walther-sexismus-und-homophobie-muessen-thematisiert-werden/ [30.06.2010]

Öhlschläger, Katja (2007b): Tanja Walther: „Bewusstsein dafür entwickeln, die Diskriminierung zu sehen" [online] Homepage: Womensoccer. URL: http://www.womensoccer.de/2007/06/28/tanja-walther-bewusstsein-dafuer-entwickeln-die-diskriminierung-zu-sehen/ [30.06.2010]

Pilz, Günther u.a. (2006): Die Wandlungen des Zuschauerverhaltens im Profifußball - Notwendigkeiten, Möglichkeiten und Grenzen gesellschaftlicher Reaktion – die Kurzfassung. [online] Homepage: Zuschauerverhalten im Profifußball. URL: http://www.zip-projekt.de/content_files/ZIPStudie_Kurzfassung_12_10_2006_deut.pdf [06.07.2010]

Queer Football Fanclubs [online] Homepage: Queer Football Fanclubs. URL: http://www.queerfootballfanclubs.com/ [03.06.2010]

Queer Football Fanclubs: Satzung [online] Homepage: Queer Football Fanclubs. URL:http://queerfootballfanclubs.com/qff/index2.php?option=com_content&do_pdf=1&id=130 [23.06.2010]

Schollas, Sabine (2009): Homophobie im Profifußball. Erschienen in der 5. Ausgabe im Jahr 2009 in Onlinejournal Kultur & Geschlecht. Online im Internet: http://www.ruhr-uni-bochum.de/genderstudies/kulturundgeschlecht/pdf/Schollas_Profifussball.pdf [25.01.2010]

Schwenzer, Victoria: Samstags im Reservat. Anmerkung zum Verhältnis von Rassismus, Sexismus und Homophobie im Fußballstadion. In: Gender kicks. Texte zu Fußball und Geschlecht. [online] Homepage: Koordinationsstelle Fanprojekt. URL: http://www.kos-fanprojekte.de/index.php?id=109 [26.01.2010]

Spiegel Online (2002): Heulsuse Möller mimt den Harten. [online] Homepage: Spiegel Online URL: http://www.spiegel.de/sport/fussball/0,1518,223083,00.html [19.06.2010]

Stadionordnung 1. FC Kaiserslautern [online] Homepage: 1. FC Kaiserslautern. URL: http://www.fck.de/de/stadion/stadionordnung.html [08.04.2010]

Stadionordnung 1. FC Köln [online] Homepage: 1. FC Köln. URL http://www.fc-koeln.de/fileadmin/user_upload/0910/8pdf-downloads/Stadionordnung_RES_01-2010.pdf [08.04.2010]

Stadionordnung 1. FC Nürnberg [online] Homepage: 1. FC Nürnberg. URL: http://www.

fcn.de/tickets/agbstadionordnung/ [08.04.2010]

Stadionordnung 1. FSV Mainz 05 [online] Homepage: 1. FSV Mainz 05. URL: http://www.mainz05.de/fileadmin/mainz05/Internet/PDF/Stadionordnung_2007-11-23.pdf [08.04.2010]

Stadionordnung 1899 Hoffenheim [online] Homepage: 1899 Hoffenheim. URL:http://www.achtzehn99.de/assets/downloads/arena/StadionordnungArena.pdf [08.04.2010]

Stadionordnung Bayer 04 Leverkusen [online] Homepage: Bayer Leverkusen. URL: http://www.prbayer04.de/pdf/04-05/stadionordnung2005.pdf [08.04.2010]

Stadionordnung Borussia Dortmund [online] Homepage: Borussia Dortmund. URL http://www.bvb.de/?%98Z%1B%E7%F4%9D [08.04.2010]

Stadionordnung Borussia Mönchengladbach [online] Homepage: Borussia Mönchengladbach. URL: http://www.borussia.de/de/stadionordnung,115468,0.html [08.04.2010]

Stadionordnung Eintracht Frankfurt [online] Homepage: Eintracht Frankfurt. URL: http://www.eintracht.de/media/tickets/pdf/Stadionordnung0708.pdf [08.04.2010]

Stadionordnung FC Bayern München [online] Homepage: FC Bayern München. URL: http://www.allianz-arena.de/media/native/pdf_dateien/stadionordnung.pdf [08.04.2010]

Stadionordnung FC Schalke 04 [online] Homepage: FC Schalke 04. URL:http://www.schalke04.de/fileadmin/user_upload/medialib/Tickets/stadionordnung_2008.pdf [08.04.2010]

Stadionordnung FC St. Pauli [online] Homepage: FC St. Pauli. URL: http://www.fcstpauli.com/pics/medien/1_1186072804/_tadionordnung.pdf [08.04.2010]

Stadionordnung Hamburger SV [online] Homepage: Hamburger SV. URL:http://www.raver112.de/stadionordnung.php [08.04.2010]

Stadionordnung Hannover 96 [online] Homepage: Hannover 96. URL:http://www.hannover96.de/CDA/fileadmin/images/AWD-Arena/Stadionordnung-1.pdf [08.04.2010]

Stadionordnung SC Freiburg [online] Homepage: SC Freiburg. URL: http://www.scfreiburg.com/verein/daten-fakten/stadion/stadionverordnung [08.04.2010]

Stadionordnung VfB Stuttgart [online] Homepage: VfB Stuttgart. URL: http://www.vfb-stuttgart.de/media/native/testdateien/stadionordnung.pdf [08.04.2010]

Stadionordnung VfL Wolfsburg [online] Homepage: VfL Wolfsburg. URL: http://www.vfl-wolfsburg.de/50376.html [08.04.2010]

Stadionordnung Werder Bremen [online] Homepage: Werder Bremen. URL: http://www.werder.de/stadion/weserstadion_stadionordnung.php [08.04.2010]

Sülzle, Almut (2005): Männerbund Fußball – Spielraum für Geschlechter im Stadion. Ethnographische Anmerkungen in sieben Thesen. In: Dinges, Martin (Hrsg.): Männer – Macht – Körper. Hegemoniale Männlichkeiten vom Mittelalter bis heute. Frankfurt/New York, S. 173 -191

Vereinssatzung 1. FC Kaiserslautern [online] Homepage: 1. FC Kaiserslautern. URL: http://www.der-betze-brennt.de/verein/vereinssatzung.php [06.07.2010]

Vereinssatzung 1. FC Köln [online] Homepage: 1. FC Köln. URL: http://www.fc-koeln.de/

fileadmin/user_upload/0708/PDF-Downloads/Satzung_FC.pdf [06.07.2010]

Vereinssatzung 1. FSV Mainz 05 [online] Homepage: 1. FSV Mainz 05. URL: http://www.
mainz05.de/fileadmin/mainz05/Bilder/Dokumente/Satzung_Verein_Stand0210.pdf
[06.07.2010]

Vereinssatzung Borussia Dortmund [online] Homepage: Borussia Dortmund. URL:
http://www.ich-bin-schwarz-gelb.de/pdf/downloads/Satzung_BVB_eV_09-08-10.pdf
[06.07.2010]

Vereinssatzung Eintracht Frankfurt [online] Homepage: Eintracht Frankfurt. URL: http://
www.eintracht.de/media/pdf/satzung.pdf [06.07.2010]

Vereinssatzung FC Schalke 04 [online] Homepage: FC Schalke 04. URL: http://www.
schalke04.de/verein/satzung.html [06.07.2010]

Vereinssatzung FC St. Pauli [online] Homepage: FC St. Pauli. URL: http://www.fcstpauli.
com/pics/medien/1_1265197762/FC_SP_Satzung_11-2009_Jan-2010.pdf [06.07.2010]

Vereinssatzung Hamburger SV [online] Homepage: Hamburger SV. URL: http://www.hsv.
de/fileadmin/redaktion/Verein/HSV%20Satzung%20seit%20MV%2017%2001%20
10%20eingetragen%2027.04.10.pdf [06.07.2010]

Vereinssatzung Hannover 96 [online] Homepage: Hannover 96. URL: http://www.hanno-
ver96.de/CDA/fileadmin/images/Verein/h96_satzung_einzelseiten.pdf [06.07.2010]

Vereinssatzung VfL Wolfsburg [online] Homepage: Vereinssatzung VfL Wolfsburg. URL:
http://www.vfl-wob.de/downloads/satzung2.pdf [06.07.2010]

Vereint gegen Rassismus (2006): Bekämpfung von Rassismus im Klubfußball. Ein Handbuch für Vereine. [online] Homepage: UEFA URL: http://de.uefa.com/multimediafiles/
download/uefa/keytopics/476248_download.pdf [26.05.2010]

Vereint gegen Rassismus (2003): UEFA-Handbuch für gute Verhaltensweisen. [online]
Homepage: UEFA URL: http://de.uefa.com/newsfiles/82792.pdf [26.05.2010]

Walter, Klaus (2006): The Making of Männlichkeit in der Kabine. In: Kreisky, Eva/ Spitaler, Georg (Hrsg.): Arena der Männlichkeit – Über das Verhältnis von Fußball und
Geschlecht. Frankfurt/ Main, S. 99 -112

Walther, Tanja (2006): Kick it out – Homophobie im Fußballsport. [online] Homepage:
Seitenwechsel e.V. URL: www.seitenwechsel-berlin.de/Formulare/homophobieimfuss-
ball.doc [01.02.2010]

Wikipedia a: Homophobie. [online] Homepage: Wikipedia die freie Enzyklopädie URL:
http://de.wikipedia.org/wiki/Homophobie#cite_note-PsychologischeAspekte-1
[06.04.2010]

Alexandra Martine de Hek, Christine Kampmann, Marianne Kosmann, Harald Rüßler

Fußballsport, Rechtsextremismus und die Konstruktion des Anderen

Inhalt

1 Einleitung

Seit mehreren Jahren steht das Thema Rechtsextremismus am Fachbereich 8, Angewandte Sozialwissenschaften der FH Dortmund, im Fokus verschiedener Lehrveranstaltungen und ist mit unterschiedlichen Schattierungen auch Gegenstand besonderer Aktionstage unter dem Motto „8 gegen 88" (Fachbereich 8 gegen Rechtsextremismus). Denn nicht nur belegen die Ergebnisse neuerer Studien[1], dass der Rechtsextremismus in Deutschland kein Randphänomen ist, sondern insbesondere die Region Dortmund ist Zielgebiet aggressiver rechtsextremer Bewegungen und Initiativen. Soziale Arbeit als Menschenrechtsprofession[2] muss darauf reagieren; die entsprechenden Ausbildungsstätten können und müssen die Studierenden entsprechend zur Auseinandersetzung mit dem Rechtsextremismus befähigen.

Vor diesem Hintergrund entwickelte sich das studentische Lehrforschungsprojekt „Sport und Rechtsextremismus", das sich über mehrere Semester erstreckte. In diesem Artikel sollen einige theoretische Grundlagen aufgezeigt, die herangezogenen Methoden vorgestellt und die zentralen Ergebnisse der Studie vorgelegt werden. Zu diesen gehört eine Ausweitung der Fragestellung, die wir zu Beginn der Forschungen nicht so erwartet hatten. Wir befassen uns nicht so sehr mit dem Problem des Rechtsextremismus im lokalen Fußballsport, sondern vor allem mit den Prozessen, die in das Vorfeld gehören, Ausschließungen, Dominanzstrategien, Stereotypen, die unter dem Begriff der Konstruktion des Anderen im Fußball subsummierbar sind. Dazu gehören die bekannteren sozialen Probleme wie Ausländerfeindlichkeit und Fremdenfeindlichkeit, und dazu gehört, was wir in dieser Deutlichkeit nicht erwartet hatten, das Thema von Schließungen und Territorienerhalt (Krüger 2002), kurzum, der Umgang mit dem Thema Frauen im (Männer-)Fußball. Beides, die Fremdenfeindlichkeit im Sinne einer Ausländerfeindlichkeit wie auch die Konstruktion von Frauenbildern, gehört zusammen. Beide „Gruppen" werden, zumindest in unseren Feldstudien, als Eindringlinge in ein doch eigentlich männlich, deutsch, weiß, besetztes Feld aufgefasst.

In den später folgenden Ergebniskapiteln werden die zentralen Befunde der Konstruktion des Anderen dokumentiert, gefolgt von einem abschließenden Kapitel zum

---

1 So etwa die so genannten Mitte-Studien im Auftrag der Friedrich Ebert Stiftung, in denen die Forschungsgruppe um O. Decker und E. Brähler seit 2004 eine Ausbreitung rechtsextremer Positionen bis weit in die Mitte der Gesellschaft konstatiert, oder auch die Forschungsergebnisse der Bielefelder Forschungsgruppe um W. Heitmeyer, die mit dem Ansatz der gruppenbezogenen Menschenfeindlichkeit die Weiterentwicklung eines in seiner politischen Polarisierung (Links- und Rechtsextremismus) missbräuchlichen Konzepts von Rechtsextremismus vornimmt (Heitmeyer u.a. 2009).

2 1992 wurde durch die „International Federation of Social Workers" (IFSW) und die „International Association of Schools of Social Work" (IASSW) die Soziale Arbeit als Menschenrechtsprofession proklamiert.

sozialen und pädagogischen Auftrag des Fußballsports. Zu Anfang sollen jedoch die derzeit diskutierten Forschungen zum Thema Rechtsextremismus sowie das methodische Vorgehen dargelegt werden.

2 Forschungen zum Thema Fußball und Rechtsextremismus

Rechtsextremismus wird unterschiedlich definiert und konzeptionalisiert. In den Diskussionen der Lehrforschungsgruppe spielten folgende Begriffsklärungen eine Rolle:

In der öffentlichen Diskussion wird das rechtsextreme Weltbild beschrieben durch Merkmale wie Nationalismus, Fremdenfeindlichkeit, völkische Ideologie, Antisemitismus, Geschichtsklitterung, einhergehend mit der Verherrlichung des nationalsozialistischen Regimes und der Relativierung bzw. Leugnung des Holocausts sowie der Diffamierung und Ablehnung des demokratischen Rechtsstaats und seiner Institutionen. Die verschiedenen rechtsextremen Gruppierungen sind ideologisch nicht homogen, doch sind bei allen die Überbewertung ethnischer Zugehörigkeit und eine gegen den Gleichheitsgrundsatz gerichtete Fremdenfeindlichkeit festzustellen.

Nach Richard Stöss (2007: 25), der im Auftrag der Friedrich-Ebert-Stiftung verschiedene Studien über Rechtextremismus durchführte, zeichnen den heutigen Rechtsextremismus vor allem vier relevante Merkmale aus:

- Übersteigerter Nationalismus und Beschwörung äußerer Bedrohung
- Negierung der universellen Freiheits- und Gleichheitsrechte der Menschen
- Tendenzielle Gegnerschaft zu parlamentarisch-pluralistischen Systemen
- Gesellschaftliches Leitbild einer ethnisch homogenen Volksgemeinschaft mit einem Führer.

Oliver Decker und Elmar Brähler (2006: 20), die in ihrer repräsentativen Studie „Vom Rand zur Mitte" eine erschreckend große Verbreitung rechtsextremen Gedankenguts in der bundesdeutschen Gesellschaft konstatierten, betrachten die folgenden Merkmale als Bestandteile eines mehrdimensionalen Einstellungsmusters:

Im politischen Bereich:

- Affinität zu diktatorischen Regierungsformen,
- chauvinistische Einstellungen,
- Verharmlosung bzw. Rechtfertigung des Nationalsozialismus.

Im sozialen Bereich:

- antisemitische, fremdenfeindliche und sozialdarwinistische Einstellungen.

Wie viele andere Rechtsextremismus-Forschende differenzieren die genannten Wissenschaftler zwischen Einstellung und Verhalten.

Heitmeyer ging in seiner älteren „Bielefelder Rechtsextremismus-Studie" davon aus, dass Rechtsextremismus aus zwei Grundelementen besteht: aus der Ideologie der Ungleichheit und aus einer Gewaltakzeptanz. Er spricht von einem rechtsextremistischen Orientierungsmuster, wenn „die strukturell gewaltorientierte Ideologie der Ungleichheit (...) zumindest mit der Akzeptanz von Gewalt als Handlungsform [verbunden wird]" (Heitmeyer u.a. 1992: 16).

Ob nun die Ausübung von Gewalt per definitionem zum Rechtsextremismus gehört, wird in den verschiedenen Forschungen unterschiedlich konzeptionalisiert. Auch wird die von allen ForscherInnen konstatierte Ideologie der Ungleichheit unterschiedlich akzentuiert, so etwa wird sie in Heitmeyers Konzept der gruppenbezogenen Menschenfeindlichkeit als sowohl Individuums- und/oder gruppenbezogene Abwertung von Menschen als auch als Forderung nach Ungleichbehandlung von Fremden oder Anderen aufgefasst (Heitmeyer u.a. 2009: 10). Alle genannten Forscher konstatieren jedoch ausdrücklich im Kern des rechtsextremen Einstellungsmusters „Ungleichwertigkeitsvorstellungen" (wie hier zitiert nach Decker/Brähler 2006: 20).

Die weitere Diskussion dieser unterschiedlichen Positionen oder Akzentsetzungen

Abb. 1: Verbreitung der Ausländerfeindlichkeit in Ost- und Westdeutschland

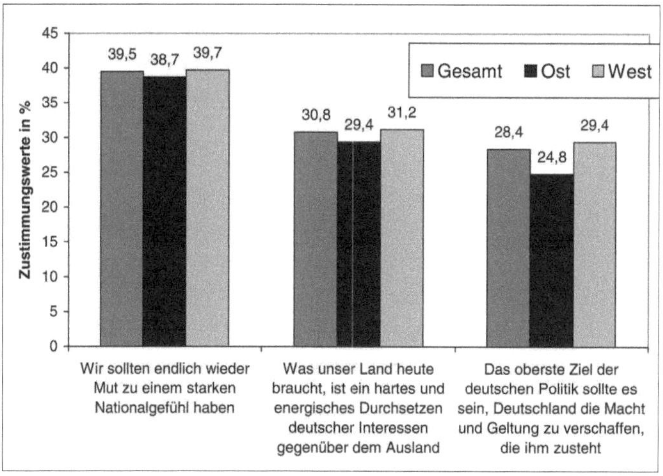

Quelle: Decker, Oliver/Brähler, Elmar 2006: 37

125

bleibt anderen Publikationen vorbehalten. Für das zu beschreibende Forschungsprojekt an der FH Dortmund spielte jedoch ein in der (Fach-)Öffentlichkeit breit diskutierter Befund der repräsentativen Studie von Decker und Brähler eine große Rolle, und zwar die Rolle der Ausländerfeindlichkeit, deren hohe Verbreitung in der „ganz normalen" Bevölkerung durch die Studie ermittelt wurde, wie die vorstehende Abbildung zeigt.

In der Studie mit über 5. 000 Befragten wurde Ausländerfeindlichkeit als zentraler Baustein, als „Einstiegsdroge" des rechtsextremen Weltbilds (Decker/Brähler 2006: 167) herausgearbeitet[3]. Das rechtsextreme Einstellungsmuster ist zudem eng mit Nationalismus, Gehorsams- bzw. Unterwerfungswerten (Autoritarismus), mit Gewaltbereitschaft und sexistischen Einstellungen verbunden.

Insofern fokussiert das Lehrforschungsprojekt rechtsextremistische/ausländerfeindliche bzw. fremdenfeindliche Äußerungsformen.

Als Untersuchungsfeld wurde der Fußballsport aufgrund seiner Bedeutung gerade im Ruhrgebiet bzw. in der Region Dortmund ausgewählt. Bewusst wurde der lokale Fußballsport im Amateurfußball in den Blick genommen und nicht der Profifußball, zu dem bereits viele Studien vorliegen, die u.a. auch eine Verlagerung der rechtsextremen, ausländerfeindlichen Szene in die unteren Fußballligen konstatierten.

Mit Blick auf den Profifußball seien hier zentrale Befunde aus der Studie „Wandlungen des Zuschauerverhaltens im Profifußball" von Gunter A. Pilz und anderen (2006) vorgestellt und zwar vor allem aus der Teilstudie von Sabine Behn und Viktoria Schwenzer, die sich mit „Rassismus, Fremdenfeindlichkeit und Rechtsextremismus im Zuschauerverhalten und Entwicklung von Gegenstrategien" befassten.

Zu den Wandlungen des Zuschauerverhaltens gehört, dass rechtsextremistisches und fremdenfeindliches Zuschauerverhalten im Profifußball zurückgegangen ist. In Anlehnung an den bereits erwähnten Rechtsextremismusforscher Stöss differenzieren Behn und Schwenzer (2006: 337) zwischen einem sicht- und hörbaren manifesten Rechtsextremismus und einem latenten Rechtsextremismus, der subtiler, versteckter daher kommt und nicht einfach verschwunden ist. Durch das Tragen bestimmter Symbole, das Transportieren spezieller Codes werde der Rechtsextremismus nur „camoufliert". Die Einstellungen seien geblieben, die Masken seien geändert worden, nicht die Einstellung (Behn/Schwenzer 2006: 337).

Rechtsextremistische und fremdenfeindliche Verhaltensweisen in der 1. und 2. Bundesliga seien merklich und messbar zurückgegangen, weil sich die ethnische Zusammensetzung von Mannschaften geändert habe, weil es unterschiedlich institutionalisierte und initiierte Gegenstrategien gäbe, durch Verbände, Vereine, Fanprojekte und auch Fangruppen, Faninitiativen, zudem auch eine Verbürgerlichung/Kommer-

---

3 In der aktuellen Studie von 2010 „Die Mitte in der Krise" ist das Ausmaß der Ausländerfeindlichkeit nach einem leichten Rückgang in 2008 wieder auf ähnlich hohem Niveau (Decker u.a. 2010: 92).

zialisierung des Fußballs geschehen sei (Behn/Schwenzer 2006: 346-350). Dadurch bedingt oder parallel dazu haben sich rechtsextremistische/fremdenfeindliche Verhaltensweisen von Zuschauern in andere Sozialräume verlagert, und zwar zum einen räumlich, vom Stadion in andere öffentliche Räume in der näheren Umgebung des Stadions bzw. auf die An- und Abfahrtswege, und Ligabezogen, in die unteren Fußballligen. Dies gelte insbesondere für ehemalige DDR-Oberligavereine, die heute überwiegend niedrigklassig spielen, aber einen relativ großen Fananhang haben (Behn/Schwenzer 2006: 342).

Die beiden Forscherinnen deuten rechtsextremistisches und fremdenfeindliches Zuschauerverhalten auf unterschiedliche Weise:

Eine dem *„Fußballgeschehen innewohnende kulturelle Logik"* hat ein rechtsextremes oder fremdenfeindliches Zuschauerverhalten zur Folge. Es ist (in der 1. und 2. Bundesliga) eng mit dem Spielverlauf verknüpft, äußert sich in Parolen, derben Sprüchen, Symbolen und gewaltförmigen Aktivitäten und kann als Bestandteil der „normalen" Gegner-Provokation, seiner Beleidigung, gesehen werden; dazu gehören neben rechtsextremem und fremdenfeindlichem Verhalten auch andere herabsetzende Verhaltensweisen, wie Sexismus und Schwulenfeindlichkeit.

• Durch Provokation und Beleidigung des Gegners werden die Homogenität und das Zusammengehörigkeitsgefühl der Eigengruppe gestärkt. Ein rassistischer Inhalt oder Gehalt der Sprüche, Parolen und Lieder werde nicht hinterfragt bzw. unreflektiert in Kauf genommen. Die innere Logik der Fußballkultur zielt auf die Konstruktion des Anderen/des Nicht-Wir und auf die des Eigenen, die Herstellung einer Binnenhomogenität (Wir-Konstruktion). Fremdenfeindlichkeit bzw. Ausländerfeindlichkeit sind so besehen Teil der kulturellen Logik des Fußballs, eine immanente Fußballlogik. Wenn mit Stuart Hall (2000, zit. nach Behn/Schwenzer 2006: 358) Rassismus als „soziale Ausschließungspraxis" begriffen wird, dann zeigt sich hier u.U. ein Grundelement des -europäischen modernen- Fußballs, in dem die Gegensätzlichkeit der „eigenen" und der „fremden" Mannschaft ein konstituierendes Element des Spiels ist. Zusätzlich besteht eine Hierarchie von Diskriminierungen im Fußballstadion. Schwulenfeindlichkeit (Homophobie) und Sexismus gehören zum Standardrepertoire. Qua Fremdenfeindlichkeit und Homophobie kann der Gegner erniedrigt werden; durch Sexismus, verpackt mit männlichem Potenzgebaren, wird die Eigengruppe in einer durch hegemoniale, heterosexuelle Männlichkeit geprägten (europäisch-südamerikanischen) Fußballkultur erhöht. Insbesondere sexistische Diskriminierungen sind so sehr eingelassen in die „Fußballnormalität", dass sie gar nicht wahrgenommen und deshalb auch nicht problematisiert werden. Diese im Stadion herrschende abweichende Normalität stimmt mit der alltäglichen Lebenswelt nicht (ganz, d. Verf.) überein (Behn/Schwenzer 2006: 353-359).

- Eine andere Deutungsweise wäre die, das Fußballstadion als Spiegelbild der Gesellschaft zu sehen. Danach wird Rechtsextremismus als soziales Problem gesehen, das mit den Zuschauer-Innen in die Stadien kommt. Die Fans als Querschnitt der Gesellschaft zeigen ebensolche ausländer- und fremdenfeindlichen Einstellungen wie die Gesellschaft insgesamt. Damit wird der Fußball gewissermaßen entlastet, die Verantwortung für rechtsextremes oder fremdenfeindliches Zuschauerverhalten liegt nicht im Fußballbereich und kann und sollte auch nicht dort bekämpft werden. Mit Blick auf die vorher wiedergegebenen genannten Ausführungen bestreiten die beiden Forscherinnen jedoch dieses Deutungsmuster, indem sie auch auf den männlich dominierten, heterosexistischen sowie mono-ethnischen Charakter der Fanszene verweisen (Behn/Schwenzer 2006: 360f).

Zusätzlich zu diesen Befunden bzw. Deutungshypothesen wurde in der Forschungsgruppe eine weitere Hypothese diskutiert, die im Laufe der Untersuchung modifiziert wurde:

Fußball bietet einen besonderen Raum, der nicht nur „Narrenfreiheit" verheißt, sondern eher noch ein Ventil für die Mühen der Zivilisation (Norbert Elias) bietet, die die im Alltag geforderte Kontrolle der Gefühle, die Rationalität, die Vernunft abfordern. Das scheint im und um das Spiel herum außer Kraft gesetzt. In diesem Schonraum sind als „schwul" verdächtigte Verhaltensweisen erlaubt, Männer können sich umarmen, die geforderte affektive Verhaltenskontrolle ablegen, weinen, schreien, schluchzen. Hier können man und frau Beleidigungen absondern, Kostüme anlegen, sich bemalen usw. und dem gesellschaftlich verpönten Rassismus, der politisch missliebigen Fremdenfeindlichkeit Ausdruck geben.

Vor diesem Erklärungshintergrund entwickelten wir unser Lehrforschungsprojekt mit verschiedenen Fragestellungen und Untersuchungsmethoden.

3 Methodisches Setting und Vorgehen

Das Lehrforschungsprojekt bewegt sich methodisch gesehen im Rahmen qualitativer Sozialforschung. Die Prinzipien dieses Paradigmas seien in vergleichender Abgrenzung zur quantitativen Forschungsmethode kurz vorgestellt.

Quantitative und qualitative empirische Konzepte gehen von verschiedenen Prinzipien aus und erfassen jeweils andere Aspekte eines Forschungsprozesses (Atteslander 2006; Burzan 2005; Diekmann 1997; Flick u. a. 2000; Graz/Kraimer 1991; Lamnek 2005). Durch quantitative Methoden werden Mengen, Häufigkeiten und statistische Zusammenhänge der erhobenden Daten ermittelt und dargeboten. Durch qualitative Methoden werden Sinn- und Handlungsmuster von Subjekten in ihrer Prozesshaftigkeit erfasst, analysiert und dargestellt.

Die zentralen qualitativen Erhebungsinstrumente des Projekts sind die Beobachtung des Spielgeschehens auf dem Platz und des Zuschauerverhaltens sowie Expertengespräche mit ausgewählten (aktiven) RepräsentantInnen des Dortmunder Amateurfußballs. Bevor auf das konkrete empirische Projektdesign einzugehen ist, sollen hierzu vorher die herangezogenen Instrumente beschrieben werden.

Beobachtung: Ausgehend vom Grundsatz, dass qualitative Forschung Feldforschung ist, geht es um die fragestellungsbedingte Erschließung des Untersuchungsfeldes (Lamnek 2005: 547ff.; Przyborski/Wohlrab-Sahr 2008: 53ff.). Zu klären ist zunächst, was und wer zum Feld gehört, wie der Feldzugang gewährleistet ist und ob man die Beobachtung offen oder verdeckt durchzuführen gedenkt. Von besonderer Relevanz ist die die Rolle des/der Beobachtenden – insbesondere im Fall der teilnehmenden (verdeckten) Beobachtung. Diese Rolle schließt die Reflexion der Forschenden ein. Denn diese oder dieser

„begibt sich auf eine Gratwanderung zwischen Nähe und Distanz, zu der es gehört, die Perspektiven der Untersuchungsperson übernehmen zu können, aber gleichzeitig als ‚Zeuge' der Situation Distanz zu wahren. Ohne Nähe wird man von der Situation zu wenig verstehen, ohne Distanz wird man nicht in der Lage sein, sie sozialwissenschaftlich zu reflektieren" (Przyborski/Wohlrab-Sahr 2008: 60).

Die Beobachterrolle schließt die Kompetenz zu genauer Beobachtung ein. Wichtig ist es, die Beobachtungen zu protokollieren, um sie nachvollziehbar zu machen: die Protokolle generieren die auswertungsrelevanten Daten. Idealerweise werden folgende Daten notiert bzw. produziert: die eigentlichen beobachteten empirischen Sachverhalte im Feld, Kontextinformationen (Informationen, die aus anderen Quellen stammen), methodische, theoretische Reflexionen und Rollenreflexionen. Die Feldnotizen (Situationsbeschreibungen) sollten so genau und differenziert wie möglich und interpretationslos erfolgen.

„Je genauer die Darstellung ist, desto weniger muss man auf Abstraktionen und Generalisierungen zurückgreifen, in die immer schon Interpretationen eingelassen sind." (Przyborski/Wohlrab-Sahr 2008: 64f.)

Die Aufzeichnungen sollten entweder unmittelbar nach den Beobachtungen oder während derer gemacht werden, wenn die Situation im Feld dadurch nicht (nennenswert) beeinträchtigt wird.

ExpertInneninterviews: Bezüglich des Einsatzes und der Auswertung von Experten- bzw. Expertinnen-Interviews im Kontext des qualitativen Paradigmas haben vor allem Meuser und Nagel Relevantes beigetragen. Solche Interviews werden in unterschiedlichen Forschungsprojekten eingesetzt, oft in Verbindung mit anderen (Erhebungs-)Verfahren, aber auch als eigenständiges Instrument (Meuser/Nagel 1991: 441). Zunächst kann unterschieden werden zwischen einer zentralen (Zielgruppe) und einer Randstellung (UmfeldexpertInnen) von ExpertInneninterviews im Forschungsdesign. Die einen verfügen über Insiderwissen, die andern über Kontextwissen. ExpertInneninterviews sind auf bestimmte Inhalte bzw. Themen fokussiert, die aus den (verschiedenen) Perspektiven der Funktionsträger vermittelt werden, wenn auch nicht losgelöst von deren jeweiliger Persönlichkeit. Im Mittelpunkt steht aber nicht z. B. die Biographie des Befragten, sondern das spezifische (Erfahrungs-)Wissen über das der/die Befragte als Repräsentant/in verfügt und das ihm/ihr eine gewisse Deutungs- und Definitionsmacht gibt (Meuser/Nagel 1991: 444). Die Pragmatik ist ein weiteres Kennzeichen des Experteninterviews, denn ganz anders als beispielsweise das biographische bzw. narrative Interview eignet es sich als Erhebungsinstrument für zeitlich restriktive Feldsituationen, gerade bei ExpertInnen spielt der Faktor Zeit eine sehr zu beachtende Rolle. Aus diesem Grunde sind ExpertInneninterviews mehrheitlich auch leitfadengestützt (Liebold/Trinczek 2002). Mittels des Leitfadens wird das Interview zwar thematisch strukturiert, ist aber dennoch dialogisch offen. Das heißt: leitfadengestützte Interviews ermöglichen einerseits eine thematische Fokussierung, andererseits sind sie offen und lassen dem/der Interviewten hinreichend Zeit und Raum für Eigenstrukturierungen bzw. Relevanzsetzungen (Liebold/Trinczek: 39). Gerade diese Offenheit bzw. die nicht gänzlich vom Forscher vorgegebene Ablaufstruktur ist typisch für qualitative Erhebungsverfahren.

3.1 Beobachtung des Spielgeschehens und des Zuschauerverhaltens

Inspiriert u.a. von der Untersuchung „Wandlungen des Zuschauerverhaltens im Profifußball" (Pilz u.a. 2006) und hier primär von der Expertise „Rassismus, Fremdenfeindlichkeit und Rechtsextremismus im Zuschauerverhalten und Entwicklung von Gegenstrategien" (Behn/Schwenzer 2006), entwickelte das Lehrforschungsprojekt fragestellungsgemäß ein Beobachtungkonzept mit Bezug auf die Untersuchung der Situation im Dortmunder Amateurfußball.

Wegen der kleinen Lehrforschungsgruppe und der durch das Studium bedingten zeitlichen Einschränkungen wurden nur vier Fußballvereine ausgewählt. Die – exemplarische – Auswahl sollte unterschiedliche Dortmunder Milieus, unterschiedliche Fußballligen sowie den Genderaspekt berücksichtigen. Zur Spiel- und Zuschauerbeobachtung ausgewählt wurden:

- Verein A: Die Damenmannschaft eines von Migranten gegründeten und geführten Clubs aus der Dortmunder Nordstadt, in der sich die Zuwanderungsgeschichte (Nachkriegs-)Deutschlands lokal abbildet und der durch ein vergleichsweise hohes Maß an ethnischer und sozialer Segregation charakterisiert ist.
- Verein B: Ein Kreisligaverein mit langer ruhrgebietstypischer Fußballtradition aus dem Stadtbezirk Innenstadt-West; ein sozial gemischter Vorort mit Angehörigen aus dem (traditionslosen) Arbeitermilieu und aus bürgerlichen Schichten, infolge der geographischen Nähe zur Universität und zur eher vom intellektuellen Milieu geprägten westlichen Innenstadt.
- Verein C: Aus einem Vorort im Osten der Stadt. Von den hier ausgewählten Dortmunder Clubs spielt dieser Verein seit vielen Jahren schon in der höchsten Klasse. Auch dieser Verein verfügt über eine langjährige Tradition (inzwischen 100jährig) mit fester Verankerung im örtlichen, sozialdemokratisch geprägten Arbeitnehmermilieu.
- Verein D: Dieser Kreisliga-Verein mit gleichfalls langer Tradition repräsentiert geographisch den Dortmunder Süden mit zum Teil ländlichen Strukturen und einer relativ homogenen ethnischen und sozioökonomischen Bevölkerungsstruktur (geringer Anteil von Menschen mit Migrationshintergrund und eher Besserverdienende).

Jeweils drei Projektmitglieder wurden diesen Clubs fest zugeordnet (Beobachtungsteams). Insgesamt wurden je Verein sechs teilnehmende Spiel- und Zuschauerbeobachtungen, Auswärtsspiele inklusive, durchgeführt. Auf einem zuvor durch einen Beobachtungs-Pretest entwickelten Protokollbogen wurden die Beobachtungen direkt auf den Plätzen von den FeldforscherInnen notiert. Diese nicht-verdeckte Form der Protokollierung stellte sich als weitgehend unproblematisch heraus. Der Platzzugang war zuvor in Informationsgesprächen über das Projektvorhaben mit Vereinsverantwortlichen abgesprochen.

Beobachtungskategorien sind u.a.: Lage, Ausstattung der Spielstätte und deren Infrastruktur, Situation vor dem Spiel (Bezahlvorgang, Empfang der gegnerischen Mannschaft, Zuschauerplatzierung), Situation während des Spiels (Ereignisauslösende Aktivitäten seitens der Spieler, des Schiedsrichters, der Trainer, der ZuschauerInnen), Abläufe in der Halbzeitpause und Ereignisse, Verhaltensweisen, Äußerungen nach Spielende. Die Kategorie „Sonstiges" bot schließlich die Möglichkeit, Auffälligkeiten am Rande zu skizzieren sowie Kontextinformationen, methodische, theoretische Ideen und Besonderheiten bezügliches des eigenen Rollenverhaltens zu notieren.

3.2 ExpertInnengespräche

Von zentraler Bedeutung für die Datengewinnung des Lehrforschungsprojekts waren, rückblickend betrachtet, die ExpertInnengespräche. Diese wurden mit ausgewählten Vertretern und AkteurInnen der oben skizzierten Dortmunder Fußballszene durchgeführt, die vom Projekt exemplarisch in den Fokus gerückt wurde. Im Einzelnen sind dies Leitfaden gestützte Gespräche mit:

1. Vier Vorstands-Repräsentanten
2. Einem Schiedsrichter/einer Schiedsrichterin
3. Zwei Trainern
4. Einer Spielerin
5. Zwei älteren Vereinsmitgliedern (Ehemalige Vereinsspieler und Stammzuschauer)

Die Interviews wurden auf Tonband aufgenommen und anschließend fragestellungsrelevant transkribiert. Durchgeführt wurden die ExpertInneninterviews von den jeweils den Vereinen zugewiesenen Projektmitgliedern; diese nahmen auch die Verschriftlichung der Daten vor.

3.3 Auswertung des erhobenen Datenmaterials

Sowohl die Beobachtungsbögen wie auch die Interviews wurden inhaltsanalytisch ausgewertet: In einem offenen mehrstufigen Kodierungsverfahren wurden aus dem Material heraus fallstrukturtragende Kategorien rekonstruiert – dies in Anlehnung an Leitfäden und Fragestellung sowie unter der Berücksichtigung von im Sichtungsprozess „entdeckten" fallspezifischen Besonderheiten.

Die Auswertung der Beobachtungsbögen förderte zunächst folgende Codes zu Tage: Schiedsrichterrolle, Frauenrolle, (rechte) Symbole (Kleidung), Fremd-/Selbstperspektive: ausländisch, Frauenfußball, Sportlichkeitsverständnis, Sport und Körper, spielunabhängiges Zuschauerverhalten, Gemeinschaftsbildung vs. Abgrenzung.

Die erste, die einzelnen Gespräche in den Fokus rückende Auswertung der ExpertInneninterviews erbrachte folgende Kategorisierungen: Gemeinschaftsbildung vs. Abgrenzung, Frauenfußball, Frauenbilder, Ausländerbild/Ausländerfeindlichkeit, Fremd-/Selbstperspektive: ausländisch, Fremd-/Selbstperspektive: deutsch, Integrationskonzeption, Fußball als sozialer und pädagogischer Auftrag, Interkulturalität, lokale Identität, Vereinskulturen, Sport als Karriere/Kompensation für Nicht-Integration, sportlicher/gesellschaftlicher Wandel, Konfliktmanagement, Vereinsfinanzierung.

Daraufhin wurden in mehreren Rekonstruktionsschritten Verdichtungen des Interviewmaterials vorgenommen. Herausgehoben wurden letztlich die Kategorien, die durch Fallvergleich über das ganze Material hinweg als tragfähig herausgearbeitet wurden. Diesen wurden dann die entsprechenden Textstellen zugeordnet, die abschließend ausführlich kontrastierend interpretiert und berichtsfähig zusammengefasst wurden. Wie weiter oben ausgeführt, sind das die Kategorien: Ausländerbild/Fremdenfeindlichkeit, Frauenbilder sowie Fußball als sozialer und pädagogischer Auftrag.

Eine explizite, weitere Auswertung und Verschriftlichung der Ergebnisse der Spiel- und Zuschauerbeobachtungen erfolgte nicht, weil sich die Feld-Beobachtungen, unter dem Aspekt von fremdenfeindlichem und rechtsextremistischem Verhalten, nicht – bis auf wenige Ausnahmen, wenn „deutsche Vereine" auf „Migranten-Vereine" stießen, was im Beobachtungszeitraum von sechs Spielen offen nur einmal der Fall war – als untersuchungsrelevant zeigten.

Dass dies keineswegs besagt, dass solche Äußerungsformen in der Dortmunder Amateurfußballszene nicht bestehen, zeigt die empirische Analyse der Interviews. Insofern ist auch mit Bezug auf das Material des Dortmunder Lehrforschungsprojekts, deutlich zwischen einer offen vorgetragenen und einer eher latenten und/oder unbewusst übernommen Fremdenfeindlichkeit und ebensolchen rechtsextremen Haltungen zu differenzieren.

4 Ausländerbild/Fremdenfeindlichkeit

In diesem Kapitel geht es um die Kategorie Ausländerbild bzw. Fremdenfeindlichkeit. Sie wird differenziert in die Dimensionen „Polarisierung von ethnischen Zugehörigkeiten" und Stereotypenbildungen. Die in den Interviews und Beobachtungen festgestellte schleichende Akzeptanz von Fremdenfeindlichkeit/Alltagsrassismus bildet eine dritte Dimension. Die vierte Dimension, Sprache als (Nicht-)Zugehörigkeit erwies sich in mehreren Interviews und Beobachtungen als großes und auch wichtiges Thema, das, wie die vorangegangenen, mit Interviewausschnitten und Situationen aus unseren Beobachtungen dokumentiert wird. Abschließend geht es um Rechtfertigungen fremdenfeindlicher Äußerungen, die die Kategorie Ausländerbild bzw. Fremdenfeindlichkeit abrunden sollen.

4.1 Polarisierung von ethnischen Zugehörigkeiten

In den Interviews ist festzustellen, dass sich die Kategorien „Deutsch" und „Nicht-Deutsch" vor allem nach dem Aussehen, also nach äußeren Merkmalen, und nach vermeintlichen Kulturunterschieden richten. So etwa nannten einige Interviewte äußere Merkmale, um einen Spieler oder ein Vereinsmitglied als Ausländer zu identifizieren.

> *„wenn Stefano[4] kommt, sieht man nicht, dass er Italiener ist, der hat die wenigsten Haare auf dem Kopf. Überraschender Weise ist er Italiener."* (Vereinsvorstand, Verein D)

Als Gruppe, die scheinbar einen größeren Unterschied zu der deutschen Kultur hat, werden bei der Frage, wie die ethnische Zusammensetzung ihrer Mannschaft aussieht, meist zuerst Personen benannt, die in der Öffentlichkeit häufig unter „Südländer" subsumiert werden.

> *„In der ersten Mannschaft haben wir einen Kurden, einen Türken, einen Marokkaner, einen Polen." (Vereinsvorstand, Verein B)*
> *„da haben wir einen Marokkaner, keinen Türken, zwei Polen." (Vereinsvorstand, Verein D)*

Bei einem Interview mit zwei Mitgliedern fällt zudem auf, dass sie mit dem Wort „Ausländer" zumeist Türken verbinden, denen ein größerer Unterschied zur deutschen Kultur zugeschrieben wird. Zum einen begründen die Befragten es damit, dass der größte Anteil der in Deutschland lebenden Ausländer türkischer Herkunft ist. Zum anderen geben sie an, dass sie z.B. einen Weißrussen nicht von einem Deutschen unterschieden können, der Unterschied zwischen einem Türken und einen Deutschen jedoch leichter zu erkennen wäre, u.a. durch die Haut- und Haarfarbe, aber auch an der Mentalität.

> *„(...) ich kann zum Beispiel keinen Weißrussen von einem Deutschen unterscheiden. Aber der Unterschied zwischen einem Türken und einem Deutschen ist leichter zu erkennen. Die Hautfarbe, Haarfarbe, aber auch von der Mentalität." (Vereinsmitglied, Verein C)*

Dass die Kategorisierung „offenbar primär aufgrund physiologischer Differenzen (vor allem der Hautfarbe)" (Müller 2009: 278) erfolgt, wird auch in der ein-

---

4 Der Name wurde anonymisiert.

schlägigen Literatur betont. Diese Dichotomisierung (zum Beispiel weiße und schwarze Hautfarbe) zeigt sich auch bei den Beobachtungskategorien, „wenn z.b. nationale Differenzen auf Deutsch vs. nicht-deutsch reduziert werden." (Müller 2009: 279)

4.2 Stereotypenbildungen

Ausländischen Spielern werden bestimmte Klischees zugeschrieben, wie in den folgenden Zitaten von Interviewten erkennbar ist. Sie folgen bekannten Stereotypen, die in naturalisierender Weise den Verhaltensweisen einer bestimmten Ethnie oder auch als Ethnie definierten Gruppe zugeschrieben werden, wie hier in den folgenden Äußerungen verschiedener Interviews unserer Studie sichtbar wird:

> *„Die haben eine andere Kultur und eine andere Auffassung von vielem. Sie sind zum Teil impulsiver. Häufig geht es bei türkischen Mannschaften schon gleich zur Sache (...)." (Vereinsmitglied, Verein C)*
> *„(...) gegen die ausländische Mannschaft sind hitzige Spiele." (Trainer, Verein D)*
> *„(...) und dass zumindest der Anteil, glaub ich, solcher Spielerinnen, in der türkischen Mannschaft auch höher ist, dass die so grundsätzlich temperamentvoller sind." (Spielerin, Verein A)*

Auch in weiteren Interviews wird häufiger betont, dass „südländische" Spieler eine andere Mentalität hätten und auf dem Platz temperamentvoller und impulsiver seien. Spiele gegen ausländische Mannschaften seien zudem emotionaler, hitziger und härter als Spiele gegen deutsche Mannschaften.

Nach Müller lassen sich nationale Stereotype „also als Erwartungsstrukturen bzgl. charakteristische Eigenschaften von Mitgliedern entsprechender Kollektive beschreiben" (Müller 2009: 273). Vorurteile gegenüber einzelnen Personen einer bestimmten Gruppe betreffen somit auch die ganze Gruppe, womit das gesamte Kollektiv den Vorurteilen ausgesetzt wird. Durch diese „großflächigere Stereotypisierung der Spieler ergeben sich letztlich insgesamt weniger Differenzkategorien" (Müller 2009: 277) (mehr dazu weiter unten). Sie werden als Vertreter ihrer Gruppe gesehen und identifiziert, nicht als Individuen.

Solche ethnischen oder hier (nach Müller 2009: 274) Nationalstereotypen kommen ohne einen Vergleich mit mindestens einer anderen nationalen Gruppierung gar nicht erst zustande. Zusätzlich seien „die verglichenen Nationalstereotypen meistens auf einen *maximalen Kontrast* hin angelegt, der häufig mit einer Tendenz zur Übertreibung einherging." (Müller 2009: 274, Hervorhebg. Müller) Müller sieht bei ihren

Untersuchungen den maximalen Kontrast zwischen den deutschen und den südamerikanisch/ südeuropäischen Spielern; in unserer Feldforschung stellen die „südländischen" Spieler (also vor allem die türkischen Spieler) den maximalen Kontrast zur einheimischen/autochthonen Gruppe dar.

Aus den Studien Zifonuns, die aus Beobachtungen im Mannheimer Fußballmilieu hervorgehen, lässt sich anfügen, dass diese Stereotypisierungen, wie „Südländer seien heißblütiger" (oder in unserem Fall „temperamentvoller" oder „impulsiver") – also Stereotypisierungen im Komparativ – auch als Grund für die „aggressivere" Spielweise der „Südländer" angeführt werden (Zifonun 2007: 110, Hervorhebg. Zifonun.).

Mit Zifonun lässt sich in unserem Forschungskontext vor allem folgern, dass diese so konstruierte Differenz zwischen „deutschem" und „südländischem" Verhalten auf dem Fußballplatz nicht als soziale, sondern als natürliche Differenz formuliert wird. In dieser Naturalisierung wird sie als „unveränderlich erklärt" (Zifonun 2007: 111).

In den Interviews im lokalen Dortmunder Fußballsport wurde deutlich, dass Ausländer als anders im Verhalten, der Sprache, ihrer Kultur wahrgenommen werden. Mit diesen Konstruktionen sind sie für Deutsche weniger kontrollierbar und unberechenbarer. Dieses Unkontrollierbare und Unbekannte scheint Angst zu machen. Was Angst auslöst, wird negativ bewertet und löst Misstrauen aus:

„Und dann gibt es natürlich den Verdacht insofern, dass man sagt, wenn wir die nicht verstehen sollen, dann haben die doch bestimmt etwas Schlechtes gesagt." (Vereinsvorstand, Verein C)

Die Zuschreibung solcher Klischees (und die damit verbundene Angst) zeigt sich zudem in bestimmten Verhaltensweisen, wie an einigen Aussagen der interviewten Personen oder Beobachtungen bei den besuchten Spielen erkennbar ist. So etwa findet vor dem Spiel gegen eine ausländische Mannschaft bei einem Verein ein Gespräch mit dem jeweiligen Vorstand statt, in dem geklärt wird, wie sich die Spieler begegnen sollen. In einem anderen Verein kommt es vor, dass der Trainer durch sein Verbot, (zu viele?) Tore zu schießen, deeskalierend wirken möchte. Auch verlassen nach einer verbalen Rangelei mit einer ausländischen Mannschaft bzw. deren Fans die beteiligten deutschen Zuschauer des Vereins C frühzeitig den Platz, um eine vermutete Eskalation nach dem Spiel zu vermeiden. In einem anderen Interview wird berichtet, dass einige Trainer vor den Spielen gegen türkische Mannschaften mit ihren Spielern reden, um diese auf „das aggressive Verhalten der Türken" vorzubereiten.

„Ich habe das (...) so gehändelt, dass ich vor den Spielen Kontakt mit den ausländischen Mannschaften aufgenommen habe und habe gesagt, passt mal auf, wir wollen Fußball spielen. Wir wollen keinen Ärger. Bitte

wirke auf deine Mannschaft ein, bitte wirke auf deine Zuschauer ein, ich mache das gleiche." (Vereinsvorstand, Verein C)

„Die Trainer sind manchmal sehr geil drauf, wenn die den anderen Spielern erzählen, so ey, das sind Türken, die spielen aggressiv, haltet dagegen." (Schiedsrichterin X)

„Sie haben natürlich ihren Stolz und dann wird mehr gefoult und dann sagt der Trainer zu seiner eigenen Mannschaft: ‚Komm hört auf Tore zu schießen', weil man Angst hat, dass das Spiel mal wieder eskaliert." (Vereinsvorstand, Verein D)

Diese Zuschreibungen und das damit verbundene Verhalten spiegeln sich auch bei den Spielkontakten mit ausländischen Mannschaften wider. Teilweise werden hier Vorurteile bzw. Klischees weiter geschürt, so dass die betreffenden einheimischen Mannschaften das Spielfeld von vornherein mit einem eher unguten Gefühl betreten.

„Man geht schon in jedem Spiel mit 'ner bestimmten Anspannung rein. Weil man denkt, jetzt muss man abwarten, jetzt kann sofort was passieren, dass ein Spieler von uns irgendwie blöd angepöbelt oder gefoult wird." (Co-Trainer, Verein D)

In den Interviews tauchen zudem auch vermutete Vorurteile bzw. Klischees gegenüber Deutschen auf. Unter anderem ist von Parteilichkeit mit den „eigenen Landsleuten" die Rede, nach der sich einige ausländische Spieler/ Zuschauer subjektiv in einer gewissen Opferrolle befänden. In der Wahrnehmung der Interviewten fühlten sich ausländische Spieler zum Beispiel bei einem Foul gestärkt in der Annahme, dass der Schiedsrichter dies nur aufgrund ihrer Nationalität gepfiffen hat.

„(...) sie schieben es darauf, dass sie Türken sind oder Ausländer und nicht die dementsprechende Staatsbürgerschaft hat." (Vereinsvorstand, Verein A)

Eine Schiedsrichterin realisiert diese Annahmen auch als reale Vorkommnisse, die sie bei entsprechenden Sanktionen auslöst:

(...) dann bin ich als Schiedsrichter (...) bei irgendeiner ausländischen Mannschaft und da heißt es immer (...) wir werden benachteiligt, weil wir sind ja Ausländer." (Schiedsrichterin X)

Eine Umkehrung solcher Stereotypen geschehe allerdings auch. So etwa werde der Nazi-Vorwurf durchaus bewusst von ausländischen Spielern genutzt, um unliebsame Sanktionen abzuwehren.

„Es ist wirklich schon passiert, dass der Schiedsrichter berechtigt ein Foul pfiff und vom ausländischen Spieler (...) als Nazi beschimpft wurde." (Vereinsvorstand, Verein B)

Solche Stereotypisierungen folgen den Regeln der Konstruktion, dem Aufbau von Stigmata und deren allmähliche Übernahme, wie im Konzept der sekundären Devianz angenommen wird und aus dem Stigmatisierungsansatz bekannt, die als Beiträge des Symbolischen Interaktionismus zur Erklärung von Stereotypen bekannt sind (Goffman 1982; Lippmann 1922).

Nicht selten kann hier die Wirkungsweise der „illusorischen Korrelation" angenommen werden, als „angenommener Zusammenhang zwischen einer bestimmten Gruppe und bestimmten Eigenschaften, der real nicht existiert" (Lin 2002).

Als Minderheit werden so genannte Ausländer im Fußballsport stärker beachtet. Zudem bleiben Fouls länger in Erinnerung als ein „normaler" Zweikampf. Wenn also nun ein ausländischer Spieler einen Gegenspieler foult, bleibt dies bei den meisten länger und besser in Erinnerung als wenn ein deutscher Spieler einen Gegenspieler foult, da dieser in diesem Beispiel der „unauffälligeren" Gruppe angehört.

4.3 Die schleichende Akzeptanz von Alltagsrassismus

In den Interviews und bei den Spielbeobachtungen konnten nationalistisch organisierte Strukturen weder im Publikum noch in den Vereinen und ihrem Umfeld vorgefunden werden. In den Interviews wurde dies von den Verantwortlichen verneint und definitiv als unerwünscht herausgestellt.

„Türkisch raus oder so, bleib doch zu Hause, also da würde ich hingehen und sagen, ach komm lass es einfach." (Vereinsvorstand, Verein D)
„Das kann ich gar nicht billigen muss ich sagen, weil wir können uns das gar nicht erlauben, dass man sagt, ... wäre ausländerfeindlich." (Trainer, Verein D)

Dennoch sind fremdenfeindliche, rassistische Äußerungen durchaus zu vernehmen und auch deren (schleichende[5]) Akzeptanz.

In einer von der Forschungsgruppe beobachteten Situation äußert zum Beispiel ein Zuschauer „Direkt vors Türkentuch!", als der Ball zu einer Kopftuch tragenden Zuschauerin flog. In einer anderen Situation, in der ein ausländischer Spieler verletzt am Boden lag, schrie ein Zuschauer: „Den Scheiß Türken sollte man wegtreten!".

---

5 Schleichend wurde hier in Klammern gesetzt, da die nun folgenden beobachteten Äußerungen doch sehr eindeutig rassistischer Natur sind. Dennoch lautet die Kapitelüberschrift „Schleichende Akzeptanz von Fremdenfeindlichkeit/ Alltagsrassismus", da die Äußerungen nur von einzelnen Zuschauern stammen und keinesfalls auf das Fußball-Publikum übertragbar sind.

Weiter berichtet eine interviewte Spielerin von Zitaten, wie „Scheiß Türken, ihr könnt überhaupt kein Fußball spielen". Darüber hinaus registriert ein Trainer, dass Zuschauer schon mal türkenfeindliche Beschimpfungen rufen. Ein anderer Trainer führt aus, dass Äußerungen wie „Ach, ihr Türken wieder" oder „Ihr Türken seid sowieso alle gleich" vor allem von Schiedsrichtern oder älteren Zuschauern, weniger von Jüngeren stammen.

> *„Klar kommen irgendwelche Äußerungen von Zuschauern mal, ob bewusst oder unbewusst, ob man da jetzt jemanden diskriminiert oder nicht." (Schiedsrichter Y)*
> *„Und dann ist es schon mal so, dass (...) vielleicht schon mal was fällt, ja. Vielleicht nicht so unter der Gürtellinie, das hab ich bis jetzt noch nicht mitbekommen, ja, aber es fällt schon mal eher was, als wenn zwei deutsche Mannschaften gegeneinander spielen." (Trainer, Verein D)*
> *„Also es ist so, dass bei unseren Zuschauern das sehr wohl passiert. ,Scheiß Ausländer (...) oder ,lern erst einmal richtig Deutsch'. Solche Dinge sind einfach vorhanden." (Vereinsvorstand, Verein C)*

Mit weiteren Deutungsformen aus den Studien von Zifonun können diese rassistischen Vorkommnisse interpretiert werden: Zum einen sind türkisch ethnische Vereine bzw. deren Spieler und Zuschauer einem „Rassismus als Weltanschauung" ausgesetzt.

> *„Diese Weltanschauung versieht ihre Anhänger mit einem Schlüssel zum Interpretieren und Verstehen der Welt. Sie ist als implizites Wissen handlungsleitend und ermöglicht quasi-,natürliche' und ,automatische' rassistische Handlungen." (Zifonun 2007: 110)*

Die türkischen Vereine sind so „mit einem Kosmos der Fremdheit konfrontiert", was sich durch Blicke, subtile Andeutungen, aber auch durch ausgesprochen fremdenfeindliche Äußerungen zeigt (Zifonun 2007: 110).

Zum andern werden fremdenfeindliche Äußerungen als Provokation eingesetzt, Rassismus wird als Instrument benutzt. Die türkischen Spieler sollen so in ihrem „Ehrgefühl" verletzt werden und sich so entweder nicht mehr nur auf das Spiel konzentrieren können oder sogar mit einer Tätigkeit reagieren, so dass sie vom Platz verwiesen werden müssen (Zifonun 2007: 110).

4.4 Sprache als (Nicht-)Zugehörigkeit

In den Interviews kristallisierte sich das Thema „Sprache" als große und wichtige Dimension heraus, insbesondere gehäuft im Verein C, aber durchaus auch vereinzelt in den anderen Vereinen unseres Samples. Im Interviewleitfaden wurde das Thema Sprache nicht direkt aufgeworfen, so dass die anderen Interviewten sich zu dem Thema wenig geäußert haben. Im Verein C scheint jedoch die Sprache ein wichtiges Thema auch in Bezug auf (Nicht-) Integration zu sein, wie in den folgenden Ausführungen sichtbar wird.

Laut Aussagen des Vereinsvorstandes spräche nichts gegen Ausländer im Verein C, aber eine Einheitssprache (deutsch) sei ein absolutes Muss und werde auch ausnahmslos gefordert, mit der Begründung, dass jeder wissen solle, worüber der andere spricht, da es die Gemeinschaft fördere. Sei die Bereitschaft, im Verein stets deutsch zu sprechen, nicht vorhanden, so sollten die Ausländer den Verein verlassen und in einen Verein ihrer Sprache wechseln.

„Es geht einfach darum, spricht man eine Sprache, die alle verstehen können oder kapselt man sich ab und dafür sind wir kein Verein, da müssen sie woanders hingehen. In einen türkischsprachigen Verein oder in einen russischsprachigen Verein gehen. Also, wenn dann unterhält man sich in unserem Verein deutsch oder man unterhält sich gar nicht." (Vereinsvorstand, Verein C)

Auch werden ausländische Mitglieder, die mit ihren Freunden, Verwandten usw. im Verein bzw. im Vereinsheim in ihrer Muttersprache sprechen, aufgefordert ausnahmslos deutsch zu sprechen. Sprechen sie untereinander nicht deutsch, werden sie ermahnt und daraufhin hingewiesen, dass in dem Verein C deutsch gesprochen wird.

„Er sitzt auch hier zusammen mit den türkischen Eltern und unterhält sich türkisch. Da bin ich dann auch hingegangen und habe gesagt, pass mal auf, mein Freund, du bist hier im Vereinsheim vom Verein C und nicht von Türkspor X-Stadt oder irgendwo, hier wird deutsch gesprochen. Und wenn die kein Deutsch verstehen, dann weiß ich nicht, wie die Kinder dann Deutsch verstehen können." (Vereinsvorstand, Verein C)

Hinter diesen Begründungen werden Annahmen deutlich, nach denen der nicht verstehbare Inhalt des Gesagten negativ bis sogar bedrohlich ist.

„Und das hängt damit zusammen, bei allen anderen Mannschaften weiß man, was gesprochen wird. Es ist das was ich eben gesagt habe, die türkischen Mannschaften unterhalten sich in der Regel nur auf Türkisch und der Trainer schreit nur etwas auf Türkisch da rein und man weiß nie, was der hereinschreit. Ob der hereinschreit, hau den einen in die Knochen oder so." (Vereinsvorstand, Verein C)

Zusätzlich führt der Vorstand aus, dass vor allem die Sprache verantwortlich sei für die Spannung zwischen den deutschen und ausländischen Mannschaften bzw. der (Nicht-)Integration.

„Die Sprache, die Sprache ist das Problem. Und daran hapert es in den ganzen Fällen der Integration, Sprache, einheitliche Sprache. Wenn ich weiß, was der andere will und ich den verstehen kann, das ist die halbe Miete". (Vereinsvorstand, Verein C)

Weiter in dieser Lesart achtet der Vorstand darauf, dass beim Vorhandensein mehrerer Ausländer (in diesem Fall sind die türkischen Spieler gemeint) im Verein, sich kein Verein im Verein bilde, da die Menschen türkischer Herkunft dazu neigten, sich durch ihre Sprache abzugrenzen.

„Also die Menschen, sagen wir mit türkischer Herkunft, (...) die haben solche Dinge an sich, wenn da in einer Mannschaft so fünf, sechs sind, dann unterhalten die sich nur auf Türkisch." (Vereinsvorstand, Verein C)

Zum anderen sieht der Vorstand die „fremde Sprache" auch als eine Ungleichberechtigung der Deutschen an: Die Ausländer können die Deutschen verstehen; die Deutschen aber die Ausländer nicht.

„Nein, es gibt einfach Ungleichberechtigung. Die verstehen alles, was wir sagen, aber wir verstehen die nicht." (Vereinsvorstand, Verein C)

Das hier sichtbare Verständnis von Integration lässt sich mit dem Begriff der Assimilation[6] fassen; nicht nur sollen ausländische Mitglieder des Vereins die deutsche Sprache, sondern darüber hinaus sollen sie auch nur diese Sprache im Verein sprechen. Das Erlernen der deutschen Sprache hat wiederum zur Folge, dass die ausländischen Mitglieder die deutschen Mitglieder verstehen können, was dann allerdings – etwas widersprüchlich – wiederum als Ungerechtigkeit ausgelegt wird.

Die Forderung innerhalb des Vereins, deutsch zu sprechen wird nicht als Diskriminierung angesehen. Zum einen erwähnt der Vorstand, sich keine großartigen Gedanken über Ausländerfeindlichkeit im Verein gemacht zu haben, da noch keine besonderen Vorkommnisse aufgefallen seien. Zum anderen werden im Interview die Forderungen, ausschließlich deutsch zu sprechen, als eine präventive Regelung gegen Diskriminierung ausgegeben.

---

6 Integration i. S. von Assimilation bedingt die „Abkehr der Migranten und ethnischen Minderheiten von ihrer Herkunftskultur. (...) Das Assimilationskonzept strebt im Prinzip eine ethnisch-homogene Gesellschaft an." (Schulte/Treichler 2010: 49)

„Das hat jetzt aber auch nicht mit Nationalismus irgendetwas zu tun, sondern man muss eine Plattform finden die für alle Leute zugänglich ist." (Vereinsvorstand, Verein C)

Nur am Rande zu erwähnen bleibt die Tolerierung der „fremden Sprache", wenn dies nützlich ist. Der oben beschriebene Gebrauch der deutschen Sprache wurde auch einem früheren türkischen Betreuer nahe gelegt, wenn dieser sich mit anderen türkisch sprechenden Spielern unterhielt. Bei Spielen gegen ausländische bzw. gemischte Mannschaften war es ihm jedoch erlaubt, sich mit der gegnerischen Mannschaft auf Türkisch zu unterhalten bzw. als Dolmetscher zu fungieren (was wiederum die gefühlte Ungerechtigkeit aufheben konnte).

„Wir hatten früher ein türkisches Mitglied hier, welches der Betreuer der ersten Mannschaft war, und der hat den Linienrichter gespielt. Das war eigentlich eine positive Sache. Der konnte dann immer auch vermittelnd eingreifen. Er hat die immer verstanden und sagen was die gesagt haben oder auch hat auch türkisch zu ihnen hereingesprochen und hat die Spieler sozusagen zur Raison gebracht, die sollten dann nicht solche Sprüche kloppen oder so." (Vereinsvorstand, Verein C)

Aber auch in einigen anderen Interviews ist die Sprache ein Thema (wenn auch nur am Rande).

Die türkische Schiedsrichterin unterstützt bei ihren Aussagen den Verein C. Auch sie sieht eine Ungleichberechtigung und ermahnt Spieler und Spielerinnen, die auf dem Platz nicht Deutsch sprechen.

„Höchstens mal die Ermahnung, dass man dann nicht auf irgendeiner anderen Sprache spricht, dass wirklich auf dem Platz nur deutsch gesprochen wird, so dass ich das verstehe, weil manche Sprachen kann ich ja auch nicht. Und so dass die anderen Spieler das auch verstehen." (Schiedsrichterin X)

Auch der Vereinsvorstand des Vereins A versucht, in seinem Verein die deutsche Sprache als Vereinssprache zu verankern und sieht auch hier die Integration im Vordergrund. Dass sich die Spieler/innen untereinander jedoch auch mal auf Türkisch unterhalten bzw. die ausländischen Mitspieler/innen oder der Trainer im Affekt Anweisungen auf Türkisch geben, wird offen gesagt und wohl eher nicht als Ungerechtigkeit wahrgenommen.

„Wir versuchen da schon beim Training, mehr miteinander deutsch zu sprechen und Deutsche nicht auszuschließen, aber automatisch kommt

das vor, dass wenn zwei oder drei zusammenstehen oder sitzen, sie dann auch türkisch reden. Aber generell versuchen wir deutsch sprechen, also im Spielbereich wird fast nur deutsch gesprochen." (Vereinsvorstand, Verein A)

„Generell muss man sagen, dass wir hier in Deutschland leben und man sich dem entsprechend anpassen (...)" (Vereinsvorstand, Verein A)

Diese eher pragmatische Sicht bestätigt auch eine Spielerin des Vereins:

„Während des Spiels ist es so, dass so im Affekt oder aus der Situation raus natürlich manchmal türkische Anweisungen einmal vom Trainer kommen und auch von den Spielerinnen, dann muss man hin und wieder mal die Hand heben und sagen, dass man es nicht verstanden hat, aber ansonsten ist die Mannschaftssprache eigentlich deutsch." (Spielerin, Verein A)

Bei den Spielbeobachtungen wurde das Thema „Sprache" nur am Rande sichtbar. Dass sich bei den meisten Spielen die Mannschaften mit Migrationshintergrund zumeist nur in ihrer Muttersprache unterhielten, wurde von den Zuschauern nicht kommentiert, was wohl darauf schließen lässt, dass dies nicht als ungewöhnlich, sondern eher als normal gilt. In Konfliktsituationen konnten sich die entsprechenden Mannschaften jedoch gut auf Deutsch verständigen.

4.5 Rechtfertigungen fremdenfeindlicher Äußerungen

Obwohl die interviewten Trainer und Vereinsvorsitzenden selbstredend fremdenfeindliche Äußerungen im Verein grundsätzlich unterbinden, ist dennoch auffällig, dass in den Interviews solche Äußerungen entschuldigt bzw. verharmlost werden.

Ein interviewter Trainer äußert beispielsweise, dass er sich schon einmal dazu „verführen" ließe, etwas gegen ausländische Gegenspieler zu sagen. Ein anderer Trainer hebt hervor, dass fremdenfeindliche Äußerungen nicht fallen dürfen und er auch dagegen sei, dennoch seien es mit Sicherheit schwierige Spiele, in denen eben solche Äußerungen fallen könnten. Auch hier wird eine fremdenfeindliche Äußerung relativiert bzw. damit erklärt, dass es eine Reaktion auf die (eben wiederum heißblütigeren) Anderen sei.

„Man neigt dazu, wenn es ein hitziges Spiel ist – und gegen ausländische Mannschaften sind hitzige Spiele." (Co-Trainer, Verein D)
„(...) es ist deren Mentalität die durchknallen und selbstverständlich

kann auch ein Deutscher sich dann auch nicht zurückhalten." (Vereinsvorstand, Verein D)

Eine wiederkehrende Stilfigur ist die bekannte Einschränkung des Ja, aber. Man habe
nichts gegen ausländische Mitbürger, schließlich habe man ja ausländische Freunde
oder eine ausländische Frau.

> *„Wobei ich noch mal anmerken möchte, ich habe selber 'ne italienische
> Frau ja. Also das hört sich vielleicht so an, dass ich was gegen Ausländer
> habe, überhaupt nicht. Wirklich nicht."* (Trainer, Verein D)
> *„Ich habe 12 Jahre im Ausland gelebt, ich bin mit einer Ausländerin ver-
> heiratet, meine Kinder haben ausländische Pässe. Ich reise, ich liebe in die
> Türkei zu reisen (...) es sind wunderbare Menschen da drüben. Ich mache
> ein Sprachprogramm für türkische Menschen hier, aber es ist im Fußball, es
> ist deren Mentalität, die durchknallen (...)."* (Vereinsvorstand, Verein D)

Die hier mit verschiedenen Dimensionen differenzierte Kategorie des Ausländer-
bildes bzw. einer durchaus vorhandenen Fremdenfeindlichkeit zeigt, wie komplex
und auch wie diffus mit den eigenen durchaus auch als unpassenden „unkorrekten"
Empfindungen und Erfahrungen angesichts der als „fremd" oder „ausländisch" oder
„südländisch" wahrgenommenen Spieler umgegangen wird.

Ängste, nicht mehr alles verstehen zu können, womöglich als Minderheit da zu
stehen, Kontrolle und Macht abgeben zu müssen, der Verlust des Alten, Selbstver-
ständlichen, scheinen auf. Die Moderne verlangt Kompromisse, die zunächst abgelehnt werden. Es hat doch schon Integration stattgefunden: einige Ausländer sind
willkommener als andere, schon weil sie quantitativ nicht so in Erscheinung treten.
Aber auch die weithin ungelöste gesellschaftliche Frage eines angemessenen Inte-
grationskonzepts, das weiter geht als das überholte (und weitgehend verweigerte)
Assimilationskonzept, wird in den Interviews und Spielbeobachtungen deutlich.

Im engeren Bereich der Stereotypenbildung und der rassistischen Äußerungen werden Konturen des schleichend daherkommenden Alltagsrassismus sichtbar, der trotz
seiner bestrittenen und durchaus verpönten Existenz durchaus einen Platz hat: auf dem
Spielfeld, am Spielfeldrand und in den Umkleidekabinen und in den Vereinsheimen.

5 Frauenbilder vor dem Hintergrund hegemonialer Männlichkeit

Fußball ist immer noch eine Männerdomäne. Obwohl bei einem Fußballspiel circa
20 - 30 % der Stadionbesucher weiblich sind und die Geschlechterverteilung bei den

Fernsehzuschauerinnen und -zuschauern ausgewogen ist (Sülzle 2006: 54), gilt in einigen Teilen der Fußballwelt noch die Behauptung, dass Frauen und Fußball nicht zueinander passen, nicht nur durch die Zusammensetzung der Akteure, die überwiegend männlich sind, sondern auch durch die Zuschauerverteilung, bei der Männer, ob im Profi- oder Amateurfußball, die überwiegende Mehrheit stellen. Unsere Beobachtungen bei den Amateurspielen ergab durchschnittlich dreimal so viele männliche wie weibliche Zuschauer, in Einzelfällen sogar bis zu zehnmal mehr Männer als Frauen. Auch bei den Spielen des Damenteams sind die Männer als Zuschauer in der Überzahl, bis zu dreimal so viele Männer wie Frauen stehen hier am Spielrand (nur bei einem von uns beobachteten Spiel gibt es mehr Zuschauerinnen als Zuschauer).

Meuser fasst in seinem Text „It's a Men's World. Ernste Spiele männlicher Vergemeinschaftung" die gängigen wissenschaftlichen Positionen zusammen: „Arena der Männlichkeit", „männliche Weltsicht", „Männlichkeitspraxis", „Männlichkeitsritual", „Inbegriff des Männlichen", „Bastion der Männlichkeit" und „Gelegenheit zur Einübung von Männlichkeit" (Meuser 2008: 113f.).

Die Fußballforscherin Sülzle stützt diesen Befund. In einem Vortragstext bezeichnet sie den „Fußball und die Fußballfankultur (…) als Teil von hegemonialer Männlichkeit" (Sülzle 2007[7]). Danach fühlen sich Männer in Fußballstadien „überlegener" als Frauen, haben sozusagen die Vorherrschaft in den Stadien inne; demgegenüber haben Frauen kaum die Möglichkeit, ihre eigenen Interessen oder Vorstellungen zu realisieren. So scheint einigen Fans das Fußballstadion der letzte Ort zu sein, wo sie ihre „echte Männlichkeit" ausleben können – eben eine Männerdomäne (Sülzle 2007). In den von uns hauptsächlich mit Männern geführten Interviews war eine enge Verflechtung von Fußball und Männlichkeit, beziehungsweise im Umkehrschluss dazu der Ausschluss von Frauen aus dieser „männlichen" Sportart wahrnehmbar[8]. Letzteres geschah vor allem durch die Konstruktion von Frauenbildern, mit denen ihre Abseitsstellung oder ihre Außenseiterfunktion deutlich werden. Sie gehören nicht dazu, sie haben, wenn überhaupt, bestimmte Funktionen inne, die ihnen zugeschrieben werden, kaum welche, die sie sich selbst erobern können. Auch die Frauenbilder der interviewten Vereinsvorstände und Trainer sind überwiegend eher rückständig und von hegemonialer Männlichkeit geprägt. Zudem wird Frauenfußball generell von Männern nicht beson-

---

7 Geprägt wurde der Begriff durch Robert – heute Raewyn – Connell (1999). Mit hegemonialer Männlichkeit bezeichnet Connell ein Orientierungsmuster, das der Männlichkeitskonstruktion zugrunde liegt und Männlichkeit mit Macht bzw. Autorität verknüpft (Connell 1999). Die Hegemonie bezieht sich nicht nur auf das Ungleichheitsverhältnis von Mann und Frau, sondern auch auf Männer untereinander. Denn das hegemoniale Leitbild grenzt untergeordnete und marginalisierte Männer aus (vor allem Homosexuelle und Männer, die sich dem Dominanzmuster entziehen; vgl. hierzu de Hek in diesem Band). Eine entscheidende Stütze hegemonialer Männlichkeitskonstruktionen sind so genannte Männerbünde (Stammtische, Vereine, Clubs etc.). In diesem Sinne gleicht auch das Fußballstadion einem großen Männerbund.

8 Die Beobachtungsbögen treten hier ein wenig in den Hintergrund, da sich zur Kategorie Frauenbild/Frauenfußball bei den Spielen nur wenig beobachten ließ.

ders anerkannt. Zwar wünschen sich von uns befragten Vorstände eine Mädchen- oder Damenmannschaft, doch dies meist nicht unbedingt aus sportlichen Gründen, sondern für die Organisation, als Beiwerk, als Verschönerung etc. Die sportliche Seite des Frauenfußballs steht nicht im Vordergrund. In den Gesprächen mit den Vereinsverantwortlichen konnten verschiedene im Folgenden ausgeführte Frauenbilder rekonstruiert werden: Frauen als „organisatorisches Beiwerk", Frauen als „schmückendes Beiwerk, als „beschützenswerte Wesen", als „friedfertigere Frauen", als unter Legitimationsdruck stehende Expertinnen und generell und etwas pauschal als „die anderen".

5.1 Frauen als organisatorisches Beiwerk

Ein in den Fußballvereinen unseres Samples vorherrschendes Frauenbild ist das der Frau als „organisatorisches Beiwerk". Frauen werden hierbei vor allem gebraucht, um den Betrieb in Gang zu halten. Die ehrenamtlich arbeitenden Frauen sind in den wenigsten Fällen Trainerinnen oder haben andere sportliche Funktionen in den Vereinen.

„Wir haben auch eine Trainerin, die noch übrig geblieben ist von unserer Damenmannschaft." (Vereinsvorstand, Verein C).

Der hier befragte Vereinsvorsitzende findet es schwierig, qualifizierte Frauen für die Aufgaben der Trainerin oder Betreuerin zu finden:

„Man hat nicht so qualifizierte junge Frauen oder wir hatten sie damals nicht, qualifizierte junge Frauen, die Mädchen richtig trainieren können." (Vereinsvorstand, Verein C)

In einem anderen Verein jedoch sind gibt es auch eine Schatzmeisterin und eine Geschäftsführerin in die Organisation des Vereins eingebunden:

„Das ist einmal die Geschäftsführerin, die Schiedsrichter einlädt, die sich um Pässe und solche Dinge kümmert. Eine Schatzmeisterin, die sich nur um die Finanzen kümmert." (Vereinsvorstand, Verein D)

Die Bereitschaft von Frauen, sich in den organisatorischen Tätigkeiten beim Fußball zu engagieren, ist eine altbekannte Möglichkeit, sich am Fußballgeschehen zu beteiligen. So gab es bereits in den 1920er Jahren so genannte „Ladies Committees",

„die Feste organisierten, neuen Spielern und ihren Familien bei der Eingewöhnung behilflich waren oder aber Fundraising betrieben. Einerseits

bot dies natürlich eine Möglichkeit, sich zu engagieren und für den Klub einzusetzen, andererseits blieb ihnen der Status als ,echter Fan', als Expertin oder gar eine tatsächliche Machtposition im Verein verwehrt, der wiederum die typischen weiblichen Tugenden ,Beziehungsarbeit leisten' und ,Kuchen backen' nutzen konnte" (Selber 2005).

Zwar sind heutzutage auch Frauen als Fans teilweise akzeptiert, dennoch lässt sich beobachten, dass sich in den letzten Jahrzehnten hinsichtlich der Organisationsarbeit nicht besonders viel verändert hat. Immer noch sind die Frauen – meistens die Partnerinnen der spielenden Männer – in den Fußballvereinen primär mit „rollentypischen" Aufgaben beschäftigt, wie zum Beispiel Kaffee kochen, Kuchen verkaufen etc.:

„(...) zum Beispiel was das Ehrenamt anbelangt, weil es zum Beispiel Frauen gibt von Männern die Mitglied sind, die helfen. Die helfen Kuchen zu verkaufen, die helfen hier in der Gastronomie" (Vereinsvorstand, Verein C).

Teilweise werden Frauen nur in dieser Hinsicht als notwendig erachtet. So spricht ein Vereinsvorsitzender davon, dass ihm eine Mädchen-/Frauenmannschaft fehlt, da die Frauen „wenn es um Organisation geht, immer die ersten sind die ,Ja' sagen" (Vereinsvorstand, Verein D). Die sportliche Seite des Engagements von Frauen wird hier ignoriert.

Müller untersuchte in ihrem Buch „Fußball als Paradoxon der Moderne" Bundesligavereine im Hinblick auf ethnische, nationale und geschlechtliche Differenzen. Ihren Ergebnissen zufolge tauchen Frauen im sportlichen Umfeld (im näheren Umfeld der Mannschaften), in den Führungsetagen und im Sportjournalismus praktisch nicht auf. Die Frauen, die auf dem Fußballfeld sichtbar sind, sind Cheerleader oder „hübsche Staffage" bei Siegerehrungen. Im weiteren Umfeld fungieren Frauen als „Assistentinnen, Praktikantinnen, Betreuerinnen oder Mitarbeiterinnen in den Bereichen Marketing und Öffentlichkeitsarbeit" (Müller 2009: 140). Wie auch von unserer Lehrforschungsgruppe bestätigt, nehmen nach Müllers Ergebnissen Frauen im Fußball keine sportliche Rolle ein, sondern sind in organisatorischen und rollentypischen Aktivitäten zu finden.

„Im Büroalltag der von mir untersuchten Fußballklubs ließen sich regelmäßig Inszenierung und Reproduktion traditioneller Geschlechterbilder beobachten, indem hübsche, junge Assistentinnen ihren in der Regel älteren männlichen Chefs hilfreich zur Hand gingen." (Müller 2009: 140)

5.2   Frauen als schmückendes Beiwerk

Ein sich in den letzten Ausführungen des obigen Abschnitts andeutendes Bild ist das des „schmückenden Beiwerks". Zu diesem Bild passt ein Schild am Kassenhäuschen, das bei einem Spiel eines Vereins beobachtet wurde: „Männer: 4 €, Vereinsmitglieder: 2 €, Frauen: 3 € (Hübsche Frauen: kostenlos)" (Verein B). Zwar wurden alle Frauen scheinbar als „hübsch" empfunden, da keine Zuschauerin Eintritt zahlen musste, doch wird auch hier deutlich, dass die Frauen, die sich das Spiel ansehen, eher als Staffage, als Schauobjekt herhalten sollen. Das kann durchaus in herabsetzende Äußerungen übergehen, wenn das Schmückende nicht ganz so gefällt, wenn die körperlichen Attribute als unattraktiv empfunden werden, wie bei einem Spiel von zwei Frauenteams gehört. Zwei Zuschauer kommentieren eine Situation, in der eine etwas korpulentere Spielerin hinfällt: „Habt ihr es gemerkt? Der Boden hat schon ein wenig gebebt!" (Verein A). Die Spielerinnen werden nicht als solche wahrgenommen, sondern als mögliche Anmachobjekte, hier gegenüber Spielerinnen eines türkischen-gemischten Teams:

„Kannst du mir mal einen Crashkurs in türkischen Anmachsprüchen geben?" / „ so laufen mir auch immer die Weiber hinterher", (beide Zuschauer, Verein A).

In der Männerdomäne Fußball werden auch rollenuntypische (weil Fußball spielende) Frauen wieder auf ihr Normalmaß zurechtgestutzt, und demnach erscheint es als normal, als Mann die Frauenkörper zu kommentieren sowie sich „Anmachsprüche" zu überlegen.

Das steht im Gegensatz zu dem von männlichen Fans geächteten Verhaltensweisen, wie sie bestimmten weiblichen Fußballfans zugeschrieben werden: so genannte „Groupies", Frauen, die sich nicht wirklich für das Spiel interessieren, sondern lieber die strammen Waden der Fußballer ansehen und den Fußballspieler wie ein Popstar anhimmeln (Sülzle 2006: 59; Wetzel 2005). Männliche Zuschauer, die sich wie im obigen Zitat vernehmbar, nicht wirklich für das Spiel interessieren, sondern für die spielenden Frauen, handeln, wenn auch mit umgekehrten Vorzeichen, nicht wesentlich anders. Doch die Bewertung ist eine andere.

Das schmückende Beiwerk klingt auch an, wenn die Bedeutung von Frauen im Fußball bei den Vereinsfeiern gewürdigt wird. So lobt der befragte Vereinsvorsitzende die gute Kooperation mit der seinerzeit noch bestehenden Frauenmannschaft:

„Wir haben viele Partys hier gemeinsam gefeiert und das ist dann auch eine harmonische Zusammenarbeit." (Vereinsvorstand, Verein B)

Die aufgelöste Frauenteam fehlt hier nicht so sehr in sportlicher Hinsicht, sondern weil sich mit ihnen so gut feiern ließ.

Das Bild von Frauen als allgemein schmückendes Beiwerk des Fußballs wird ergänzt durch das Bild des Accessoires, das in mehreren Interviews aufschien. Demnach werden Frauen lediglich als „Spielerfrauen" gesehen, die die Fußball spielenden Männer begleiten. Dieser Typ Frau wurde schon in den 50er Jahren vom „Kicker" propagiert, „und zwar auf der letzten Seite unter der Rubrik ‚Fußballer und ihr Familienalbum', zusammen mit Kind und/oder Haustier der jeweiligen Spieler. Seinerzeit wurde vermutet, dass manche Gattin oder Verlobte auch am Fußball Anteil nimmt, andere aber ‚zu aufgeregt' sind, um Spiele von der Tribüne zu verfolgen – das entspricht der auch heute noch aktuellen Rolle der Spielerfrau, deren Fußballinteresse meist als Teil der ehelichen Pflichten und keineswegs als persönliche Leidenschaft wahrgenommen wird" (Selmer 2005). Der Dispens vom üblicherweise erhobenen Eintritt, der faktisch in allen von uns beobachteten Spielen erfolgte, unterstützt diese Annahme, dass Frauen als „Anhängsel" der Männer wahrgenommen werden, denen ein Fußballverstand eher aberkannt wird.

5.3   Frauen als beschützenswerte Wesen

Zu dem oben genannten Bild, aber noch mal ausdifferenzierbar, gehören scheinbar traditionelle Attribute von Weiblichkeit, wie sie in Aussagen verschiedener Vorstände aufblitzen. Was für Männer passt, ist noch längst nicht für Frauen geeignet. Dass in folgender Aussage die inkriminierte Alkoholwerbung bei Frauen auch von Jugendlichen ferngehalten werden soll, unterstreicht das Bild der schützenswerten (inferioren) Frauen. Bei den Jugendmannschaften oder den Damen möchte der Vereinsvorstand keine Bierwerbung auf den Trikots sehen:

„Aber auch da machen wir gewisse Abstriche, wir nehmen auch nicht jeden Sponsor, er muss auch zu unserem Verein passen, dementsprechend kann man auch nicht jeden Sponsor nehmen, weil wenn da vorne bei den Damen oder bei den Jugendlichen irgendwelche Bier oder irgendwelche andere Sachen - das muss schon ein wenig dazu passen, da achten wir schon drauf." (Vereinsvorstand, Verein A)

Frauen werden hier mit Jugendlichen gleichgesetzt, als scheinbar gleichermaßen beschützenswert. Diese Gleichsetzung ist etwas verräterisch, passt jedoch zu den (wenn auch nur theoretisch angekündigten) abgestuften Eintrittspreisen, die etwa beim Verein C zu finden sind: Erwachsene, Jugendliche, Frauen.

Zur Schutz-Attitüde gehört auch das Bild der ordentlichen, sauberen (reinen?)

Frauen. Danach machen sie sich, wenn sie denn schon Fußball spielen müssen, nicht schmutzig („hier habt ihr einen Kunstrasen und hier ist alles hervorragend, ihr seid nie dreckig", Trainer D).

Mit dieser Attitüde des Schutzes wird in anderen Interviews, die nicht zu unserer Studie gehören, unter Bezug auf die Körperlichkeit und Härte des Fußballs den Frauen weitergehend geradezu abgesprochen, Fußball spielen können („ich bin davon überzeugt, dass einfach die körperlichen Voraussetzungen andere sind. (…) Aber das Hereingrätschen (…) äh ist, wenn überhaupt, mehr männergeeignet als frauengeeignet." (Müller 2009: 309)

Denn eigentlich passen Frauen und Fußball nicht so richtig zusammen. Das befindet nicht nur ein Vereinsvorstand, der die Frauennationalelf – immerhin mehrfache Weltmeisterin und Europameisterin – kurzerhand auflöst:

> *„Wenn ich mir die Nationalmannschaft angucke, denke ich immer Frauen und Fußball, so richtig passt das nicht zusammen." (Vereinsvorstand, Verein D)*

Auch weitere Zitate aus Müllers Studie lassen erkennen, dass für manche Männer Frauen und Fußball nicht so richtig zueinander passen:

> *„Mädchen sollten schmusen und äh… und tanzen [lacht] anstelle von Fußball zu spielen, aber das ist ja einfach meine persönliche Auffassung, aber [lacht]… Warum? Weil Frauenfußball ganz einfach – …ich finde, es passt… nicht so zum Fußball, die Sportart. Es ist zwar schön, wenn sie sich bewegen, aber ich hab' lieber 'ne Frau ohne blaue Flecken am Körper und Beinen." (Müller 2009: 307)*

5.4 Friedfertigere Frauen

Wenn Frauen nun aber Fußball spielen, und in unserem Sample befand sich ein Damenteam, dann unterscheidet sich deren Spielgeschehen von dem der Männer. Und auch das Umfeld wird anders bewertet. In allen Fällen geht es weniger aggressiv zu, nach Ansicht der Befragten und auch die bereits weiter oben behandelten Diskriminierungen treten wesentlich seltener auf. Beim Frauenfußball sind sich alle Interviewten, die zu dem Thema befragt wurden, einig: Die Gewaltbereitschaft ist im Gegensatz zum Männerfußball weit niedriger.

> *„Also es gibt beim Fußball öfter mal Probleme, bei den Herren ist da wahrscheinlich häufiger, bei den Damen ist das seltener, man kann sa-*

*gen fast gar nicht. Das ist, weil es bei den Damen einfach freundlicher
zugeht, die sehen das auch alle etwas lockerer"* (Vereinsvorstand, Verein
A)

"Gewaltbereitschaft ist bei den Männern höher. Definitiv höher."
(Schiedsrichterin X)

Interessant ist, dass die Interviewten das im Vergleich zum Männerfußball seltenere
Vorkommen von fremdenfeindlichem oder überhaupt diskriminierendem Verhalten
im Frauenfußball unterschiedlich begründen. Ein Vorsitzender erklärt es damit, dass
„die Einstellung und die Art, wie sie [die Frauen, d. Verf.] miteinander umgehen
vielleicht einfach besser ist als bei den Männern" (Vereinsvorstand, Verein A). Bei
den Damen geht es seiner Meinung freundlicher, lockerer und fairer zu.
    Eine Spielerin beurteilt das eher aus dem Blickwinkel der Öffentlichkeit. (Auslän-
dische) Männervereine würden durch die Medien stark beobachtet und Gewalttätig-
keiten dieser Mannschaften (oder von deren Gegnern) daher eher wahrgenommen.
Beim Frauenfußball sei dies nicht der Fall, da er „eher etwas Besonderes [ist] und
[man] deswegen (…) schon so einen Grundrespekt [hat]" (Spielerin Verein A).
    Generell steht der Männerfußball mehr im Fokus der Öffentlichkeit als der Frau-
enfußball; beim Frauenfußball gibt es kaum Ausschreitungen (sowohl von Zu-
schauerinnen- als auch von Spielerinnenseite). Verlässliche Zahlen im Hinblick auf
Gewaltbereitschaft bei Mädchen und Frauen im Fußball sind schwer ausfindig zu
machen. Zumeist beruhen sie auf Schätzungen (Wetzel 2005). Der Fußballforscher
Pilz spricht Mädchen und Frauen eher „eine aktive gewalthemmende Rolle" zu und
erklärt, dass „Gewalt (…) ein überwiegend männliches Phänomen" ist (Pilz 1995
nach Wetzel 2005), jedoch mit steigender Tendenz, analog zu der allmählich an-
wachsender Registrierung von Gewaltausübung durch Mädchen und Frauen (Pilz
2004 nach Wetzel 2005). Insgesamt ist jedoch, wie auf allen anderen gesellschaftlichen Feldern, die Gewaltbereitschaft im Fußball bei Frauen grundsätzlich niedriger
als bei Männern, sowohl mit Blick auf die Aktiven als auch auf die Fans und Zuschauerinnen.

5.5   Frauen in Funktion – Expertinnen

Wenn, so wie auch die Mehrheit der von uns interviewten Männer den Fußballsport
als ihren Bereich ansieht, in dem Frauen nichts zu suchen haben, ist es besonders
schwer für Frauen, sich dort durchzusetzen. Dies ist auch in dem Interview, das mit
einer Schiedsrichterin geführt wurde, erkennbar. Im Gegensatz zu den männlichen
Kollegen muss sich die Schiedsrichterin zuerst Respekt verschaffen, um überhaupt
von den Männern (an-)erkannt zu werden, so wie sie es hier schildert.

„Ich hasse es, gesiezt zu werden und ich bin hingegangen und hab ge-
sagt, so mein Name ist XY, und ich möchte auch nicht mit Vornamen
angesprochen werden. So baut man erst mal diese Distanz auf, so kommt
auch erst mal 'n bisschen Respekt, vor allem wenn man jung und dazu
noch weiblich ist und es gab noch nie Probleme." *(Schiedsrichterin X)*

Die Schiedsrichterin steht unter besonderer Beobachtung und muss sich durch gutes
Pfeifen beweisen, da Fehler sonst darauf geschoben werden, dass sie als Frau keine
Ahnung von Fußball hat, vermutet sie:

„Wenn man bei Männern pfeift, heißt es immer, ja du bist 'ne Frau, du
hast ja eh keine Ahnung." *(Schiedsrichterin X)*

Die Regelung der Zuständigkeit auf der institutionellen Ebene offenbart eine deutliche Wertigkeit:
Bei den Frauen darf die interviewte Schiedsrichterin bis zur Landesliga und bei
den Männern „nur" bis zur Kreisklasse pfeifen. Frauen werden somit auch als aus-
gebildete Expertinnen nicht wirklich akzeptiert bzw. respektiert. Die Tatsache, dass
2007 zum ersten Mal eine Schiedsrichterin für ein Spiel der UEFA-Champions-Le-
ague nominiert wurde und an der Linie ihre männlichen Kollegen assistierten durfte
(Beckmann 2007) spricht auch dafür, dass weibliche Schiedsrichterinnen noch nicht
so anerkannt sind wie die männlichen. Deutlich wird dies auch in einem Artikel über
die Schiedsrichterin Nicole Petignat, die seit fast 24 Jahren und seit neun Jahren
in der ersten Schweizer Liga pfeift, in dem dargelegt wird, dass Petignat bei Feh-
lern (die jedem/r Schiedsrichter/in passieren können) viel länger als ihre männlichen
Kollegen in der Presse bzw. in der Kritik steht (3sat, vivo/jus 2008).

5.6 Die „anderen" Frauen

Eine in den Interviews nicht einheitliche, aber im 21. Jahrhundert doch seltsam an-
mutende Tendenz war die abwertende Attitüde, mit der Frauen, die Fußballfans sind
oder selber Fußball spielen, begegnet wurde. Mit Blick auf die vorher beschriebenen
Konstruktionen ist das nicht ganz unerwartet, wirkt jedoch doch angesichts einer
durchaus weiblicher gewordenen Öffentlichkeit u.a. in Politik, Wirtschaft, Wissenschaft eher etwas verschroben.

Fußballspielende Frauen geraten immer wieder in die Kategorie Lesben („Frauenfußball hat viel mit Lesben auch zu tun", (Vereinsvorstand, Verein D), was
nicht als stolzes Stigma Management zu sehen ist, sondern eher zur Abschreckung
genannt wird, ähnlich wie Zicken („das ist einfach, haben sie auch zugegeben, ein
einfaches Zickendasein gewesen", (Vereinsvorstand, Verein C). Im Extrem sind

Frauen, ob als Spielerin oder als Zuschauerin, könnte aus dem nächsten Zitat gefolgert werden, „das Schlimmste", pauschal, ohne weitere Begründung. Dieses Trennung, ob real oder nicht, wiegt die vorher beschriebene stärkere Aggressivität oder Gewaltaffinität von Männern gewissermaßen auf.

> *„Das Schlimmste sind meistens die Frauen, also wenn es nicht gerade die Partnerinnen sind von den Spielern würde ich mal sagen, die sind eher harmlos, aber das sieht man ja auch oft beim BVB, wie die BVB'ler angezogen sind, also Frauen können insgesamt gemeiner sein, als Männer".* (Vereinsvorstand, Verein D)

Dahinter steckt ein sehr traditionelles Weltbild: Frauen, die sich nicht nur als „Spielerfrau" sehen, sondern sich selber den Fußball zu Eigen machen, scheinen keine „richtigen" Frauen zu sein. Sie werden eher als „Fremdgruppe" gesehen. So sagt ein Vorsitzender im Interview, dass das „so eine ganz eigene Mentalität" (Vereinsvorstand, Verein D) ist. Diese Redewendung wird auch im weiteren Interview noch gebraucht; diesmal allerdings im Hinblick auf „Südländer": „Südländische Fußballer, Italiener oder Marokkaner haben irgendwo eine andere Mentalität." (Vereinsvorstand, Verein D). So werden Verhaltensweisen, die anders sind und nicht richtig verstanden werden, damit abgetan, dass dahinter eine „andere Mentalität" steckt (s.o.). Das gilt für Frauen im Fußball, wenn sie denn nicht wie oben ausgeführt, entschärft werden, ebenso wie für andere (marginalisierte, untergeordnete – nach Connell 1999) Männer, die nicht in eine eher homogen erwünschte Gesellschaft passen.

Hier schließt sich ein Bogen zwischen fremdenfeindlichen Äußerungen, denen die Erörterung im dritten Kapitel galt, und solchen auf Frauen bezogene Ausgrenzungen, die im vierten Kapitel diskutiert wurden. Über die Konstruktion des Anderen werden Ausschlüsse legitimiert, kann am Altbekannten festgehalten werden, wiewohl die Wirklichkeiten sich verändert haben, aber so können Gleichberechtigung und Integration zwar als immer noch als gesellschaftlich diskutierte, aber als gesetzte normative Vorgaben gedanklich oder auch faktisch umgangen werden.

6 Sozialer und pädagogischer Auftrag des Fußballsports

Mannschaftsport im Allgemeinen und Fußball im Speziellen wird häufig eine wichtige Rolle bei der Entwicklung sozialer Kompetenzen zugeschrieben, z.B. in den Bereichen Teamfähigkeit und Integration. Der Umgang der Vereine mit der sich daraus ergebenden Verantwortung variiert dabei in Abhängigkeit vom Selbstbild der Vereine und den sportlichen Zielsetzungen. Die oftmals ehrenamtlich tätigen Trainer füllen die selbst gesteckten Ziele in ihrer täglichen Arbeit mit Leben. Oft ergibt sich dabei ein Spannungsfeld zwischen den hohen Anforderungen an das Hintergrundwissen im sozialen und sportlichen Bereich und der Ehrenamtlichkeit.

6.1 Persönlichkeitsbildung durch Sport

In den Interviews mit den Vereinsverantwortlichen wird Fußball als ein Ort der Kameradschaft und des Zusammengehörigkeitsgefühls sichtbar. Kameradschaft wird oftmals als eine Grundvoraussetzung für den sportlichen Erfolg der Mannschaft gesehen.

„Fußball hat sicher auch seine Auswirkungen auf Loyalität und auf Umgehen, Teamfußball, das sind ja so Dinge die glaube ich schon, eine Bedeutung haben."(Vereinsvorstand, Verein D)

Sport im Allgemeinen, und in diesem Fall Fußball, wird als Förderinstrument zur Persönlichkeits- bzw. Charakterbildung angesehen. So weist zum Beispiel Hecht (2000) in seinem Buch „In der Bundesliga ist es ja genauso" im Kapitel über Jugendarbeit im Sport ausdrücklich darauf hin, dass es im Sport neben der Rekrutierung des sportlichen Nachwuchses auch darum geht, pädagogische Werte zu vermitteln, somit um sportbezogene Jugendsozialarbeit.

Aufnahmekriterien
Die untersuchten Vereine stellen unterschiedliche Kriterien zur Aufnahme in ihren Verein auf, doch alle Interviewpartner betonen, dass ein Verein eine Gemeinschaft bildet, in der jeder willkommen ist. Ohne Aufnahmebedingungen arbeitet der Verein A, dessen Vorsitzender keine Aufnahmekriterien für neue Mitglieder nennt, sondern alle Interessierten herzlich willkommen heißt:

„Wenn sich einer bei uns anschließen möchte, kann er das machen, er muss auch nicht gut Fußball spielen können, auch wenn er noch keinen Fußball gespielt hat, hat er die Möglichkeit sich bei uns anzumelden." (Vereinsvorstand, Verein A)

Im Vergleich zu dieser Aussage ist das Vorgehen in anderen Vereinen ein- oder ausgrenzender. Der Vorsitzende des Vereins D nennt Aufnahmekriterien, in denen auf die Charaktereigenschaften, die die Spieler mitbringen, verstärkt Wert gelegt wird:

„(...) wenn man dann wieder einen neuen Spieler nimmt, (...) da muss man schon mal aufpassen, wir haben ja so einen Mannschaftsrat, dass

wir, wenn wir dann sagen wir können einen Spieler XY von (...), die ken-
nen sich ja auch alle (...). Der ist nicht sozial, (...), der passt überhaupt
nicht zu uns. Im Fußball ist das eine Philosophie, wer passt zu wem. "
(Vereinsvorstand, Verein D)

Der Trainer des Team D arbeitet nach strengen Gesichtspunkten, wenn es um die
Spielerakquise geht; zwei Mal im Jahr befasst er sich jeweils in der Sommer- und
Winterpause mit der Suche nach neuen Spielern für die 1. Männermannschaft seines
Vereins. Seine Aufnahmebedingung ist, dass es junge Spieler sind, die nach seinem
Ermessen ausreichende Leistungsstärke zeigen:

„Und ich kann mir es einfach nicht erlauben, wenn ich Spieler versuch'
zu integrieren, aber die Klasse ist nicht da, ja. Und ich hol bestimmte
Spieler hin, wo ich auch überzeugt bin, dass die uns sportlich weiterhel-
fen, ja. Vielleicht ist da auch der eine oder andere dabei, der vielleicht
vier, sechs Wochen braucht, ja, zur Integration, aber in der Regel war
das auch immer der Fall, dass die Leute, die wir geholt haben, vom Alter
her hier ganz gut hingepasst haben und die haben das Potenzial auch
gehabt, in der Kreisliga Fußball zu spielen, ja. Und wir holen eigent-
lich nur Spieler aus dem überkreislichen Bereich, ja. Weil wir auf langer
Sicht vielleicht auch dahin wollen. Ja (...) wobei wir soweit jetzt gar
nicht mehr davon entfernt sind. " (Trainer Verein D)

Der Vorsitzende des Vereins C erkennt eine Doppelgleisigkeit, denn für die gesamte
Fußballabteilung werden keine Aufnahmekriterien genannt, jedoch wird die 1. Männermannschaft bewusst nach spielerischen Qualitäten zusammengestellt:

„(...) auf der einen Seite wollen sie was zeigen, sie sind leistungsorien-
tiert und auf der anderen Seite wollen sie auch Leute mit einbeziehen in
den allgemeinen Sportbetrieb und deshalb schaffen wir die Möglichkeit
mit ersten und zweiten Mannschaften. Das heißt unsere ersten Mann-
schaften sind alle eindeutig leistungsorientiert ausgerichtet. Die sollen
so hoch wie möglich spielen. " (Vereinsvorstand, Verein C)

Eine Analyse über Amateurfußball bestätigt dieses Vorgehen als üblich und stellt
heraus, dass „Tabellenplatz und Spielklasse der ersten Seniorenmannschaft ein wichtiger Maßstab für die geleistete Vereinsarbeit" (Bretschneider 2008) sind.
    Der Vorsitzende des Vereins C gibt weiter zu verstehen, dass die Vereinsführung
es nicht akzeptieren kann, wenn Mitglieder in Fremdsprachen kommunizieren. Das
Beherrschen der deutschen Sprache ist hier somit ein Aufnahmekriterium:

„Es geht einfach darum, spricht man eine Sprache, die alle verstehen
können oder kapselt man sich ab, und dafür sind wir kein Verein, da müs-
sen sie woanders hingehen. In einen türkisch- sprachigen Verein oder
in einen russisch- sprachigen Verein gehen. Also, wenn dann unterhält
man sich in unserem Verein deutsch oder man unterhält sich gar nicht. "
(Vereinsvorstand, Verein C)

Die Bedeutung der (deutschen) Sprache wurde oben thematisiert. Unter dem Focus des sozialen und pädagogischen Auftrags des Fußballsports wird erneut eine eher eng-normative Arbeit dieses Vereins belegt, in dem das vorrangige Integrationskonzept für neue Mitglieder als Assimilation gedacht wird. Sie müssen sich in das Bestehende einfügen, nichts Neues soll entstehen. Diese Vorstellung korrespondiert mit der besonderen Traditionsbewusstheit dieses Vereins.

Jäger (2008) verdeutlicht in seinem Buch „Fußball für Entwicklung", wie die Integration in den Sportvereinen stattfindet; das Modell „wir Sportvereine sind für alle offen" zur Förderung der Integration von Migranten durch Sportvereine sieht er als veraltet an. Grundsätzlich wurde eine Anpassung der Migranten an die bestehenden Vereinsstrukturen vorausgesetzt. Anders orientiert ist das Programm des deutschen olympischen Sportbundes (DOSB), dem der Deutsche Fußballbund angehört. Der DOSB stellte bereits 1989 das Programm „Integration durch Sport" vor, das unter zahlreichen anderen Aufgaben solche enthielt, die Sprachbarrieren ab und gegenseitige Anerkennung aufbauen sollten.

Auch im Jahr 2004 formulierte der Deutsche Sportbund in seiner Grundsatzerklärung, dass sein Leitbild ein Sportsystem mit einer hohen Beteiligung von Migranten und Migrantinnen ist, das die Verständigung zwischen Sportlerinnen und Sportlern unterschiedlicher Herkunft und Sprache befördert (DSB „Sport und Zuwanderung" 2004).

Die sozialen und pädagogischen Aufgaben der Fußballvereine hängen auch mit dem jeweiligen Umfeld zusammen. So stammen etwa die Mitglieder des Vereins B in der Regel aus dem direkten Wohnumfeld des Vereins oder sind aufgrund von Vereinstreue nach ihrem Umzug dem Verein treu geblieben. Der Verein ist stolz auf die sportlichen Erfolge, aber auch auf seine Geselligkeit. Spieler für die 1. Mannschaft kommen nicht immer aus eigener Initiative, sondern werden auch angesprochen und abgeworben, die Spieler erhalten ein kleines Gehalt.

„Hier findet man einen Fußballverein, der von der sportlichen Leistung
her nicht schlecht da steht und die Geselligkeit vor und nach dem Spiel
auch eine interessante Rolle spielt. Dadurch hat sich der ein oder ande-
re uns angeschlossen. Trotz Fluktuation im Jugendbereich gibt es auch
welche, die bei uns bleiben. Aber auch durch gezielte Anwerbungen. "

(...) „Die Leute kommen nicht einfach nur aus Spaß an der Freude zu uns, weil hier schöne Vereinsfarben sind oder weil das Vereinsheim so gemütlich ist und hier gutes Pils gibt, sondern weil sie natürlich auch ein bisschen Geld bekommen. Natürlich keine Millionenbeträge, aber es ist schon so, dass ein paar Euros fließen." (Vereinsvorstand, Verein B)

Resümierend hierzu kann man sagen, dass jeder Verein neue Mitglieder nach anderen Philosophien aufnimmt. Alle Vereine sind über steigende Mitgliederzahlen glücklich, jedoch haben besonders die Vereine B, C und D ihre 1. Männermannschaften auf eine herausragende Position gestellt. Die Aufnahme in den Verein ist hierbei nicht gleichgesetzt mit der Aufnahme in die Mannschaft; für diese müssen gesonderte Kriterien erfüllt werden.

Jugendarbeit, Arbeit für die Zukunft
Der Fußballverein als gemeinschaftsbildender Ort sollte als Ganzes gesehen werden, nicht nur die Spieler der 1. Mannschaft, sondern auch die der anderen Bereiche: Seniorenmannschaften, Jugendmannschaften und auch die zahlreichen ehrenamtlichen Helfer tragen zu einer Gemeinschaft bei. Corsten, Kauppert und Rosa stellen heraus, dass die ehrenamtliche Jugendarbeit darauf zielt, „die Individualität und Persönlichkeit der Jugendlichen (…) in ihre Ganzheit und Integrität zu sichern und zu entwickeln." (Corsten u.a. 2008)

Einen wichtigen Faktor für ein Zusammengehörigkeitsgefühl sieht der Trainer des Vereins D in der Vereinstreue,

„(...) in D ist das kameradschaftliche Umfeld einfach sehr toll zusammengewachsen, weil viele einfach schon jahrelang eigentlich zusammenspielen." (Trainer Verein D)

Möglich ist dies nur, wenn Spieler schon im Jugendbereich die Chance haben, sich dem Verein anzuschließen. Es liegt im Interesse des Vorstandes, Jugendarbeit zu leisten, um später aus der Vereinstreue zu profitieren. Jedoch zeigen Studien, dass Jugendliche immer häufiger Vereine verlassen, denen sie in ihrer Kindheit beigetreten sind. Mehrfachmitgliedschaften werden immer üblicher und die Vereinstreue bei Jugendlichen sinkt (Brettschneider 2008: 29).

Doch zunächst erkennen die Vereine ihre Aufgabe, sie sind sich der Verantwortung bewusst und wissen, dass durch die Vermittlung von Werten und Normen die Jugendlichen geprägt werden. Aus sportwissenschaftlicher Sicht besteht laut Brettschneider kein Zweifel, „dass die Sportvereine (…) über ein erhebliches pädagogisches und soziales Potential verfügen, dass es allerdings qualifizierter Maßnahmen bedarf, wenn dieses Potential ausgeschöpft werden soll" (Brettschneider 2008: 30).

Der Vorsitzende des Vereins C formuliert seine Einstellung zur Jugendarbeit, die von vielen pädagogischen Überlegungen geprägt ist, folgendermaßen:

„Wir haben als Verein und Funktionsträger auch einen Erziehungs-auftrag, d.h. die Frage der Disziplin, konstruktive Disziplin keine Un-terordnung, aber Einordnung. Man muss auch lernen, umzugehen mit einem verlorenen Spiel. Das Achten des anderen, des Mitspielers, des Schiedsrichters, die Entscheidung des Schiedsrichters ist eine endgül-tige Entscheidung. Da braucht man nicht mehr zu diskutieren. Schwie-rig, sehr schwierig manchmal. Ja, aber das muss man lernen. Das muss man den Kindern beibringen. Wer hier auf dem Platz den Schiedsrich-ter beleidigt, fliegt vom Platz. Das ist bei (...) so." (Vereinsvorstand, Verein C)

Solche hier eher aufgezählten Themen wie Konsequenzen in der Erziehung, Respekt, aber auch konstruktive Disziplin, Einordnung statt Unterordnung bilden Horizonte für die inzwischen Jahrzehnte alte Diskussion um Werteerziehung, um Sekundärtu-genden, Mut zur Erziehung gegenüber der Schaffung von Freiräumen, Selbstverant-wortung, Autonomie, was in der wissenschaftlichen Pädagogik ähnlich kontrovers diskutiert wird wie im pädagogischen Alltag, vor dem Hintergrund eines durchaus massiven Wertewandels der bundesdeutschen, gesamtdeutschen Gesellschaft.

In diesem Verein, so zeigt dieser Vorsitzende auf, müssen Kinder und Jugendliche mit deutlichen Konsequenzen rechnen, wenn sie sich nicht an die vorgegebenen Re-geln halten. Ein Platzverweis ist ein eindeutiges Signal, das von allen bedingungslos akzeptiert werden muss. Die Regeln sind für alle gleich und nicht willkürlich, Kinder und Jugendliche können sich an ihnen orientieren.

Weitergehend stellt Klein 2001 in ihrem Bericht über „Toleranz und Fairness, Gewaltprävention im Fußball" Ansatzpunkte heraus, die handlungsweisend für die Arbeit mit Kindern und Jugendlichen sind. Gewaltfreie Konfliktaustragung und die Erziehung zur Fairness (Klein 2001: 33) sind elementare Punkte, die nicht nur in Bezug auf die kulturellen Unterschiede der Akteure beachtet werden sollten, sondern Allgemeingültigkeit besitzen.

6.2 Die ehrenamtliche Trainerrolle als Schlüsselposition

In der intensiven und regelmäßigen Vereinsarbeit mit Kindern und Jugendlichen ist es ganz offensichtlich, dass besonders die Trainer in ihrer pädagogischen Arbeit ge-fragt sind. In den Augen des Vereinsvorsitzenden des Vereins C sollte ein Trainer vielfältig qualifiziert sein:

„Er sollte Pädagoge sein, Ersatz als Mutter oder Vater, er ist Ersatzleh-
rer, er ist Tröster, wenn die erste Liebe gescheitert ist. Und, und, und. Mit
all solchen Fragen kommen die Kinder zum Trainer."(Vereinsvorstand,
Verein C)

Neben den sozialen und personalen Kompetenzen des Trainers werden auch fach-
liche Kompetenzen verlangt. Für diese biete ihnen der Fußballverband Unterstützung durch Trainerschulungen an, in denen es verstärkt um didaktische Kompetenzen geht. Ehrenamtliche Trainer erhalten die Möglichkeit zu erlernen, wie sie
Kinder, Jugendliche und Erwachsene im Training und im Spiel anleiten können.
Hinzu kommen Bildungsangebote zu Teambildenden Maßnahmen und altersge-
rechten und entwicklungsfördernden Trainingsintensitäten. Jedoch stößt hier der
Vorsitzende des Sportvereins C an seine Grenzen, er erkennt die missliche Lage:
„Da fehlt einfach ein bisschen Pädagogik und so" (Vereinsvorstand, Verein C),
wenn einige Trainer in ihrer pädagogischen Arbeit Unterstützung brauchen, möchte aber gleichzeitig die ehrenamtlichen Helfer nicht negativ kritisieren und sie somit verärgern:

„Ich würde dann vorschlagen, du gehst dann mal zu einer Trainerschu-
lung, wir finanzieren das auch vom Verein, ja, dann meint derjenige
schon ich würde ihn als unqualifiziert dahinstellen." (Vereinsvorstand,
Verein C)

Habeck (2009) stellt in ihrer Arbeit „Freiwilligenmanagement: professionelle Leitung und Qualifizierung von Ehrenamtlichen" heraus, dass die Weiterbildung im
Ehrenamt seit 1990 verstärkt Thema in Wissenschaft und Politik ist. Das Ehrenamt
hat sich verändert, unterschieden wird zwischen dem „neuen" und dem „alten" Ehrenamt. Merkmale des alten Ehrenamtes sind, dass es aus einer milieugebundenen
Sozialisation stammt, selbstloses, aufopferungsvolles und fürsorgliches Handeln beinhaltet und eine Laientätigkeit ist. Das neue Ehrenamt wird durch andere Merkmale charakterisiert: Es zeigt eine biographische Passung auf, der Einsatz wird in der
Reziprozität von Geben und Nehmen gesehen, es ist ein Medium der Selbstsuche
und Selbstfindung und ist teilweise semiprofessionell bzw. an Ausbildung orientiert
(Habeck 2009: 73).
Zahlreiche Vereine durchleben derzeit die Veränderung des Ehrenamtes. Meist hängt
die Motivation einer Person, eine ehrenamtliche Trainertätigkeit im Fußballverein zu
übernehmen, mit persönlichen Gründen zusammen, beispielsweise spielt das eigene
Kind in der Mannschaft. Jedoch reicht heute die Motivation alleine nicht mehr aus,
Trainer und Trainerinnen müssen sich qualifizieren und (sozialpädagogische) Wei-
terbildungen besuchen.

6.3 Der Verein im sozialen Umfeld

Die Probleme in der Vereinsjugendarbeit sind vielfältig, jeder Verein hat seine Schwerpunkte anders gelagert. Der Vergleich zwischen Verein A, aus dem Stadtbezirk Dortmund, Innenstadt-Nord, und Verein D, der in einem Stadtteil im Dortmunder Süden beheimatet ist, weist deutliche Unterschiede auf (s. Kap. 2.2). In der Regel kommen die Vereinsmitglieder aus dem direkten Umfeld des Vereins und spiegeln somit die Zusammensetzung des Wohngebietes.

In der Nordstadt leben zahlreiche Jugendliche, die Probleme in der Schule haben und familiäre Schwierigkeiten alleine nicht bewältigen können. Dies erkannte der Vorstand des Vereins A und initiierte ein Helferprogramm, mit dem versucht wird, „den Jugendlichen sogar Unterricht zu vermitteln" (Vereinsvorstand, Verein A). Das Programm wurde jedoch schon nach kurzer Zeit nicht mehr weitergeführt, da es nicht angenommen wurde. Allerdings sind es genau diese Programme, die Kindern die Möglichkeit bieten, an Orten, an denen sie sich gerne aufhalten, ihrem Sport nachgehen können, aber auch die Gelegenheit ermöglichen, bei alltäglichen Problemen Unterstützung zu erhalten (Jäger 2008: 82).

Durch die Interviews wurde deutlich, dass die Vereinsarbeit durch die interne Zielsetzung des jeweiligen Vereins bestimmt wird. Jeder Verein verfolgt andere Ziele; von daher ist nachvollziehbar, dass sich der Verein A an eine große Zielgruppe wendet, keine Bedingungen zum Mitmachen aufstellt und auch keine überzogenen Leistungsanforderungen an Spieler und Mitglieder des Vereins stellt.

„Die Vereine wollen eigentlich junge Leute, Kinder oder Jugendliche, von der Straße holen und das wird teilweise öfters vergessen, sondern nur das Sportliche in den Vordergrund gestellt." (Vereinsvorstand, Verein A)

Vereine bzw. Vereinsverantwortliche und Trainer hingegen, die leistungsorientiert(er) denken und ein konkretes sportliches Ziel ins Auge gefasst haben, versuchen die Mannschafts- und Vereinsmitgliederzusammensetzung zu beeinflussen. Es entsteht der Eindruck, dass diese Entscheidungsbefugten ihre subjektive Vorstellung eines funktionierenden und erfolgreichen Vereins in die Realität umsetzen wollen. Zwangsläufig entstehen Inseln, Räume, die von der Außenwelt teilweise abgeschottet werden, und nur für ausgewählte Personen zugänglich sind. Es wird eine Sondierung vorgenommen, die auch schon Kinder und Jugendliche betrifft. Sie werden Mitglieder in den Vereinen, zu denen sie passen, wenn sie die geforderten Voraussetzungen wie die sportlichen und charakterlichen Eigenschaften mitbringen.

7 Schlussbetrachtung

Ziel des Projekts war es, vor dem Hintergrund von Studien zum Rechtsextremismus im Allgemeinen und im Profifußballsport im Besonderen, den Blick auf den Amateurfußball in der Region zu richten. Vier ausgewählte Fußballvereine in Dortmund wurden exemplarisch untersucht: Lassen sich auch im lokalen Fußballsport rechtsextreme/fremdenfeindliche Verhaltensweisen und/oder Orientierungen ausmachen, wenn ja in welcher Weise? Wie unsere Ergebnisse zeigen: die Amateurligen sind keine xenophilen Oasen. Eine gewisse, oft schleichend daher kommende Fremdenfeindlichkeit, wesentliches Element eines rechtsextremen Weltbildes, ist in den Köpfen mancher Vereinsverantwortlicher – unterschwellig – vorhanden. Die Dominanz hegemonialer Männlichkeit im Stadion und im Männerfußball offenbart weiterhin ein hohes Ausmaß an Frauenfeindlichkeit und eine ausgeprägte Homophobie, beide durchaus ebenfalls Elemente eines (allerdings nicht nur) rechtsextremen Denkens.

Dass bei den Befragten diese Facetten rechtsextremer Einstellungsmuster mehrheitlich eher latent vorhanden sind, macht das Problem keineswegs belangloser. Diese Einstellungen werden nicht kritisch hinterfragt und sind dadurch wie selbstverständlich deutungsstrukturierend und realitätsmächtig. Dies ist insofern problematisch, als gerade die Mitgliedschaft im Fußballverein für zahlreiche Kinder, Jugendliche und Erwachsene ein wichtiger Bestandteil in ihrem Alltagsleben ist; das Vereinsleben nimmt nicht selten einen großen Raum in ihrer freien Zeit ein. Gerade in den Amateurligen geht es immer auch um Fragen der Sozialisation, Eingliederung, Anerkennung des Anderen etc. Angesichts dieser Aufgaben des Sports ist es dringend geboten, solche starren Denkmuster aufzubrechen.

Dies könnte ein Aufgabenbereich für eine neu zu konzeptionierende interkulturelle Sportsozialarbeit sein, die für die sozialpädagogischen Aspekte im Vereinsleben der Amateurvereine z.B. auf der Ebene von Stadtbezirken beratend zuständig ist.

Literatur

Atteslander, Peter (2006): Methoden der empirischen Sozialforschung. Berlin

Beckmann, Axel (18.08.2007), Italienische Schiedsrichterin feiert Premiere in UEFA-Champions League: http://www.schiedsrichter-welt.de/index.php?option=com_content&task=view&id=311&Itemid=32

Behn, Sabine/Schwenzer, Victoria (2006): Rassismus, Fremdenfeindlichkeit und Rechtsextremismus im Zuschauerverhalten und Entwicklung von Gegenstrategien. In: Pilz u.a. (Hg.) S. 320-447

Bretschneider, Christoph (2008): Reihe junger Sportwissenschaft, Bd. 13, Schorndorf, S. 28 – 70

Bundeskriminalamt 2007, Polizeiliche Kriminalstatistik http://www.bka.de/pks/pks2007/index2.html

Burzan, Nicole (2005): Quantitative Methoden der Kulturwissenschaften. Konstanz

Connell, Robert W. (1999): Der gemachte Mann. Opladen

Corsten, Michael/Kauppert, Michael/Rosa, Hartmut (2008): Quellen Bürgerschaftlichen Engagements. Die biographische Entwicklung von Wir-Sinn und fokussierten Motiven, Edition 1, Schorndorf, S. 44 – 71

Decker, Oliver/Brähler, Elmar (2006): Vom Rand zur Mitte Rechtsextreme Einstellungen und Einflussfaktoren in Deutschland; Hg.: Friedrich-Ebert-Stiftung. Bonn

Decker, Oliver/Weißmann, Marliese/Kiess, Johannes/Brähler, Elmar (2010): Die Mitte in der Krise. Rechtsextreme Einstellungen in Deutschland 2010; Hg.: Friedrich-Ebert-Stiftung. Bonn

Diekmann, Andreas (1997): Empirische Sozialforschung. Reinbek bei Hamburg

Flick, Uwe u.a. (2000): Qualitative Forschung. Reinbek bei Hamburg

Garz, Detlef/Kraimer, Klaus (Hg.) (1991): Qualitativ-Empirische Sozialforschung. Opladen

Goffman, Erving (1982): Stigma. Über Techniken der Bewältigung beschädigter Identität. Frankfurt/M. 1982

Habeck, Sandra (2009): Professionalität in der Weiterbildung. Freiwilligenmanagement: Professionelle Leitung und Qualifizierung von Ehrenamtlichen, Wiesbaden. S. 71 – 93

Hansen, Stefan (2008): Lernen durch freiwilliges Engagement. Eine empirische Studie zu Lernprozessen in Vereinen, Wiesbaden, S. 19 – 27

Hecht, Stephan (2000): Schriftenreihe Schriften zur Sportwissenschaft, Band 23; „In der Bundesliga ist es ja genauso": zum Problem erzieherischen Handelns von Übungsleitern in der Jugendarbeit der Sportvereine. Hamburg

Heitmeyer, Wilhelm/Borstel, Dierk/Grau, Andreas/Legge, Sandra/Luzar, Claudia/Marth, Julia (2009): Analysen und Handlungsvorschläge zum Rechtsextremismus in Dortmund. Bielefeld, unv. Manuskript

Jäger, Uli (2008): Fußball für die Entwicklung, von Kickfair e.V./Institut für Friedenspädagogik e.v. (Hg.), Wie durch Sport Globales Lernen, Fair Play und friedliches Zusammenleben gefördert werden kann. 1. Aufl. Tübingen, S. 72 – 83

Klein, Marie-Luise (2001): Integrationsprobleme durch kulturelle und ethnische Konflikte. Grundsatzreferat. In: DFB-Förderverein (Hg.), Dokumentation „Toleranz und Fairness. Gewaltprävention im Fußball". Frankfurt a.m., 2001, Seite 31 -35

Konstantinidis, Elena (2005): Frauen in der Hooligan-Szene. In: Hagel/Selmer/Sülzle (Hg.), gender kicks. Texte zu Fußball und Geschlecht. Online: http://www.kos-fanprojekte.de/index. php?id=119 (22.01.2010)

Krüger, Helga (2002): Territorien – Zur Konzeptualisierung eines Bindeglieds zwischen Sozialisation und Sozialstruktur. In: Breitenbach, Eva/ Bürmann, Ilse/ Liebsch, Katharina/ Mansfeld, Cornelia/ Micus-Loos Christiane (Hg.), Geschlechterforschung als Kritik. Zum 60. Geburtstag von Carol Hagemann-White, Bielefeld, S. 29-47

Lamnek, Siegfried (2005): Qualitative Sozialforschung. Weinheim/Basel

Liebold, Renate/Trinczek, Rainer (2002): Experteninterview. In: Kühl, Stefan/Strodtholz, Petra (Hg.), Methoden der Organisationsforschung. Reinbek bei Hamburg

Lin, Susanne (2002): Sozialpsychologische Vorurteilsforschung. In: Vorurteile überwinden – eine friedenspädagogische Aufgabe. Grundlegung und Darstellung einer Unterrichtseinheit. Weinheim und Basel 1999, S. 29 – 138. Hier: die überarbeitete Fassung [online] Homepage: Institut für Friedenspädagogik. URL: http://www.friedenspaedagogik.de/themen/stereotypen_vorurteile_feindbilder/sozialpsychologische_vorurteilsforschung/sozialpsychologische_vorurteilsforschung [28.02.2010]

Lippmann, Walter (1922): Public Opinion, google books

Meuser, Michael (2008): It's a Men's World. Ernste Spiele männlicher Vergemeinschaftung. In: Klein/Meuser (Hg.), Ernste Spiele. Zur politischen Soziologie des Fußballs. Bielefeld, S. 113-134

Meuser, Michael (2006): Geschlecht und Männlichkeit. Wiesbaden

Meuser, Michael/Nagel, Ulrike (1991): ExpertInneninterviews – vielfach erprobt, wenig bedacht. In: Garz, Detlef/Kraimer, Klaus (Hg.), Qualitativ-Empirische Sozialforschung. Opladen

Müller, Marion (2009): Fußball als Paradoxon der Modernen. Zur Bedeutung ethnischer, nationaler und geschlechtlicher Differenzen im Profifußball. Wiesbaden.

Pilz, Gunter. A. u.a. (2006): Wandlungen des Zuschauerverhaltens im Profifußball, Schriftenreihe des Bundesinstituts für Sportwissenschaft, Bd. 114. Schorndorf

Prengel, Haiko (18.12.2008): Frauen-Fußballpartie artet in wüste Schlägerei aus. Online: http://www.welt.de/hamburg/article2899709/Frauen-Fussballpartie-artet-in-wueste-Schlaegerei-aus.html (09.03.2010)

Przyborski, Aglaja/Wohlrab-Sahr, Monika (2008): Qualitative Sozialforschung. München

Schlote, Elke/Spieswinkel, Anne (2008): Typisch deutsch, typisch türkisch – ist das komisch? [online] Homepage: Bayrischer Rundfunk. URL: http://www.br-online.

de/jugend/izi/deutsch/publikation/televizion/21_2008_1/schlote_spieswinkel.pdf [18.12.2009]

Schulte, Axel/Treichler, Andreas (2010): Integration und Antidiskriminierung. Weinheim und München

Selmer, Nicole (2005): Frauen und Fußball – Historische Spuren einer alten Leidenschaft. In: Hagel/Selmer/Sülzle (Hg.), gender kicks. Texte zu Fußball und Geschlecht. Online: http://www.kos-fanprojekte.de/index.php?id=113 (22.01.2010)

Stöss, Richard (2007): Rechtsextremismus im Wandel; Hg.: Friedrich-Ebert-Stiftung. Berlin

Sülzle, Almut (2005): Männerbund Fußball – Spielraum für Geschlechter im Stadion. Ethnographische Anmerkungen in sieben Thesen. In: Dinges, Martin (Hg.), Männer – Macht – Körper. Hegemoniale Männlichkeiten vom Mittelalter bis heute. Frankfurt/ Main, S.173 - 191

Sülzle, Almut (2006): Titten unterwegs. Weibliche Fankulturen im Männerfußball. Online: http://www.gender.hu-berlin.de/w/files/ztgbulletintexte33/6suelzle_druck.pdf (22.01.2010)

Sülzle, Almut (2007): Das Fußballstadion – eine letzte Männerdomäne. Online: http:// www.ruendal.de/aim/tagung04/pdfs/almut_suelzle.pdf (03.07.2009)

Wetzel, Stefanie (2005): Die im Dunkeln sieht man nicht...? Weibliche Fußballfans im Fokus von Marketing, Medien und Meinungsmachern. In: Hagel/Selmer/Sülzle (Hg.), gender kicks. Texte zu Fußball und Geschlecht. Online: http://www.kos-fanprojekte.de/ index.php?id=112 (22.01.2010)

Zifonun, Dariuš (2007): Zur Kulturbedeutung von Hooligandiskurs und Alltagsrassismus im Fußballsport. IN: ZQF – Zeitschrift für Qualitative Forschung, 8 Jg. 1/2007, S. 97 – 117

Zu den AutorInnen des Sammelbandes

Alexandra de Hek beendete ihr Studium an der Fachhochschule Dortmund im Sommersemester 2010 und arbeitet seit Dezember 2010 als Diplom- Sozialarbeiterin im Jugendamt der Stadt Lüdenscheid im Allgemeinen Sozialen Dienst.

Christine Kampmann ist Diplom-Sozialpädagogin/Sozialarbeiterin und seit 2010 in der Drogenberatung tätig, mit dem Schwerpunkt Betreutes Wohnen für drogenabhängige Frauen sowie in der niedrigschwelligen Arbeit mit Prostituierten.

Prof. Dr. Marianne Kosmann ist Sozialwissenschaftlerin und Supervisorin und lehrt seit 2004 an der Fachhochschule Dortmund, Fachbereich Angewandte Sozialwissenschaften. Ihre Schwerpunkte sind: Soziologie sozialer Probleme, Soziologie sozialer Ungleichheit, Geschlechterverhältnisse, Lebenslagen und empirische Sozialforschung.

Prof. Dr. Harald Rüßler ist Sozial- und Politikwissenschaftler sowie Sozialgerontologe und lehrt seit 2002 an der Fachhochschule Dortmund, Fachbereich Angewandte Sozialwissenschaften. Seine Schwerpunkte sind: Sozialer und demographischer Wandel, Soziologie der Stadt/soziale Stadtpolitik, empirische Sozialforschung, Lebenslagen, soziale Ungleichheit und Sozialpolitik.

Saskia Hofmann

Yes she can!
Konfrontative Pädagogik in der
Mädchenarbeit

Gender and Diversity Bd. 2, 2011,
140 S., ISBN 978-3-86226-051-5, € 18,80

Der Umgang mit Gewalt und Aggressionen im Alltag stößt immer mehr auf das Interesse pädagogischer Mitarbeiter in jeglichen sozialen Einrichtungen. Durch die zunehmende Sichtbarkeit der Gewalttaten von vor allem weiblichen Jugendlichen steigt auch das Bedürfnis die Konfliktfähigkeit jener Zielgruppe zu steigern und die Hintergründe solcher Taten zu beleuchten.

Das Buch erläutert systematisch Annahmen und Ausführungen zur geschlechtsspezifischen Gewaltanwendung. Dabei wird das Phänomen der Mädchengewalt kritisch und differenziert anhand von Zahlen der polizeilichen Kriminalstatistik dargelegt. Auf Basis dieser Zahlen diskutiert die Autorin dann die typischen Gewaltformen, Hintergründe und gewaltfördernde Faktoren im Lebenszyklus der Mädchen. Dabei liefert sie Begründungen, dass Genderorientierung durchaus sinnvoll ist und erläutert die geschlechtsspezifischen Sozialisationsaspekte im Rahmen der Familie und Schule. Das Hauptaugenmerk liegt auf der Methode der konfrontativen Pädagogik. Laut der Autorin wird diese als Grundlage vieler pädagogischer Angebote mit gewaltbereiten Jugendlichen genutzt. Mit dem eigens konzipierten Anti-Gewalt- und Kompetenztraining „Yes, she can!" werden Möglichkeiten aufgezeigt, wie mit den zuvor vorgestellten Methoden präventiv im Rahmen der Mädchengewalt gearbeitet werden kann.

☞ **Besuchen Sie
unsere Internetseite!**

■ Dinah Kohan
Migration und Behinderung: eine doppelte Belastung?
Eine empirische Studie zu jüdischen, aus der Sowjetunion stammenden
Familien mit einem geistig behinderten Familienmitglied
Beiträge zur gesellschaftswissenschaftlichen Forschung, Band 25, 2011, ca. 300 S.,
ISBN 978-3-86226-044-7, € 24,80

■ Ilhami Atabay
„Ich bin Sohn meiner Mutter"
Elterliches Bindungsverhalten und männliche Identitätsbildung in
türkeistämmigen Familien
Münchner Studien zur Kultur- und Sozialpsychologie, Band 19, 2010, 165 S.,
ISBN 978-3-86226-014-0, € 18,90

■ Oğuzhan Yazici
Jung, männlich, türkisch – gewalttätig?
Eine Studie über gewalttätige Männlichkeitsinszenierungen türkischstämmiger
Jugendlicher im Kontext von Ausgrenzung und Kriminalisierung
Schriften zum Jugendrecht und zur Jugend-Kriminologie, Band 8, 2011, 210 S.,
ISBN 978-3-86226-040-9, € 22,80

■ Viviane Nabi Acho
Elternarbeit mit Migrantenfamilien
Wege zur Förderung der nachhaltigen und aktiven Beteiligung von
Migranteneltern an Elternabenden und im Elternbeirat
Migration und Lebenswelten Bd. 2, 2011, 138 S.,
ISBN 978-3-86226-039-3, € 17,80

■ Fabian Frank
Soziale Netzwerke von (Spät-)Aussiedler
Eine Analyse sozialer Unterstützung aus sozialarbeiterischer Perspektive
Migration und Lebenswelten Bd. 1, 2011, 120 S.,
ISBN 978-3-86226-037-9, € 16,80

■ Burkhard Fischer
Wahrnehmungs- und Blickfunktionen bei Lernproblemen
Besser werden im Schreiben – Lesen – Rechnen
Reihe Psychologie, Bd. 41, 2011, 140 S., ca. 50 Abb., geb.,
ISBN 978-3-86226-043-0, € 23,80

■ Beate Kolonko   *Neuauflage*
Spracherwerb im Kindergarten
Grundlagen für die sprachpädagogische Arbeit von Erzieherinnen
Reihe Pädagogik, Bd. 39, 2011, 3. erw. Aufl., 180 S.,
ISBN 978-3-86226-047-9, € 24,80

www.centaurus-verlag.de

If you have any concerns about our products,
you can contact us on
ProductSafety@springernature.com

In case Publisher is established outside the EU,
the EU authorized representative is:
Springer Nature Customer Service Center GmbH
Europaplatz 3, 69115 Heidelberg, Germany

Printed by Libri Plureos GmbH
in Hamburg, Germany